顾高古镇风情录

◎ 俞华生 主编

中共泰州市姜堰区顾高镇委员会
泰州市姜堰区顾高镇人民政府
组织
编写

中国友谊出版公司

顾高镇域

顾高镇区

南大门

双园路

鹭起芡田

霞映绿野

张庄河蟹基地

千佛香葱基地

古千佛寺全景

徐克强烈士纪念馆

野庄古黄连木

千佛寺古银杏

序

顾高,上河古镇,通南名庄。

说它是古镇,是因为至少在千年以前,这里已有了一定规模的乡井村落。如果说植于晋代的古银杏、建于隋朝的千佛寺尚找不到相关的文字记载予以确定,那么出土于千佛、翟庄、塘桥的宋代古井,则以井砖、陶片等实物不容置疑地见证了千年之前先民们在此生活的真实场景。查阅当地多家族谱,可以读到这样的信息:宋末民族英雄文天祥、明初开国功臣刘伯温都曾为境内俞氏家族写过谱序,刘伯温还曾于苏州往泰州途中做客俞庄;宋、元、明几朝,境内的许多村落都曾接纳、安顿过不少江南移民,并很好地融合了他们带来的先进文化。

说它是名庄,是因为早在明清之际,这里就是衔接姜堰、黄桥两大工商重镇的中间节点,沟通江北江南贸易交流的水陆要冲。1929 年至 1930 年,因所处地理位置重要,这里曾发生过红十四军三打顾高庄的著名战斗。1931年,这里成立了由乡贤顾名(君谊)发起,以蔡元培、韩国钧、张仲仁、黄炎培等重要人物为委员的"顾高庄农村改进区",与江南、浙北几个著名镇庄同时成为全国最早实行农村改革的先驱示范,并因改进事业成绩显著,由上海《教育与职业》杂志(黄炎培、邹韬奋主编)刊文推介而名满天下。

顾高,英雄热土,人才旺地。

这里是英雄竞起的热土,第一、第二次国内革命战争时期,这里较早出现了中国共产党的活动,1928 年、1929 年,境内复兴庄、野庄先后建立起中共组织和农民赤卫队,民风淳朴的顾高迅速成为革命老区。抗日战争时期,新四军铁流东进,在这里建立起抗日民主政权。黄桥决战前夕,陈毅、粟裕走马顾高,布奇兵于此,关键时刻利剑出鞘予顽敌以致命一击,确保了战役的完胜。解放战争时期,这里是敌我斗争最激烈最残酷的拉锯地区,老区军民团结一心,反清剿打游击,直至大反攻,取得最后的胜利。在长达 20 多年的革命斗争中，顾高地区发生大大小小的战斗不下千次，牺牲的烈士仅有姓名记载的就达214名，红十四军参谋长薛衡竞，野庄党支部书记李荣根和赤卫队负责人李富礼，窑上七英烈，中共泰县县委书记、独立团政委徐克强等人就是其中的杰出代表，众多英雄人物在顾高大地上写下光辉而厚重的历史。

这里也是人才辈出的旺地，民国四年（1915），顾高学子顾名考入北京大学文科中文门（后称中文系），成为泰州历史上第一位北大生，也成为后来在政界、新闻、教育诸方面均卓有成就的大师级人物。1942年考入泰县二中的顾振遐，毕业后走上革命文艺之路，成为著名越剧音乐家，所作曲的《梁祝》《红楼梦》《追鱼》等剧名扬四海，传唱万家，受到周恩来总理两次接见。还有一位农民出身的曲艺家俞言正，1941年参加革命工作，先后创作300多篇曲艺作品，为部队官兵、地方干群表演上千场次，在苏中地区影响深广，被誉为"革命艺人""快板专家"，《扬州曲艺志》《泰县志》均有专章记载。中华人民共和国成立后，随着教育事业的蒸蒸日上，越来越多的顾高人怀才立志走出乡关，在各个领域登峰攀顶，为国家奉献才智，为家乡添彩增光。

顾高，大美乡村，幸福家园。

论起地理环境、自然条件，位于通南高沙地带的顾高并不占优。有史以来，顾高长期处于贫穷落后的境地，风沙田野、茅舍荒村的记忆并不遥远。一代代顾高人从未因上天的不够厚待而消极怠惰，他们总是以自己的聪明勤劳，在既有的条件下努力改善着所处的生存环境，永不停歇地在漫长而坎坷的历史驿道上一路前行。中华人民共和国成立后，在党和政府领导下，在初心和理想的驱动下，经过几十年的奋斗，顾高揖别了近乎原始的农耕年代，走上一条渐行渐宽的发展之路。进入新时代，全面建成小康社会、乡村振兴战略的实施，让这里的经济社会发展日益繁荣，让这里的田园乡村日益美丽，让这里的人民生活日益幸福。2022年，顾高镇实现地区生产总值22.5亿元、农民人均纯收入近3万元。涤净了身上的尘垢，换上了定制的新装，今天的顾高以靓丽的容颜、健美的风姿展现在世人面前；今天的顾高，可以自信地、自豪地把"大美乡村，幸福家园"的楹联贴挂在自己的大门口。

悠悠天地旷，切切故乡情。

为记录过往，留住乡愁，守望共同的精神家园和文明来处，我们编写了

顾高古镇风情录

这本《顾高古镇风情录》，把一些渐渐沉淀的故乡记忆打捞起来，展示一个人所未必尽知的顾高；把祖先留下来的一些无形财富承接过来，让前人的智慧助力今人的作为。这是我们对祖先最大的敬重，也是我们对后人最好的交代。

中共泰州市姜堰区顾高镇委员会书记　成　猛
泰州市姜堰区顾高镇人民政府镇长　戴兰兰
2023 年 12 月

序

目 录

寻踪拾忆

问俗观风

群英壮谱

名士乡贤

目录

故园新景

诗韵文情

寻踪拾忆

北望长淮南望江，蒲津古道贯姜黄。

星移斗转沧桑变，心旅遥遥忆故乡。

溯源顾高

顾高古镇起始于何时，因无史料记载，已渺茫难以考实，只能从祖祖辈辈传说中寻根溯源，理出一些大致的脉络。

西姜黄河顾高段

寻踪拾忆

大约在唐宋之际，此地多为杨姓人聚居，故称杨庄。后有高姓人从里下河地区迁徙而来，繁衍生息，形成村落，与杨庄并称为杨高庄。明初永乐年间，苏州顾氏因避"靖难之变"迁来此地，落户于杨高庄之南，人口渐稠，家业渐兴，称之为"南大房"。后杨氏人丁不旺，渐渐衰落，仅剩一两户人家，杨高庄之名就去掉了"杨"字成了高庄。而顾姓本为江南望族，迁居本地后仍多殷富之家，且不乏读书取得功名者，对居住之地称为高庄心有不甘，乃至诉之官府。后经协调，以两姓各取一字组成"顾高"新地名，双方皆大欢喜。

清末民初，近代工商业兴起，地扼江北、江南之水陆要冲，位处姜堰、黄桥两大工商重镇之中的顾高，得天时、地利之便，迅速趋向繁荣。其时，镇

S229 顾高段（前身为姜黄大道）

东姜黄大道的车声不绝于耳，镇西姜黄河上南来北往的帆影掠岸而过，苏中粮食、油料、生猪等物产成批南下，苏南布绸、烟草、日用货品满载北来，顾高是其中一个重要节点。许多外地客来此设行开店，许多本地人外出贩运经商，人因之而聚，镇由之而兴。其中，南大房西靠码头东临驿道，近水楼台先得月，加之顾姓人家通文墨者居多，心机活泛，所以很快有一些人兴业发家，广置房屋田产，建起高门大宅。当时顾高庄上有 18 家大地主，号称"十八个大门口"，并建有顾氏宗祠、顾家大庙。

民国元年（1912），泰州改称泰县，全县划为 8 市 40 乡，顾高为 40 乡之一。民国十八年（1929），建区、乡（镇）公所，全县划为 15 区 438 个乡镇，顾高镇属第六区蒲津区。

民国二十年（1931），顾高镇发生了一件轰动远近的大事，这个原本默默无闻的上河小镇名噪一时。由著名学者、教育家、顾高人顾名（君谊）发起，征得泰县县长张维民及地方父老乡绅同意，开辟了泰县顾高庄农村改进区，推行义务教育、成人教育、通俗教育，开展劝学运动和识字运动，培养学识技能兼备、立志服务的人才。顾名聘请蔡元培（时任中央研究院院长）、韩国钧（曾任江苏省省长）、张仲仁（曾任民国总统府秘书长、教育总长）、黄炎培（著名学者、教授，中华人民共和国成立后曾任政务院副总理、全国人大常委会副委员长、全国政协副主席）等重要人物为委员，委托中华职业教育社主持设计。中华职业教育社则派余应江为干事，在顾高庄农村改进区设立总务、教育、农事、建设、保安5股，涉及农民生计调查、农家访问、民众法律、人事登记、赈募寒衣、植树运动、养鱼养鸡养鹅合作、信用合作、推广种子、整顿小学教育、开办民众夜校、改良市政、修路开河、组织消防队、设备警钟、赠送医药等诸多内容。这些事项的所有开销均由顾名一人承担。顾名还与黄炎培、江恒源二人在江苏昆山县徐公桥镇、吴县善人桥镇、丹徒县黄墟镇及浙江宁波白沙镇、湖州小溪口镇等地创办农村改进试验庄，推进农村改造、农村教育。

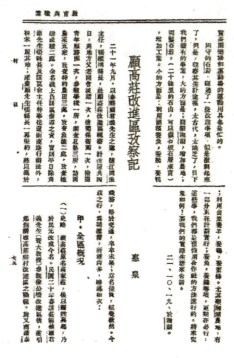

《顾高庄改进区考察记》

一年之后，顾名邀请中华职业教育社姚惠泉视察顾高庄改进区。姚惠泉曾为上海县教育局课长兼督学、沪江大学导师，追随黄炎培先生，与邹韬奋合编《教育与职业》杂志。此次视察为期4天，姚惠泉检阅保卫团和青年服务团，参观学校，调查私塾，访问农家，考察农田、鱼池、植树成绩等，紧张而充实。他认为顾高庄的改进事业成绩显著，值得借鉴和推广，回到上海

君谊馆

后即写出《顾高庄改进区考察记》,发表于《教育与职业》杂志。这在当时的中国产生了不小的影响,为顾高后来的发展打下了一定的基础。

新民主主义革命的浪潮风起云涌,顾高很快成了光荣的革命老区。1928年到1929年,顾高镇复兴庄、野庄先后建立起中共党组织;1929年冬至1930年春,红十四军三打顾高庄,留下光辉的一页壮史。抗日战争期间,1940年10月,陈毅、粟裕率新四军苏北指挥部进行黄桥战役,将两个纵队隐蔽集结于顾高庄一带,为决胜黄桥奠定了基础;1942年,苏中抗日民主政府在顾高创立育英中学(次年改为泰县第二中学),在学校建立党支部及"青年解放团""青年抗敌协会"等组织,发展党团员100余人,为革命输送了大批精英人才。解放战争期间,共产党武装力量和这里的广大人民坚持斗争、浴血奋战,打败了国民党反动派正规军及地主还乡团,使这片土地和这里的人民获得新生,也为全中国的解放做出了贡献。

中华人民共和国成立后,特别是改革开放以来,顾高的经济社会事业得到长足发展,至21世纪初,人民生活已达小康水平,乡村振兴战略让这里的田园村庄变得更新更美,顾高这个地名在今天又被赋予了"顾远登高"的新的积极含义。

(俞华生)

翻耙老街

顾高古镇区四面环水,镇内河港交错,相互沟通,船只可畅行其中。河边绿树环绕,河上有 5 座小桥,供行人来往。旧时集镇面积不大,街巷不多,主要为一横一竖两条呈丁字形的街道和一些分支小巷,当地人称之为翻耙街。翻耙街的"耙柄"为南北街,长约 300 米;"耙头"为东西街,长约 400 米,但到东头折弯向南还有约 50 米的尾段。街面宽约 4 米,中间铺设条形麻石,两侧设有石阴井,不管下多大雨,街道都无积水现象。街虽不大,但商家辐辏、行当齐全,十分繁荣兴旺。据老人回忆,清末民初至 1956 年公私合营前,两条街上大大小小有近百家店铺,其中有不少都是从外地迁来的。例如百年老店同和药店,老板姓章,系太平天国时为避乱从南京溧水县来到顾高的,第一代、第二代传人的名字已被人遗忘了,第三代传人叫章壮德,第四代章利金,第五代章熙镜,第六代章霞。民国年间章壮德经营时,药店

翻耙老街

有 4 名雇员站店抓药,还有两个专门给药店推车送货的车夫,每天(雨雪天除外)将粮食油料推到姜堰出售,再从姜堰购回店中所需药品,来回不空,有时也将经店里加工炮制的药材分送到其他药店或诊所,生意做得很大。魏生堂药店,也是百年老字号,老板来自镇江丹徒,到魏春亮已是第五代传人。仁寿堂药店,店主项德卿原籍南京溧水,祖父辈先在泰兴分界、申家庄开店,1942 年项德卿来到顾高开设药店兼坐堂问诊,以小儿科擅长,对治疗痧、麻、痘、疤、疔、疮、搭背也很精通,名扬四方,不少患家曾送"妙手回春""手到病除"之类金字匾致谢,他还曾救护过新四军 8 名伤员,民主政府给他颁发过奖状。唐麻子烟店,店主"唐麻子"大名唐寿芝,镇江丹徒姚桥镇人,先在顾高帮工,儿子唐海泉贩一船猪到上海卖出,买回一船烟叶回来刨烟丝卖,赚了一笔,以后生意逐渐做大,一度雇用 6 个帮工。陈大昌日杂店,是一家较大的店铺,店内各种日用杂货及烟、酒、茶、盐等品种齐全,老板陈大昌也是镇江丹徒人。陆宝庆皮坊,专门硝制猪、牛、羊皮,店主陆宝庆来自常州。李华中肉店兼猪行,店主李华中来自安徽临泉县,人称"李侉子",屠猪卖肉的同时兼做"猪包"生意。所谓猪包,即向养猪户收购壮猪,先付三成定金,集中一批后贩往江南,售出后回来再将各户余款付讫。其他还有一些来自附近姜堰、梁徐、张甸、蒋垛及泰兴、刁铺、元竹一带的客商,不

再一一详述。

翻耙街的商店布局大致如下：

南北街东边由南向北依次为：殷红元酒店槽坊；李长善饭店；王恒茂酱园店兼杂货店；顾金榜家浴室（在王恒茂店北一小巷内）；高荣私塾馆；白高奎馓子店；顾金利、顾银琪父子布店；姚大麻子车匠店（制作独轮车出售兼修车）；许志大布店（赁顾松林家两间屋为店面）；沈国章烧饼店兼熏烧店（上午制卖烧饼，下午制卖熏烧）；杨大孟吃食店兼旅社；白宝贵烧饼店、老虎灶；顾杰茶馆（街东、街西各两间店堂，有过街天棚相连）；顾金凯粮行（屋后有竹园河通西姜黄河，临河设有靠船码头）；顾鹏笔店（卖笔者俗称"笔管儿先生"，不仅坐店，也经常背上笔袋串走于各私塾推销）；顾伯刮小肠作坊；顾

翻耙老街新貌

荔木行（兼营杂货）。

南北街西边由北向南依次为：顾金楼杂货店；宝丰烟店；顾余庆银匠店；顾银平粮行（两间门面，内院很大，有仓库，后门有靠船码头）；顾银芝粮行（顾银芝与顾银平为兄弟，两家粮行规模相等）；顾杰茶馆街西店堂；俞玉元杂货店；吴德仁银匠店（代办邮政）；张春波烟店；同和药店（药店后有一家

染坊);霍家甫布店;扬三泰布店(店堂较大,有3间门面,霍家甫曾为其打工);陈大昌日杂店;顾君伯银匠店;蔡宜章理发店;白宝贵、顾义合开的老虎灶(1956年迁至南北街东边顾杰茶馆南邻)。

东西街北面由西向东依次为:顾君谊家粮行(规模为顾高之最,有9间店面,均为罗底砖铺设的"响厅",另有栈房若干。顾君谊长年在外公务、教学,无暇顾及家事,父母又年老多病,粮行生意由管家杭德喜打理经营。新中国成立后,顾家粮行改建为供销合作社);吴德义杂货店;戚德宏木匠店(主要制作木斗、圆桶等,中华人民共和国成立后,吴、戚两家拆迁,新建顾高联合诊所和顾高信用社);孙绍璧杂货店;朱德和诊所;陈粟香酱园店(前店后坊格局,院内有若干大缸,酿制酱油,腌制各种酱菜);俞玉波杂货店(兼做八鲜行生意);顾盈茂酱园店(由顾书源、顾银琪经营);夏济宽秤行;白宝贵、顾义老虎灶,此处为南北街与东西街的交会街口。过街口再向东依次为殷红元酒店槽坊;俞玉香豆腐、烧腊店;张大隆布店兼爆竹店;陆宝庆皮坊;卢学保茶食店(前店后坊,制作京果、桃酥、脆饼、京江饸之类茶食点心)。东西街至此折弯向南,靠东边依次是:顾茂贤银匠店;顾元宰银匠店;福田茶食店;顾金俊皮匠店;姜黄饭店(顾高当时最大的饭店,店堂为3间7架梁瓦屋,摆设6张八仙桌,供应午、晚两餐,同时兼营旅馆,还对外租被子,供周边居民来亲到友一时之需);姜黄饭店后因战乱停业,由申厚原接手店房开办申氏染坊,直至20世纪70年代;最南端街尾是俞留根铁匠铺。街尾东边,有一大片空地,约有一二十亩,便是远近闻名的顾高猪牛集市交易场所。

由南端回转靠西边南北依次为:崔恒大车匠店;顾庆华车匠店;王侉子杂货摊;李华中肉店兼猪行;新大昌百货店;仁寿堂药店。由此折弯依南向西为:顾金才鑫记杂货店(兼卖布和酱菜,兼营旅馆);顾茂和烧饼店;魏生堂药店;唐麻子烟店;陈建德杂货店;蒋国乐车行;王庆领杂货店;张书发熏烧店;隔一南北小巷西侧是张如清、钱炳纪、马邦瑞三家裁缝店;俞玉光肉店。在唐麻子烟店等几家店面门前街边,早晚开设鱼市鱼行,有专门当行的负责定价、称鱼,确保买卖公平。俞玉光肉店西边是汊河口,连通西姜黄河,汊河口西是顾君谊家林地(顾君谊纪念塔即建于此,中华人民共和国成立后改建生猪收购站和供销社生产资料门市部)。再向西还有申厚原染坊

百年老店同和药店

（后迁至街东头姜黄饭店旧址）和一些零散分布的店铺，如俞金殿杂货店兼裁缝店；俞金湘猪头肉店；刘玉生米饼店；胡学才车匠店；唐益群皮坊等。

　　1943年，新四军为防敌伪驻军盘踞，号召群众"破拆"，镇上各家各户基于民族大义，积极响应。数日之内，所有店铺房屋均腾空拆平，一时翻耙街成了景象萧条的"瓦爿庄"。抗战胜利后，老街重建，又现繁荣景象。1956年国家实行公私合营，所有店铺统归工商联领导，大部分商店及人员归并到镇供销合作社内，还有一些较大的店面如同和药店、陈大昌日杂店、唐麻子烟店等在同行业合并后依然在原地经营，如同和、魏生堂、仁寿堂3家药店合并后在同和药店原址经营，更名为"顾高药店"。世事变迁，但翻耙街并未凋落。改革开放后，顾高镇对镇区进行了重新规划建设，范围大大拓展，街巷四面纵横，商业网店逐渐增多，已成为一个现代化新型集镇，翻耙街也就成了历史。

（顾炳余、顾慰中、顾卫清、项贞坚口述，宋子章、俞华生整理）

古千佛寺

古千佛寺坐落于顾高镇西北千佛村，始建于隋朝。

据传，当年隋炀帝下扬州看琼花，夜梦东南方向有宝地，佛光四射，遂前往探访。但见其地三面临水，两侧夹垛，前后有丘垅隆起，状如一只展翅欲飞的凤凰，凤凰地中央长有一株高大的银杏树，树冠如盖，干径数抱，叶茂果繁，主枝宛若如来佛手五指张开，动静生姿，气势雄伟。炀帝见之大喜，即御旨诏谕，在此建一座千佛寺。建成后的庙宇内有大小佛像千尊，或为浮雕，或为立体雕塑，主佛像内裹有黄金、白银浇铸的"金心银胆"。千佛寺历经1000余年，历代曾多次重修，清同治八年（1869）住持僧方慧再度重修，并镌山门殿石额"古千佛寺"以记。其建筑风格为砖木结构，歇山重檐，斗拱翘角；主脊中置承露瓶，脊端设鸱吻，戗脊装饰异兽珍禽，雍容典雅。庙宇总占地面积近40亩，大小房舍99间，其大雄宝殿、观音阁、八大金刚殿、哈佛殿、张王殿等规模宏大，金碧辉煌。鼎盛之时有受戒僧人30多名，还

古千佛寺正门

有数十名勤杂人员,加上入庙修行者,达百人之多。拥有佃租土地数千亩,佃户 21 姓,寺内油、槽、粉坊一应俱全。每年农历二月初八举行庙会,四方民众信徒蜂拥而至,香火市声繁盛一时,一度有"江北第一寺"之称。

寺内古银杏始植于晋代,距今 1700 余年,据传,一得道高僧曾云游到此,发现此为凤凰地而植下该树。只因树栽在"凤凰"腹部,故长得最高最大,成为银杏之王,以至隋炀帝也为之惊奇而敕建寺庙。寺因树而盛,树因寺而名。此树虽历经沧桑,仍生机勃勃、枝叶苍翠,且年年开花结果,其果呈三棱,谓之龙眼,又称佛子。当地人奉为神树,逢民间喜庆,善男信女前来献礼祈愿。1942 年春,抗日民主政府在古千佛寺创办育英中学(次年改为泰县第二中学,现为江苏省姜堰第二中学),日军飞机时来轰炸,校长徐观伯引领学生紧急避险于古树浓荫之下,并继续上课,安然无恙。该树现已被列为航空标志,国家一级古树,入载《江苏省古树名木名录》。

古银杏树

1945 年,为防日伪军在此筑围子屯集,当地百姓响应共产党、新四军号召,自发组织将千佛寺庙拆除,只余下两厢十几间房舍。"文革"破"四旧"时,又拆去仅剩的房屋,遣散全部僧侣,至此千佛寺有名而无寺。

21世纪以来，顾高镇党委、人民政府着力恢复文化古迹，多方筹集资金，分期实施重建古寺项目工程。2006年10月2日，古千佛寺举行千佛大殿奠基仪式，来自台湾、广东、上海、山东、山西，以及江苏省内扬州、苏州、南通、南京等地的佛门长老、高僧、佛教信众和江苏省、泰州市、姜堰市佛教协会负责人及当地1000多人参加活动。东北人张安闻知古千佛寺重建消息，主动捐赠500万元用于寺庙重建。2008年，古千佛寺大雄宝殿等主体工程落成，江北名刹重现光彩。

（葛伯圣、杨华山）

龙地俞庄

  俞姓来源于一位远古神医俞跗。据传，俞跗是黄帝的大臣，曾跟随神农（炎帝）尝百草，熟知各种药草的性能，更精通外科手术，能通过"割皮解肌，洗涤五脏"为人解除病痛。有一次，黄帝的小儿子禺阳病得很重，请他去治，等他赶到时，禺阳只剩一口气了。俞跗立即手术，把他的内脏清洗干净，终于救活了他。事后有人问俞跗："快死的人了，你还剖他肚子，万一救不活岂不有杀头之罪？"他说："当医生只有首先忘掉自己，才能把心放在患者身上。"俞跗医术高超，他的姓氏即与人体之穴"腧"和痊愈的"愈"相通，后人皆尊他为俞氏始祖。西周时有一个俞姓封国，当时的国君称俞伯。春秋时期郑国、楚国都有俞姓贵族，著名琴师、作曲家、曾留下《高山流水》名曲和"摔琴谢知音"动人故事的俞伯牙即为楚国郢都人。其后俞姓中还出现过许多名人，如：晋代将军俞纵；唐代户部尚书俞公帛；宋代中书舍人俞烈；明代开国大将俞通海，吏部左侍郎、书法家、画家、诗人俞山，抗倭名

双　池

将俞大猷；清代河南学政、著名学者、文学家、书法家俞樾；现代著名学者、诗人俞平伯等。

　　顾高俞姓的先祖名俞道化，原籍江南武进，南宋宁宗开禧、嘉定年间（1205—1224）因避金兵之乱，携眷渡江北上，迁徙泰州东南蒲津乡江家店。道化公生有二子，为元一、元二，后元二公迁居泰州，元一公则留在蒲津乡。元一公之子俞受七自寻风水宝地，来到附近一个叫古园的地方，四下观看，认为这是一处难得的"龙地"，人居此处，日后子孙必定兴旺。龙地的依据是：这块地的东首有一个凹形大池，长宽均达数十丈，名曰"双池"，中间是个半岛状的垛子，是"龙鼻"，整个"双池"就是"龙头"；双池向西近一里之地有一长方形大池，称作"单池"，这是"龙肚"；"双池"与"单池"间有河道连通，这是"龙腰"；再向西一里多，又有一池呈两翼状，称为"蝙蝠池"，这便是"龙尾"。"龙肚"至"龙尾"之间地段，有 36 个垛子田，成为龙的节段，整个"龙身"长约 3 里。受七公在此定居后，又于双池边打了两口井，恰如"龙眼"，这真是"画龙点睛"之笔。

单　池

　　受七公迁居古园后，生有 5 子，受七公为 5 个儿子分配住地，长房在东，依次向西，占住约 5 里地段，初成庄形。风水宝地，人丁兴旺。至六世仲杰公时，子孙繁衍，分家立户，俨然已成大庄，于是名其地为乐俞庄，尊道化公为始迁祖。至七世宗海公等人,捐资续纂家谱,建立宗祠,气象日盛。

明洪武二年(1369)四月上旬的一天,一位先生模样的人走进乐俞庄,见这里水土丰美、竹木繁茂、庄舍井然,一派兴旺气象,不由得放慢脚步,一边观赏,一边吟哦。村里有俞氏兄弟几人,见来了个外乡之客,相貌不凡、举止风雅,就上前热情询问其来自何处去往何方。先生模样的人回答,自己自苏州来,要去往泰州。俞氏兄弟连忙说,泰州路途尚远,此时天色已晚,先生不如在敝庄暂住一宿,明日再启程。见俞氏兄弟如此盛情挽留,先生模样的人也就不再推辞。当晚,俞家杀鸡宰羊,盛情款待,席间细谈,方知来客竟是大名鼎鼎的刘伯温。刘伯温名刘基,系朱元璋的军师,辅佐朱元璋成就帝业,为明朝开国功臣。其时天下初定,百废待兴,刘基提出"宽以待民与严惩贪吏"的主张,并经常巡察四方。此次从苏州前往泰州,他一路微服简行,了解吏治民情,对地方毫无惊扰。此刻在俞家,刘伯温又问起乐俞庄的由来及俞氏家世。俞家兄弟早就闻听刘伯温的大名,对他景仰不已,听他问起俞家事由,连忙一一作答,并捧出家谱请刘大人阅看,希望能得到大人的题序。刘伯温仔细阅读俞氏家谱,觉得谱中体现了敬宗念祖、积德行善的至诚之意,心中甚为赞赏,随之取笔墨题写了序文:

> 夫承先莫大于追远,裕后必思乎敦本。此自古仁人孝子之所必兢兢也,而不谓今乃得之乐俞庄俞氏者。余自吴郡过海陵,道次其庄,而俞氏昆季欣然款洽,旋出家乘嘱予。予细阅之,莫外敦本追远之至意。因不禁把卷留连,窃叹仁孝之风、忠厚之道殆远胜于都市云。
>
> 　　　时　大明洪武二年己酉清和月上浣之吉
> 　　　　　伯温氏刘基拜题

数百年间,岁月流转,世事变迁,俞庄龙地形貌依然,而阡陌田园已重新铺排,焕然一新。在新时代的风云际会中,这个古老的村落正焕发出勃勃生机,呈现出卧龙腾飞之势。

(俞廷益、俞华生)

宝境申洋

　　申氏家族，相传系炎帝、四岳之后裔，西周时有诸侯国申国，开国君主称申伯，为周宣王之母舅，其封地在淮河上游区域，申伯是全中国申姓人公认的始祖。春秋时申国为楚国所灭，其国人后以申为姓，以示怀念旧国之情。战国时著名法家代表人物、曾在韩国为相的申不害，便是早期的申姓名人。几千年来，申氏支系繁漫，代际茫茫，难以稽考。而顾高申洋申氏，幸有600多年谱牒可查，其始迁祖良三公自苏州阊门迁来，已传20余世。良三公大名叫申克敬，字允中，原籍四川省昭化县（今四川省广元市昭化区）人，其先祖敏三公从原籍迁至苏州定居。良三公生于元至正十六年（1356），史载他于"洪武中由太学生入仕，以才能练达著称。累官至河南右布政使"。右布政使是掌管财政、民政的省一级最高行政长官，官阶为从二品，大约相当于今天的常务副省长。良三公致仕回家后，遇"靖难之变"（燕王朱棣发兵南下攻打建文帝、夺取皇位之兵变），身为前朝旧臣，他不得不离开苏州故居，涉江北上，以避祸乱。一路寻来，见海陵（泰州）东南有一境地风土淳美、云树苍茫，遂在此定居。因忆及仓促渡江之时一叶扁舟出没于惊涛骇

申氏宗祠

浪之中，有漂洋过海之感，便将迁居地取名申洋。当时与良三公同舟渡江的还有良大公、良二公，他们分别去了东台富安、唐洋二地。

申洋申氏老祖良三公定居后开基创业，积功积德，子孙繁衍，家族昌隆。传至六世祖应津公，于明天启六年（1626）首创海陵申氏族谱，建立申氏宗祠，将祠堂堂名定为式南堂，并聚资购置公共祠田5亩，其田租收入作为祭祖典仪活动所需。这"式南"二字出于何处？考之大有来头。《诗经·大雅·崧高》有载："王命申伯，式是南邦。"申伯于周朝有大功，其妹嫁于周厉王，生周宣王，周宣王封舅父到谢地（今河南省南阳市一带）建申国，并隆重为舅父践行，希望他就封后成为周朝南边的可靠屏障。用"式南"二字作堂名，就是追念先祖申伯，时时提醒族人不忘自己是申伯之后。申氏族谱后经八世祖、十世祖等多次重修，详加考证记载，拾遗补阙，逐渐臻于完善。至2004年第12次重修，式南堂申氏族人已达7000有余，附近沈家庄、塘口岸、口岸、唐家荡等地都有申姓人前来认祖归宗，当然最主要的居住地还是顾高申洋。重修族谱的同时，申氏宗祠也修缮一新。原祠堂为大厅3间，坐北朝南，正厅上方有一黑漆匾额，内中金黄色3字"式南堂"，西侧有客座两间，东、南、西3面院墙，前后两进院落，门楼势如牌坊，嵌"申氏宗祠"匾额，庭中置重门，再题祠名以显层次。祠堂南边原有千年银杏1株，与千佛寺、杨庄庙等地5株古银杏连成一条直线。抗日战争期间，为避免日寇驻防，族人将祠堂由庄上迁至北野祠田上，抗战胜利后，复迁庄上原址。因当时经济条件有限，拆迁时材料有所损失，不足以完整恢复，只能修复正厅3间。2004年重建时族人踊跃捐款，故能大体按原貌重建，还其本来式样。

申洋庄河南有一处草木幽深之境，这里是申氏老祖良三公的墓地。良三公殁于明代天顺六年（1462）八月初九日，享年107岁（虚岁），生前已将自己的安葬之地选定，就在庄河南边砚瓦池畔，笔架山旁。砚瓦池是一圆形自然水池，面积约80平方米。该池与其他河沟概不相连，一泓清波独领其秀，形状如砚台中研墨的砚池，故得名。砚瓦池有两大神奇之处：一是在旱季，其他河沟即使干涸见底，它都照常有水仍如盛在碗中不减分毫，而到了雨季，降水再多，池水也不会上涨外溢；二是池底的淤泥呈深黑色，与众不同，如同磨浓的墨汁。砚瓦池南侧约15米处，有一略高于四周的坡地，地形很像搁笔用的笔架，名为笔架山。周围绿树成荫，皆是自然生成，并非人工栽植。想当年良三公选葬此处,可能爱其地有一股郁郁文气吧。至今这处自然地形仍旧保存完好,形成了村中一处令人神往的人文景观,与全村的环境风貌融为一体,交织出美丽村庄的迷人姿采。

曾任顾高文化站站长的杨华山先生有诗赞申洋:

> 芦花过海谢龙王,柳絮漂洋落鹤乡。
> 笔架山头腾雾霭,砚瓦池畔读文章。
> 良三祖德留书翰,申氏式南立栋梁。
> 宋杏明槐犹未老,朝阳日日伴斜阳。

（申继云、申平昌）

古风桥梓

在古千佛寺的西边，有一片河网交织的土地，南北走向的七里沟是它的中轴线，又向两侧派生出若干支流，九汊十八湾，并形成四池（张家池、圆池、芦花池、驴吊池），整个地貌地形如同一个大大的"鼎"字，这便是远近闻名的桥梓村，又名桥梓头，现属千佛村。

相传三国名将关羽曾领兵至此，遇水受阻，将军命令"逢山开道，遇水架桥"，共架了4座桥，并在桥头栽上梓树做记号，桥梓村因此而得名。谁知桥架好了，车骑仍不能前行，前哨报告说："有一大树横卧于道。"将军命令："搬了便是。"良久，前哨又回报说："树大根深，搬它不动。"气得关云长神威大发："抬刀备马，待我前去会它。"红披风，枣红马，犹如一团烈火滚滚向前，说时迟，那时快，马到、人到、刀到，一阵光、一声响，大树连根带泥被挑了起来，扔进旁边的圆池里。那深塘便化成一口井，石栏成了他的磨刀石（此石保存在村中教师严吉品家）。那扔进池里的土长成10多平方米的转水墩。那土墩还真有些灵气，纵使十年九旱从不见它大，十年九涝也不见它小，总像一颗绿宝石嵌在蓝色水晶上。据说那天是五月十三，民间流传着旱不掉的五月十三、六月十九，因为五月十三有关老爷的磨刀水，六月十九有荡刀水。后来人们为了纪念这位忠义大将军，为他装金塑像（此像保存在村民严亮家，不轻易示人），披红挂彩。每年五月十三便请出来唱青苗会。

一方水土养一方人。这里土肥水美，又紧靠千佛圣地凤凰宝地，于是落户者渐渐多起来，逐步形成村落。与俞庄、申洋等以一姓聚族而居、极少外姓的邻庄不同，桥梓村的特点是多姓杂居。几大姓氏中，有来自泰兴霍庄的蒋姓，来自泰兴严家堡的严姓，来自江南苏州的蔡姓，还有从邻庄搬迁过来的俞姓、申姓、曹姓、缪姓、张姓等。这些姓氏虽经历代传续、迭次迁徙，但都牢牢记得自己的家族渊源。如蒋姓，其堂号"三径堂"，源于其先祖蒋

千佛村桥梓头

诩。蒋诩（前69—17），字元卿，西汉时杜陵（今陕西省西安市）人，曾为兖州刺史，以廉直著称。因王莽篡夺帝位，诩公不愿仕逆而辞官归隐故里。其庭院中有3条小路，每每只与当世高逸之士求仲、羊仲二位来往。为纪念蒋诩，弘扬其廉直和不与世同流合污的品格，蒋姓后人取"三径"为本姓的堂号。又如严姓，其堂号"富春堂"，源于其先祖严光。严光（前39—41），字子陵，会稽余姚（今浙江省余姚市）人，东汉著名隐士。严光少有高名，与东汉光武帝刘秀为同学好友。刘秀即帝位后，多次延聘严光入朝为官，并派车马将他接到京城，许以光禄大夫职位，但他婉辞不就，归隐桐庐富春山下，每日耕读垂钓，至今富春江边还留有严子陵钓台。这种不慕富贵、不贪名利的高风亮节，一直受到后世的称誉推崇。范仲淹撰《严先生祠堂记》，有"云山苍苍，江水泱泱。先生之风，山高水长"赞语。再如蔡姓，历代名人辈出，发明造纸术的蔡伦，东汉文学家、书法家蔡邕及其女蔡琰（文姬），北宋书法家、政治家蔡襄，近代教育家、思想家蔡元培等都为世人所熟知。宋、元时期，蔡氏曾有二人因才能出众，有功于朝廷而被招为驸马，故其后人遂将本宗堂号命名为"双凤堂"。

这些姓氏家族各自都有良好的家风家训，恪守仁爱友善的处世待人之道，故村中邻里之间都能和睦相处、互让互帮，而且有爱读书、讲礼仪的传统，即使是贫家小户，也很讲究礼节，遇有来客都会热情相待，从不怠慢，常为外庄人称道。1942 年，苏中抗日民主政府开办的泰县第二中学一度迁址桥梓头，新建 8 间教室、3 间办公室。桥梓的百姓热情支持办学，十分关心师生的学习和生活，他们腾出房子给师生住，借用具给师生们用，买粮买草都给予各种帮助。同时，附近不少农家子弟也跨进二中读书，如蒋毓秀、俞言希、俞玉俊、蔡桂银等，这些学生后来大部分都成了革命的有用人才。中华人民共和国成立后，村中出了两位县长、10 多位校长、几十位教师。改革开放后更是人才辈出，涌现出许多专家学者、博士硕士、党政军干部，故桥梓被称为"文人村"。有诗赞曰：

古井神墩四水塘，十湾九汊架桥梁。
亭亭梓树桥头立，人杰地灵出凤凰。

（蔡吉本）

寻踪拾忆

水村塘桥

塘桥村由顾家井、塘口岸、葛家俚3个自然村落组成。域内水系富集，西姜黄河穿村而过，若干支河汉港交织于村内。千百年来，塘桥人临水而居，依水而兴，把这里营建成一个繁荣兴旺、幸福安逸的村庄。

千载延绵"顾家井"

顾家井因井得名。据史料记载，元末明初朱元璋与张士诚争夺天下，最后，据守苏州的张士诚以兵败告终，朱元璋遂将苏州许多民众驱逐到苏北一带，其中就有姓顾的。后来有一支顾姓移民迁居到泰州东南顾高地区，形成顾高庄及顾家井、顾桥几个自然村。600余年间，顾氏族人在这片土地上繁衍生息，继承先人自强不息、耕读传家的优良传统。随着时间的推移，顾家井庄上顾氏族人越来越多，为方便生活用水，推举当时的大户为头，庄人出力，挖掘水井1口，以为公用。此井体量宏大，工艺精良，井深18米，由50层弧形井砖垒成，底为厚度10厘米的木盘，上有石质井栏，水质清醇，沿用数百年，直到20世纪50年代在西姜黄河改道工程中被挖去，殊为可惜。然井虽不存，庄名犹在。远居海外的游子至今仍有"苏北有个顾家井"的记忆。有诗记曰：

明初兵燹，苏州板荡。为官所驻，泪别阊门。沿江漂泊，无处安生。
顾姓一支，徙址苏北。泰州东南，田畴万顷。人情淳朴，风俗纯良。
始祖宗公，决然安营。筚路蓝缕，备尝艰辛。几经沧桑，根深叶茂。
远矣顾氏，千载绵延。耕读传家，支脉繁衍。伟哉顾姓，延续永芳。

塘桥村一角

筑堰挡水"塘口岸"

塘口岸，口语地名，位于现在塘桥村东侧地段。有人以为可能是有姓唐的人家在此居住故以得名，其实不然。此地居民申氏居多，系从申洋村迁来，刘姓、戚姓次之，并无一户唐姓。那么"塘口岸"之名因何而得？问及村中长者，才得知由来。

说起塘口岸地块，东临仲院，北连许庄，南接郜家野，西毗顾家井，面积不出 400 亩，在过去是出名的"东荡"，地形低洼、沙土贫瘠，遇雨季涝灾，积水由四面八方倾泻于此洼地，形成了潴水洼塘，其中东边来水最猛，形成了一个缺口。为了生存，时申氏族人西川公率众奋力挖沟排水、填堵缺口、筑堰挡水，形成了堤岸。这三点连成一体，便形成了"塘口岸"。现在仍存的"冲马沟"就是佐证。

姜黄河边"花子街"

说到塘桥村，不能不说花子街。花子街远近闻名，名传大江南北。花子街在葛家佴东头，北依西姜黄河（西姜黄河在此拐弯，有数里河段为东西走向），西临姜黄古道。花子街的得名源自一个传说，说是朱元璋得势前，曾带领一帮穷人路过此地，准备渡江南下，因风大无法过江，在此逗留数月，以做些小买卖暂度时日，因他们衣衫褴褛，形似叫花子，故这里被人称为"花子街"。但他们离开后，花子街又冷落了。清末民初时，这里散散落落地居住了几户人家，由于南来北往的人较多，就有一些人摆起茶摊，卖起面条、水饺等小吃。

此后，这里的路道修宽了，来往行人更多了，于是，搭起草棚开店的也逐渐多起来，而且已经是专靠做生意为生计了。为首的有顾菌家，主营烧饼、馒头类，刘广棚家主营羊肉，顾金富家主营馓子，顾金发家主营烧腊肉，顾金美家主营烟酒小百货类……后来大路上开始通汽车，开车人经常在顾菌家加木柴、加水，顾菌家就被汽车站定为临时停靠站，也有客人从这上车。人多了，生意逐渐红火，邮政业也随之而来，顾菌家又承办了邮政服务。这里俨然有了"街"的气息，但由于商户们多为小本经营，还未有足够的财力建起像样的店堂，故"街上"的店铺都是一些草棚，显得有些破败寒酸。

一次申塘乡一农户请当时的乡长申高鉴吃饭。申乡长问主人有没有酒，主人回答："有，我现在就到'街'上去打。"申乡长笑着说："上街？那是个'花子街'啊！"从此，"花子街"之名叫得更响了。

随着来往的客人越来越多，店铺越来越多，店面越来越整齐，"花子街"之称已随之流传大江南北。至今，一些久居北京、上海以及海外人士返乡，可能不记得芦庄、高庄，却牢记着"花子街"这块故土。

改革开放以来，"花子街"发生了翻天覆地的变化。如今公路几经修拓，已成为省道，路边商铺、企业一家连一家。公路车道分明，斑马线醒目，红绿灯闪烁，车水马龙，游人如织，呈现出一派生机勃勃的景象。昔日的"花子街"，如今变成了"花之街"。

（顾祥元、俞华生）

二中旧址

　　1942 年，泰县抗日民主政府在顾高千佛寺创立私立育英中学，以私立为名做掩护，实际是共产党在苏中地区创办的第一所中学。其办学宗旨是：在党的教育方针指引下，为解放区培育一批党、政、军各方面所急需的人才。开始以顾经昆为校长，随后调徐观伯为校长，次年学校更名为"泰县第二中学"，徐观伯为校长，县长栾长明、汪海粟、张岳侯先后任校务委员会主任，聘苏中参议员朱履先任董事长。学校先后开设普通科、简师、乡师、纺织、测绘、童干、劳动组合等班，课程设置有语文、数学、物理、化学、史地、外语、音乐、体育等，乡师班和简师班加教育学科。教材全部由授课老师编写，边编、边发、边讲，到学期终了装订成册。当时提出，各种教材都要结合抗战形势需要。教职员工先后达 60 多人，学生达七八百人。1943 年，学校建党支部、青年解放团等组织，发展党团员 100 余人。该校至 1947 年停办，其间有 500 多名毕业生走上革命道路。

泰县第二中学旧址

江苏省姜堰第二中学大门

　　泰县二中校舍用房系租借千佛寺十四五间房子，后迁至桥梓头，又在曹家埭、白马庙设立分部。当时教室简陋，没有统一桌凳，图书馆则办在每个班里，图书分藏在每个人身上，称之为"分散图书馆"。图书有《钢铁是怎样炼成的》《蚀》《四大家族》《甲申三百年祭》《大众哲学》等。学生住在老乡家里，不但不拿一针一线，还帮助老乡扫地、挑水、收庄稼、带孩子，敌人来了还扶老携幼帮助"跑反"。根据当时形势，采取游击教学方式，上课时在教室，时在野外田头，还要有人放哨，发现敌情立即转移，转移途中也可随时上课。学校开课第一天，就遇到蒋垛日伪军到学校前庄申俞乡扫荡，师生们立即配合军民打退敌人，并将这一仗作为一堂课的内容。校长徐观伯在其《游击教学歌》中写道："腰插榴弹手书包，师生游击办学校，上学不忘打仗事，读书抗战都做到。""学生来自工农兵，劳动本是胎里生，书本一丢田里去，学习生产结合紧。"当时学校还组织业余文艺宣传队，发动学生扭秧歌、唱抗日歌曲、排革命小戏。举行全校师生大会时，各班"啦啦队"都要互相拉歌，唱《跟着共产党员走》《反扫荡》《延安颂》《黄河颂》等歌曲。在假期则组织宣传队深入附近村庄巡回演出，也曾到稍远的蒋垛、姜南、张甸等3个区10多个村镇演出《兄妹开荒》《丈夫去当兵》《拥军花鼓》等时新节目，

江苏省姜堰第二中学新校园

深受当地干部群众的欢迎和好评。学校各方面工作都搞得有声有色，在当时苏中地区影响深远，故有"苏中小抗大"之称誉。

泰县第二中学从1942年秋开办到1947年春停办，前后5年，时间虽很短暂，但却在党的抗日战争时期教育史上书写了光辉的一页。

为继承革命传统，弘扬名校风范，江苏省姜堰二中（原泰县二中）努力承接老二中精神，多方搜集资料，寻访白发校友，溯源老二中历史文化，在校内建立校史馆，浓墨重彩记载那一段艰苦而光荣的历史。每年组织师生到顾高千佛寺泰县二中旧址凭吊记忆，重温当年峥嵘岁月。2013年70周年校庆之际创作《姜堰二中赋》，以汉白玉碑铭刻，立泰县二中旧址，以志永怀。

（俞华生）

资料链接：

姜堰二中赋　并序

公元二〇一三年，二中七十大庆，学校冠以省名，双喜并至，举校同欢。追昔抚今，感怀无限，乃作《姜堰二中赋》，分别勒石于校内及发祥地千佛寺。前人之功，后人之志，铭记昭然，以兹传世也。

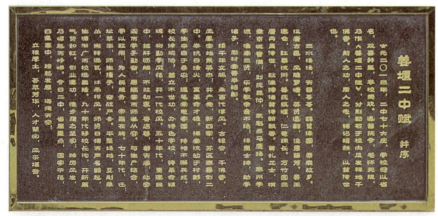

《姜堰二中赋》石碑

　　三水汤汤，天目苍苍。鸥鹭泽国，麋鹿故乡。汉唐古邑，风雅罗塘。英贤遗韵，俊秀留芳。吴王建仓，红粟流衍。姜氏筑堰，仁惠绵长。万竹园三唐丹青传世，秋佳馆诸黄诗翰飘香。黄虬龙士，棋圣京城誉满；刘氏昆仲，武魁弓马鹰扬。泰州学派，淮南三贤，乐学歌余音不绝；梓里士绅，助学诸子，励材堂善举昭彰。

　　续千年文脉，承百代淳风。古银杏，千佛寺，凤凰宝地聚英杰；共产党，新四军，苏区泰县创二中。举抗日烽火，育革命才雄。课堂流动于村野，学生来自于桑农；握笔常思家国，持枪不懈兵戎。校长徐观伯，首立不世功，办特色学校，铸革命精魂，树勤学风范，开一代校风。五十年代，更建民中，披肝沥胆，不改初衷。香店巷，都天庙，处穷阎而学子勤奋，居陋室而师道从容。与生产结合，学以致用；为人民服务，宗旨在胸。七十年代，迁址荇丰，师生携手，奋战严冬。平整场地，芟削草丛，搬砖运瓦，沐雨栉风。师资日强而声名鹊起，生源渐广而校运昌隆。九十年代移校长沟，开新篇气势如虹。创业建功，惟步履之坚实；踔厉风发，乃崛起而峥嵘。今日二中，省属重点，国家示范，四星高中，跨越发展，海阔天空！

　　立根厚土，荟萃芳华，人才辈出，风采堪夸。李承烈建党组，青抗剿匪燃星火；顾振遐制越韵，《红楼》《追鱼》成佳话。殷渊位列中央委员，鞠开追随粟裕麾下。金属研究，张志东助推神舟九天览胜；科学探险，袁绍宏驾驭雪龙两极考察。党政清廉，军旅叱咤；学术泰斗，经纪儒雅；科技精英，文艺奇葩。莫道平凡苗，却成优秀花，二中学子舒广袖，舞出七彩云霞。

　　漫步校园，风光旖旎，四维环顾，满目生机。潺潺鹿鸣，烟柳入画；郁郁香樟，丹桂有诗。四桥卧波，信步每观鱼乐；双亭竞秀，书声时伴鸟啼。春华园，繁花嘉木，东风桃李吐芳蕊；银杏园，虬干腾龙，擎天古树发新枝。秋实园，橙橘红榴，溢彩流光摇硕果；三友园，松竹寒梅，凌霜傲雪竞风姿。时逢二〇一三，校园宏图再起。新竹绕池，几多清音悦耳；垒石盘空，心怀凌云壮志；临水一照，龙腾高歌万里。蕴玉咀华，良师凝思聚力；鹿鸣呦呦，学子成才可期。

　　七十历程，征途漫漫，建功立业，何惧艰难。筚路蓝缕，赖坚定之信念；玉汝于成，蕴超越之内涵。众擎本真理念之纛，高扬青春文化之帆，长行乐学乐教之范，共育开拓创新之贤。坚持本色，解放智慧，追求真理，学做真人。赞曰：

　　揆察古今兮，神游千载。俯仰天地兮，壮志萦怀。纵笔为赋兮，亦当慷慨。任重道远兮，继往开来。壮怀天地人，寄情江淮海。宜将新愿景，着意重铺排。时不我待，机遇难再。吾辈当趁天时，缘地利，顺人和，奋前贤之余烈，书今日之精彩，续写二中光荣历史，再创吾校辉煌未来！

江苏省姜堰第二中学

二〇一三年十二月

寻踪拾忆

问俗观风

一方水土一方人，千载枌榆千载根。

善俗良风相绍继，祈安求福本纯真。

生活日常

饮　食

顾高农村主食过去以麦、粟、豆等杂粮为主,以山芋、芋头、胡萝卜、南瓜等为代食品。一日三餐都是糁儿粥、面酸汤,逢到忙时或来亲到友才能吃上一点粞儿饭、小米饭或面条、饼粑、面疙瘩之类的"硬铮饭"。劳作之间充饥的"腰档""晚茶"一般就喝上两碗剩糁儿粥或泡上一碗"焦屑"(炒面,多用大、元麦粉炒熟)。20世纪60年代"旱改水"后,大米渐多,但人均数量有限,故仍要以麦粉、玉米粉及山芋、胡萝卜之类杂粮副食搭配。菜肴向以咸菜、萝卜干、酱油豆、萝卜烂喝粥,以青菜、苋菜、韭菜、豆角等蔬菜煮酸粥酸饭或炒熟搭饭搭粥。豆腐、卜页、炖蛋就算是待客菜肴,逢年过节或有贵客上门,才称肉、打酒、炒菜、煮"老米饭"(纯用大米煮的饭)。20世纪80年代农村实行家庭联产承包责任制后,家家户户粮食丰足,一日三餐都以大米为主,吃杂粮副食品已成为一种口味调剂和营养搭配。

婚嫁、寿辰、喜庆菜肴,因家境而异。上等富家是"六碗八碟"甚至有鱼翅海参;中等门户是"四碟四炒六大菜";小户农家多为"猪六碗",即红烧肉、肉丝小炒、炒猪肝、炒腰花、炒大肠、肚肺汤,但贫穷、节俭或吝啬人家常在肉中多垫衬萝卜蔬菜以减少用肉量,惹得亲友心中不快。改革开放后,农家菜肴逐渐丰盛,开始同城里人攀比,酒席在"猪六碗"之外,又加拼盘、牛肉、鱼圆、杂烩等。往后更有甲鱼、螃蟹、鳗鱼等高档名菜,就连饮酒也趋于讲究品牌。春节食品最为丰盛,农村蒸糕、做馒头、杀鸡、剖鱼、磨豆腐,猪、牛、羊肉购买足量,讲究的还要腌咸肉、灌香肠、做鱼圆,甚至买鱼肚、蹄筋、海参等名贵菜肴。

穿　戴

民国初,绅商多着长衫马褂,单、夹、皮、棉四季转换,质地多绫、罗、绸、缎、毛呢等,头戴瓜皮帽或礼帽,脚穿皮鞋或布鞋;妇女穿旗袍或大襟短衫,外罩马夹。工农多对襟短衫、撮腰长裤,戴瓜皮帽或猴头帽,脚上多为草鞋、蒲鞋或赤脚,出客时亦有着长衫戴礼帽的,衣服质地多为家织土布,自染青、蓝、黑色;妇女多为大襟短褂,头扎青头布或毛巾;中老年人常在腰间系育裙,秋冬季在夹裤或单裤上加棉套裤。抗战后,着马褂者日少,服饰无大变化,只是穿洋布、洋缎的大量增多。孩子依季节不同戴瓜皮帽、狗头帽、虎头帽,富家孩子在帽上还要加银饰,脚上穿虎头鞋;穷人家孩子则多赤脚,到冬天才穿鞋。

中华人民共和国成立后,受干部穿戴影响,男子时兴中山装,戴解放帽,妇女时兴列宁装,剪短发,脚上方口布鞋。传统中式服装渐少,长衫逐步为大衣取代,多灰蓝黑三色。“文革”时,中青年男女都以穿绿军装、戴军帽、穿解放鞋为时髦。20世纪70年代,涤卡、的确良等化纤布料服装风行一时。80年代后,服装样式逐渐多样化,从讲究服装质地进而追求款式,花样不断翻新,西装、夹克衫、滑雪衫、喇叭裤、牛仔裤、健美裤及各式帽子、各款皮鞋轮番登场,除在青年男女中流行外,亦受部分中老年人青睐。

住　宅

旧时,顾高地区只极少数富户有厅堂厢照的高堂瓦屋,大部分农户为“五架三间带一拖”的草房,猪圈连着锅灶,吃饭兼带睡觉。砖墙草顶的“砖木草”就算安乐户了。20世纪70年代,农村陆续新建瓦房,草房逐渐消失。90年代,农家纷纷建造起宽敞明亮的楼房。21世纪以来,许多富裕起来的家庭都营建起设计精美、装潢考究,甚至附带假山鱼池景观的高档别墅。

(俞华生)

四时八节

春　节

　　春节俗称过年，是全年中最隆重、延续时间最长的大节。正月初一这天人们的膳食、言行举止均有讲究。晨起，一般是家中男主人准备早餐，有干丝、生姜、桃酥、糖果等糕点，还备有果子(红枣)茶、糯米圆子等，家人起床洗漱后样样都吃一点，不兴吃完，要存一点，表示年年有余。中午的饭菜均是除夕就已做好的，意在吃陈粮。晚上吃面条。这一天从早到晚，家人邻里见面都相互问好，说吉利话，如"恭喜发财"等，晚辈要依次向长辈叩拜，长辈要给晚辈压岁钱。正月初一早上舞柏树枝送财神的队伍上门拜年贺喜，家家加倍施舍。正月初一晚饭一般吃得比较早，天黑之前早早就睡觉，

春节舞龙、舞狮

不点灯，及早入眠，以祈夏日蚊虫少、田里不长草。正月初一不兴扫地，多数人家初二晨起后打扫，且须由外向内扫，嘴里还念叨着"一扫金、二扫银、三扫聚宝盆"，意在招财进宝。初二开始向亲友拜年，新婚夫妇给族长至亲送"果茶"。当地老农则从初一到初十观察每日天气变化，预测人畜吉凶、五谷丰歉：一天、二地、三风、四雨、五猪、六羊、七人、八谷、九豆、十棉花。天气以晴为吉。春节期间，文化娱乐活动丰富多彩，舞龙、舞狮、唱凤凰等民间演艺团体进村到户，尽情欢娱。各村文娱宣传队也敲锣打鼓，走村串庄巡回演出。

元宵节

正月十五元宵节，亦称上元节，俗称灯节。顾高一带灯节是正月十三到正月十八。正月十三"上灯"，正月十八"落灯"。正月十三早上家家吃汤圆，正月十八晚上家家吃面条。民间有"上灯圆子落灯面"的说法。从正月十三起，每天晚上人们玩灯，小孩玩的有兔儿灯、荷花灯、八角灯等五颜六色的各种彩灯，大人们根据喜好放扬灯（又名孔明灯），直至正月十八结束。

元宵节期间的几天晚上还有炸麻串的习俗。"麻串"是用麦草或稻草扎成麻串把子，有的人家在麻串把子里还放些小鞭炮，每根麻串把子扎成12节（因为1年有12个月，闰年13个月就扎13节），也有的农户用旧笤帚当作麻串把子。正月十五晚饭后，家家都有人拿着点燃的麻串把子在自家的地里挥舞，且边舞边喊："正月半，炸麻串，拾个奶头（穗头）称斤半，爹爹称给奶奶看，奶奶称给爹爹看……"在田间跑一圈后，炸麻串的人将明火踩灭，将剩余的麻串扔上树梢，挂得越高越好，寓意当年庄稼丰收，粮囤高高。

清明节

清明节前，各家都给祖坟"添坟"、祭扫，新媳妇还要到祖坟头去"上花坟"，3年满坟时要放鞭炮、插红纸花，以示脱孝。清明节早上家家都用杨柳新叶摊荞面饼作早餐，以求祛病消灾；中午办饭办菜（菜多以炒砣粉、豆腐、卜页代肉食）、烧锡箔纸钱供奉先人（俗称"烧亡人"）。现国家把清明节立为法定假日，在清明节前后广泛开展祭扫活动，在尊重民间祭祖习俗的同时，对公民和学生进行革命传统教育。

清明正值桃花盛开的时节，清明前 10 天的雨称为桃花雨，后 10 天的雨称为谢花雨，加上灯节的灯花雨，俗称"三花雨"。谚云："一寸桃花一寸金，三寸谢花送人命。""有了三花，不愁庄稼。"

端午节

五月初五是端午节。家家悬挂钟馗像，将艾草置于中堂两侧，用菖蒲插于门框两侧，以避邪驱瘴败"五毒"。小孩要穿戴虎鞋虎帽，系"百脚绳"、粉线香囊、蛋袋。

端午早上要吃粽子，节前家家户户就采集鲜嫩芦叶包裹粽子，粽子的原料以前是以稷米为主，现在则多为糯米。根据各自喜好不同，分别掺一些蜜枣、花生米、咸肉以及一些豆类等，形状各异，大多包成四角形、斧头形，也有元宝形、菱米形等。随着人们生活条件的提高，现在各大超市各种类型的粽子常年有售。

裹粽子

这天中午，家家有吃"五红"（红烧肉、黄鱼、红萝卜、红苋菜、咸鸭蛋）、喝雄黄酒的习俗。饭后给小孩洗"百草汤"，用雄黄酒涂在小孩四肢上。据说雄黄能避邪去毒，涂雄黄酒后，若被蛇、蜈蚣咬，不会肿痛。

中元节

农历七月十五日是中元节，俗称七月半，亦称鬼神节。这天域内家家户户包水饺、做菜肴、焚烧纸钱祭祀祖先（俗称烧亡人），是一年当中人们第二次隆重祭祀祖先。仪式与清明节类似，唯祭奠时间在晌午时分，有"早烧清明晚烧冬，七月半的亡人等不到日中"之说。

中秋节

农历八月十五是中秋节，也称团圆节。早上吃汤圆、月饼，晚上喝团圆酒敬月光，其实也就是赏月。这天，家家户户都涨几个月光饼，旨在团圆之意。吃饭后，每户人家在家门口摆一张小方桌，上面摆有月光饼、柿子、苹果以及山芋、花生、芋头、菱角、藕等供品，并置放半碗茶水，敬上香火，让月中神仙品尝人间鲜美供品。待香火熄灭后，收了供品，把茶水让孩子们喝下，传说小孩子喝了供茶不会生眼病，夜不尿床。顾高农村还有"摸秋"风俗，晚饭后一些顽皮小孩到人家门前偷供品供果，主家知道了也不阻止。

中秋节也是农民的收获节，是山芋、芋头、花生等农作物收获的季节。

敬月光

有俗语"八月半,山芋、芋头扒上来看"之说。

冬 至

冬至不离十一月,冬至节和清明节差不多,不同的就是不去添坟扫墓,只在家里祭祖。这是一年中第三个"鬼节"(这一带没有过"寒衣节"的习俗)。在顾高地区,有"大冬"和"小冬"之分。冬至当日过冬称为大冬,冬至前一天过冬称为小冬。一般来说,一个庄上多数同姓是大姓,为大冬祭祖,以后流入该庄落户的单姓人家则小冬祭祖,因姓氏不同而择日祭祀。域内还有"大冬大似年,小冬不值钱"之说。家中外出人口很多人都千里迢迢赶回来"过冬",表示对祖宗孝敬。

域内还有过冬吃南瓜的习俗,据说这天吃南瓜可防头风。从冬至开始数九,冬至日是数九的第一天,表示寒冷天气已到来。

腊八节

腊月初八为腊八节,民间传说是为了纪念邋遢菩萨。这天中午各家各户都吃腊八粥。腊八粥用红豆、黄豆、豌豆、蚕豆、花生仁、白果、山芋、芋头等杂豆杂粮 8 种(概数)食品掺和烧煮而成(各地杂豆杂粮品种不一),非常鲜香好吃。古千佛寺每年腊月初八还为周边老百姓免费分送腊八粥,共享美味。

送 灶

农历腊月二十四夜是小年,有"送灶"的习俗。这天白天掸尘,晚饭后送灶,送灶前先焚香叩拜祭灶,再将灶神爷的像焚之于灰堆旁,灰堆旁立芝麻秸为天梯,让灶神"上天言好事,下界保平安"。从这天起,家家户户就开始备年货忙过年,充满年气了。主要内容有杀年猪、做豆腐、做馒头、蒸年糕、炒花生和豆类、土制粮果等,稍富有的人家还派专人进城购买高档的年货。这段时间,虽然天气寒冷,但乡间路上来来往往的人很多,购年货的、做买卖的、讨债的、借债的、送年礼等各式各样的人川流不息，一般要到除夕上午才止。

除　夕

除夕俗称三十夜，是一年中最为神圣的一天。除夕前，家家都要备齐年货，"有钱没钱，洗洗过年"，大人小孩剪元宝头、洗元宝澡。除夕下午早早地"贴挂"，也就是贴喜旗、春联和年画。古时候，喜旗都是由"卖红货"的商人手工刻制的，上面刻有福、禄、寿、禧、财等各种图案。喜旗有大小之分，大喜旗贴挂在堂屋二梁上面，小喜旗贴在大门、房门的门楣上面。家家户户还在门前屋檐下、灰塘边插上贴有红纸条的芝麻秸，寓意来年节节高。域内还有封树、封井和封家具的习俗，也就是用红纸条封住自家的树木、水井、家具，但有"三不封"，即苦树（楝树）、阴树（槐树、柏树）、桑树（"桑"与"丧"谐音）这三类树木不封。除夕和春节大人小孩忌唤猫，因"咪"与"霉"谐音。年三十的早餐顾高一带多吃山芋、芋头（寓意来年遇好人遇好运），晚上全家团聚吃守岁酒（又称年夜饭），饭后把屋里屋外打扫干净后开始打元宝墩子。打元宝墩子是把石灰装到蒲包或纱布袋子里，再把蒲包或袋子吊在一根竹竿上，也有人家直接用手提着，每往地面蹾一下，地面就有一个圆形的石灰印，算是元宝。屋内屋外到处都打，寓意一是驱邪，二是望来年六畜兴旺、五谷丰登，让斗大的元宝滚滚来。

三十夜还要举行接灶仪式，把二十四夜上天的灶王爷接回来。接灶时焚香放鞭炮，放完鞭炮全家进屋，关上大门，用红纸条贴在两扇大门中间，称为封门，封门后全家人就不好再出去玩了。睡觉时，长辈给晚辈红纸封为"守岁钱"，忌小孩吵闹、嚷叫、乱语，兴闷声大发财。是日晚，放几粒枣子、云片糕、花生等在孩子枕边，孩子醒后品尝，可得"早高升"之吉。

（臧圣明、俞华生）

婚姻嫁娶

顾高地区的婚嫁习俗特色浓郁,礼仪程序繁多,有个约定俗成的过程。

提　亲

　　提亲也称做媒、谈亲。旧时有一些大户人家谈婚论嫁都要请家族门房或亲友中德高望重的人做大媒。一般人家都是至亲之间或邻里之间亲帮亲、邻帮邻来牵线搭桥,近亲结婚的不少。顾高有"量媒"之说,做媒者要对男女双方的情况掂量比较,如属门当户对,则亲事十有八成。也有媒婆(专业)上门说亲,媒婆能说会道,在男女双方两头撮合说好话,也能促成好事。但是,顾高人谈亲有一条根本原则,就是男女双方"骨子要清"(没有狐臭),否则"盖起盒子"作罢。有的媒婆拍胸口打包票,有的人家还是不放心,派知己人去暗访。

访　亲

　　访亲也称看亲、相亲。男方择选吉日(双日)到女方家访亲。顾高民间有规矩:访亲时,一般男的不参加,"半边人"(寡妇)不参加,正在办丧事或守孝之人不参加,都是由男女双方的母亲、姐姐、姑母、姨母等人参加,媒婆是牵头人非参加不可。访亲过程中,双方恪守礼仪,讲究含蓄,看亲的结果往往并不直接表白出来,而是使用各种暗示。在男方进女方门之后,女方父母先倒茶,男子和家人看了姑娘觉得中意,就喝茶。然后姑娘的父母和姑娘到卧房里悄悄商议,如同意结亲,就留男方和媒人吃饭,不同意就由男方告辞回家。

押 帖

男女双方同意结亲后，女方择日请来有福气的文化人写庚帖，将姑娘的姓名、生辰八字用红纸写成庚帖，请媒人送到男方家，男方将庚帖压放在家神柜香炉之下，这叫"押帖"，并秉烛焚香。如三天内家人平安、六畜未损、没有破财，这门亲事就基本确定。接下来就请瞎先生算命测字，掐算双方生辰八字，如果属相相克就不行。如果属相相合，就将庚帖保存好。同时，男方要向女方送押帖礼，女方也会以鞋袜、帽子、围巾等作为回礼。

订 婚

订婚也称"回好"。男女双方同意订婚，由男方择"好日"，一般是双月双日，但顾高人有"如遇闰月不择后闰月"之说。择好日之后，男方要上女方家告诉对方某月某日举行订婚仪式。订婚前男女双方当着媒人的面商量好礼金、礼品。同时，双方均要约好各自的媒人，人数要成双。特别是男方要先了解女方来的人数，以便安排宴席接待。订婚当日，男方要请有福气的文化人写鸳鸯帖。鸳鸯帖上首写"乾造×年×月×日×时生"，上联写"苏才郭福"；下首写"坤造×年×月×日×时生"，下联写"姬子彭年"。接着，男方向女方兑现礼金、礼品。订婚仪式上要摆宴席会亲，喜娘要领着新郎和新娘逐席逐人敬酒"叫人"，这时亲友都要分别给未过门的新娘"松腰包"，称之"叫人钱"。同时，新郎和新娘都向双方父母改口叫爸妈，此时双方父母会给"改口费"，比亲友的"叫人钱"至少翻一番。这样的习俗沿用至今。

送节礼

订婚以后，男方逢端午节、中秋节、春节都要给女方送节礼。一般端午节有粽子、鸭蛋，中秋节有月饼、藕，春节有红包、鱼肉等。顾高人讲究送节礼每次不得少于4件，寓意"事事如意"。女方则很客气只收一半，生怕人家说闲话"来多少收多少"。双方若有红白喜事都要相互应酬结交。顾高民间还有"小时候外婆家，长大了丈母娘家"的说法，说的是男孩子小时候外婆喜欢，长大以后丈母娘喜欢，往往新女婿一上门，丈母娘笑得嘴都合不拢，丢下手中的活儿，上锅不是打"蛋茶"，就是摊饼，这也留下了"女婿一到，丈母娘靠灶，忙得虾儿勃跳"的说法。

通　话

结婚前，男方要请媒人"通话"。在顾高也有"通话当年带""通话不来年"的说法。通话往往需要进行 3 次。第一次通话，选双月双日，这一天男方在请媒人吃茶吃酒吃饭后，就到女方家告知来意，说"客套话"。第二次，媒人到女方家坦诚表明男方今年一定要带人，并告诉女方要有所准备。一般而言，媒人第二次到场，多数女方家都会通情达理表示同意。如女方不同意，男方就再次请媒人上女方家说情商议，直到女方应允。女方应允后，男方家请媒人一起到女方家商定结婚的彩礼。

三媒六证

通好话后，男方找地理先生和算命先生根据男女双方的生辰八字选择吉日良辰，确定婚期，由男方用红纸写好结婚时间，并备礼一同送到女方家。同时举行"三媒六证"的仪式。所谓"三媒"，就是男方聘请的媒人、女方聘请的媒人、双方牵线搭桥的中间人，男方要把他们都请到家中吃酒吃饭。所谓"六证"，就是在男方家"天地桌"（八仙桌）上摆放六样物件：一个斗、一把尺、一杆秤、一把剪子、一面镜子、一个算盘，并在神柜前秉烛焚香，以示婚姻郑重其事，寓意婚后生活丰衣足食，男女双方都会勤劳节俭过好日子。

铺新房

结婚前一天，男方要选择"好时辰"，请福爷爷福奶奶安置新人床铺。当夜，要由有福气的人和小男孩睡在新床上，吃花生和红枣，意为早生贵子。窗户上贴"×"形的红纸条，有避邪之意。大门和房门上都贴上结婚对联、红双喜，门楣上还要挂一块长条红门帘，上面绣有吉祥话语。整个新房花团锦簇、亮亮堂堂。

开 面

结婚前一天，男方要到女方家"开面"。这一天男方要准备好若干礼品，用箩、盘摆放，请身强力壮的有福之人挑开面担子。开面担子上的礼品有：1盘（长方形木盘）面条（后来也有放6卷挂面的），2盘糕（60墩），2盘馒头（60只），礼肉2块，猪蹄4只，2块连在一起的合肉，鲢鱼4条，万年青2棵。女方各样收下一半，其余一半回给男方。但是猪蹄4只全退给男方，意为男方"肉要给人吃，骨不让人啃"。如女方收下，意味着对男方不尊重。另外还有染成红色的花生、鸡蛋、白果，以及桂圆、红枣、莲子等，数字都成双；用红纸包的两包"稳子"（碎大麦芒），4把红筷子，还娘家席子、口对口合在一起的还娘家碗、1对红烛、爆竹，小鞭若干。随开面担子去的还有接嫁妆的人，人数都成双。女方将担子接下来后，就安排男方来的人先吃早茶后吃饭。这当儿，女方就派人把陪嫁的嫁妆安置停当。一般是夏布帐子、被子、"三圆"（脚桶、马桶、提亮儿）、"三方"（橱柜、梳桌、灯柜），富裕人家陪给女儿的还有金、银、铜、锡器等，现在嫁妆就更多了，各种家用电器乃至轿车都很常见。接着，就燃放鞭炮，送男方接嫁妆的人返回。

接 亲

结婚当天天还没亮，迎亲队伍就要到女方家。接亲人数讲究"单去双回"，去时人数为单，接到新娘后人数成双，意为"添丁添口""成双成对"。4人抬花轿，2人在花轿后吹喇叭，1人在花轿前扛红灯笼，并负责过桥放鞭炮，以避邪气。当地还有"花轿不落地、喇叭不停声、灯笼不熄火"的说法。在临近女方家时，要先放鞭炮通知。女方亲属闻声即会关上大门，向新郎索要"开门封"，若嫌对方给得不多则闭门继续索要，直到满意方才开门。新娘登轿前要叩拜父母、叩拜列祖列宗，行大礼后才可登轿。登轿时姑娘搭兄弟的鞋到轿前，由兄或弟抱上轿，上轿后再换上绣花鞋，并怀揣"三官经

（避邪）""好日子（婚日）"，"三官经"要在离男方家不远的地方扔掉。女儿上了轿，妈妈要"哭嫁"，说是妈妈不大声哭的话，女儿生的孩子会是哑巴。

拜　堂

天刚拂晓，按时辰花轿到家后，喜堂内张灯结彩，喜气洋洋，福爷爷、福奶奶挽着新娘在用麻袋铺着的柴草席子上走过，寓意"传宗接代""步步踏财"，为避邪气还要跨火盆。同时，福奶奶还说"合子"："手挽新娘来拜堂，新娘赛似金凤凰。"接着，公婆亲自打开新娘的随身箱子，由新娘拿出箱内的毛巾发给在场的长辈作为见面礼，然后叩拜天地、叩拜高堂、夫妻对拜。礼毕，喜娘领新夫妇入洞房，说着"手挽新娘进洞房，养儿必中状元郎""早生贵子多富贵，日后百子传千孙"的"合子"。

坐富贵

进入洞房后，新郎新娘坐在梳桌前，吃富贵鱼、富贵肉，接着吃喜蛋，家人把剥好的红蛋放在富贵碗里，让新郎和新娘一起吃掉。然后，让新娘把碗丢上床，如碗口朝上，则表示生儿子的预兆，底朝上则是生女儿的预兆。不管朝上朝下，欢声笑语，非常热闹。

分　朝

坐富贵结束后，喜娘要领新郎新娘带着鞭炮到近房长辈或同辈家燃放，长辈秉烛燃香，新娘进室在香柜前叩拜，这叫"分朝"。意思是说从今日起新娘"有喜"无忌，随时都可到长辈家串门玩耍或借送东西，否则，要到满月后方可。

闹新房

晚上酒席散后，大伙都要到新房跟新郎新娘嬉闹一番。顾高人有"新婚三天没大小"的说法,在此期间,不管怎样闹新房,主人都不能见气,所以闹"爬灰公"、敲新郎新娘竹杠,花样百出,热闹非凡,让宾客亲友沉浸在同喜同乐的热烈氛围之中。调皮的小伙子还会在窗口看热闹,把贴在窗户上的红纸撕掉,"红纸撕到底,新娘闯门喜",以预祝新娘早生贵子。

回 门

新婚第2天,新郎和新娘要早早回娘家,称之"回门"。回门时,娘家会派新娘的兄弟去带新郎新娘回家,并早早做好准备,盛情款待。新姑爷第一次上门,丈母娘家要有亲友作陪。早餐丈母娘要做荷包蛋招待新女婿,午餐要闹酒闹饭,斟的酒新姑爷要全喝掉,盛的饭新姑爷要全吃掉。回门时,新娘在前,新郎在后,返回时,新郎在前,新娘在后。当天必须要在太阳落山前回家。因为这寓意小夫妻走的是阳关道,将来前程更宽宏。

看 朝

结婚正日第3天,母亲和亲友要到男方家看望姑娘,称之"看朝"。亲戚们各带2斤肉、3斤面和其他一些礼品,男方家则会隆重接待,请丈母娘朝南坐上席。这其实也是两亲家互相沟通的好时机。母亲往往会和亲家母打招呼,谦虚地说女儿少见识,请婆母多照应、多担待。亲家母则会说一些"不做亲是两家,做了亲是一家"和"媳妇当作姑娘养"之类的宽心话。交谈中进一步加深男女双方的姻亲感情。

谢 媒

新婚后,小夫妻俩要办礼到媒人家谢媒,礼品一般为2斤肉、2条鲢鱼,还有糕20墩、馒头20个,外加红包。还要带小鞭炮先在媒人家门前燃放,然后进门将礼品送上。如果忘了谢媒,媒人就会认为不吉利,要"霉"3年,所以顾高人把媒人视为"红官老爷",还有"媒人十八回朝南上座"的俗语。

交生、送夏

姑娘出嫁的第一个生日，娘家要把女儿生日写成帖子，放在礼盒上送到男方，这就叫"交生"。意思是说把女儿的生日交给婆家。当年的夏天，娘家要备好夏令用品，如凉帽、凉鞋、扇子、凉席、凉匾，还有衣服等，送给姑娘度夏，这叫"送夏"。

（李世平、戚美兰、顾书平、许凤英口述，顾书林整理）

建屋上梁

　　自古以来，人们总是把建房造屋视为一件大事。特别是在旧时，建房程序纷繁复杂，各项仪式丰富多彩。建房前要请风水先生摆罗盘选宝地，择定黄道吉日上梁。对于上梁，顾高人极为重视，十分讲究，要按照8个仪程（敬梁、浇梁、照梁、抱梁、系梁、安梁、接宝、贺梁）隆重举行上梁仪式。上梁这天早上，主人早已将喜神菩萨请到堂屋正中央，儿女亲家或其他亲戚送来的"四盘"（馒头、糕、粽子、圆子）和鱼、肉以及鞭炮等供品，要摆到神位前的八仙桌上敬供，秉烛焚香，燃放鞭炮。在整个活动中，说"合子"是核心内容，紧密贯穿于上梁每个仪程的始终。两位木、瓦匠师傅声音洪亮，说起"合子"来头头是道，津津有味，有声有色，娓娓动听，引人欢笑。整个上梁的过程充满喜气洋洋、和谐吉祥的热烈气氛。

敬　梁

　　主家择定吉日，请木、瓦匠将事先刨削圆净、刷上桐油的正梁放置到正屋神位前的两张大凳上，并用红纸包好4块木片，分别在正梁两头各垫两块木片，既起稳定作用，又寓意四季平安。接着，主人满怀喜悦手托一张"福"字递给木匠，由木匠用糨糊在正梁中线上贴"福"字的上下角，瓦匠则贴"福"字的左右角，两人边贴"福"字边说"合子"。

木匠：太阳一出喜洋洋，恭喜主家砌华堂。
　　　主家手捧福字来，我把福字贴起来。
　　　福字生得四角方，百无禁忌坐中央。
　　　坐在中央真是福，福禄寿喜财满堂。
瓦匠：我把福字贴起来，主家代代出人才。

华堂正梁是木王,木王胜似金凤凰。

福字端正福年年,丰衣足食日子好。

好上加好步步高,后步宽宏春常在。

恭喜! 恭喜!

浇 梁

接着,主人手捧酒壶恭恭敬敬递给木匠,请匠人用酒浇梁,顾高人也称之为"暖梁酒"。木匠接来主人的酒壶精神抖擞,手持酒壶在正梁上从东头向西头浇酒,手腕灵巧点点洒洒犹如一条线,寓意细水长流、源源不断,边浇边说"合子"。

木匠: 刚才木龙身上贴福字,现在又捧酒壶来浇梁。

酒浇木龙放金光,光照主家新华堂。

酒浇木龙生金花,花开果结归主家。

从龙头浇到龙尾巴,木龙身上酒气香喷喷。

此时,木匠把酒壶交给瓦匠,瓦匠接来酒壶,动作流利,语调激扬,边浇酒边说"合子"。

瓦匠: 酒浇金梁喜洋洋,恭喜主家砌华堂。

浇的来呀又浇去,主家个个好福气。

浇的去呀又浇来,四面八方进宝来。

浇上三浇,步步登高! 滴上三滴,连升三级!

合 : 圆木最听匠人言,主家富贵万万年!

恭喜! 恭喜!

这里,木匠将酒壶交给主家,主人高高兴兴,哈哈大笑,连连点头,手拿"红纸封儿"分别给木、瓦匠两位师傅递上。

照　梁

　　紧接着，主家用篾匠制作的筛子在中间贴一张圆形的鲜红的纸，此举顾高人称之为"照妖镜"，有驱邪之意。然后用薄薄的红纸手搓一尺长的捻子，蘸上豆油点亮，主人双手举起把"照妖镜"交给木匠，把"亮捻子"交给瓦匠，两位匠人拿着"照妖镜"和"亮捻子"，从梁条东头往西照，再从梁条西头往东照，边照边说"合子"。

　　木匠：手捧明镜照得高，照得神仙把手招。
　　　　　招来金银和财宝，主家赶快朝家挑。
　　瓦匠：箩筛框子树罗板，当中安的琉璃胆。
　　　　　琉璃箩筛是宝镜，琉璃胆上闪金光。
　　木匠：照妖镜往东照一照，妖魔鬼怪四处跑。
　　瓦匠：照妖镜往西照一照，照出主家光明道。
　　木匠：东照、西照、南照、北照、外照、内照。
　　瓦匠：旮旯块块都照到。
　　合　：照到四面都来财，八方都进宝！
　　　　　恭喜！恭喜！

抱　梁

　　照梁结束后，木、瓦匠两人各在梁条东西两头用主家准备好的红绸布扎两个彩球，抱在正梁中间"福"字的两边，意思是保佑主人全家发财喜福、平安吉祥。顾高人称之为抱梁。此时，木、瓦匠边抱彩球又边说起"合子"来。

　　木匠：一片绫罗一片绸，金龙伸腰抱彩球。
　　　　　先抱过来生贵子，再抱过来出诸侯。
　　瓦匠：红色彩球喜洋洋，我给主家来抱梁。
　　　　　左抱三道出贵子，右抱三道状元郎。

系　梁

接着，木、瓦匠在正梁东西两头用绳子扎紧，一手拉着绳子，一手拿着岱斧，两人各攀木梯，一步一踏，一踏一档往中柱顶端攀上，并说"合子"。

木匠：脚踏木梯步步高，寿星老儿把手招。
　　　问他招的是什么，招的主家福寿高。

瓦匠：脚踏木梯步步高，和合二仙把手招。
　　　问他招的是什么，招的金银朝家挑。

木匠：脚踏木梯步步高，王母娘娘把手招。
　　　问他招的是什么，招的紫微星君到。

瓦匠：脚踏木梯步步高，八仙齐来把手招。
　　　问他招的是什么，主家上梁时辰到。

这时，木、瓦匠已经攀到中柱小插上了。然后，两人将正梁慢慢系到堂屋两边的柱子上。

安　梁

木、瓦匠按照主家上梁的时辰，在正梁两头对准中柱顶端榫头，并安上红绿绸条和插上金花，岱斧（方言，即斧头）一敲正式安梁，说起"合子"来。

木匠：日出东方喜洋洋，今日今时安金梁。
　　　主家上梁时辰到，金银财宝动担挑。
　　　吉日良辰上金梁，子子孙孙幸福长。
　　　两头出墙竖玉柱，四块金砖垫四方。

瓦匠：红绿布儿挂梁上，福禄寿喜财五旺。
　　　紫金梁上插金花，喜鹊报喜叫喳喳。
　　　金花插在龙两头，金龙生得美如画。
　　　金花银花龙凤花，八方财气归主家。

安梁是整个上梁仪式的高潮,木、瓦匠在说"合子"的同时,华堂外鞭炮声声震天,华堂内"恭喜""恭喜"声声不断,响彻满堂。

接　宝

接着,女主人用红绸布扣副银镯,瓦匠接手后换上男主人递来的"红纸封儿",再把镯头还给男主人,这个仪程叫"接宝"。男主人接到银镯后,就把它放在米坛里,寓意自家银粮取之不尽。此时,瓦匠说起"合子"。

瓦匠:接宝人儿把头抬,快把围儿兜起来。

　　　今日接到神仙宝,子子孙孙家运好。

接着,主家又把点了红点的馒头和糕接上去,让木、瓦匠往上撂,围观的人们有的用手接,有的用围布兜,有的用帽子。木、瓦匠一边往人群中撂馒头和糕,一边说"合子"。

木匠:白宕宕的馒头大又甜,撂得快,发得快!

瓦匠:四方方的米糕香又甜,撂得高,发得高!

　合　:馒头米糕一齐撂,撂得多,发得多!

此时,人们也附和木、瓦匠的"合子",跟在后面呼喊:"发得快! 发得高! 发得多!"

贺　梁

这是最后一道仪程。亲戚送来的绸被面也递给木、瓦匠挂上大梁,顾高人称之为"贺梁"。亲戚朋友都不约而同请木、瓦匠说"合子",但木、瓦匠有要求:请封喜钱。如果,喜钱封少了,木、瓦匠就会说:"长长财!"

木匠:红绿绸布色彩鲜,亲朋好友在堂前。

　　　九天仙女来献花,富贵荣华发大家。

　　　红绿绸面挂梁上,亲友贺礼真周全。

花红贺礼鞭炮响，两家富贵万万年。

瓦匠：红绿绸面色彩亮，亲朋好友笑开颜。

今年他贺你，明年你贺他，富贵荣华发大家！

木匠：岱斧落地口朝上，买田买到江边上。

岱斧落地口朝南，二龙戏珠梁上绕。

岱斧落地打个招，各方财神都来到。

瓦匠：凤凰不落无宝地，富贵荣华发主家。

合　：恭喜！恭喜！

　　至此，顾高人说："上梁好了！"又是阵阵鞭炮声，大堂里洋溢着相互祝贺的幸福语。上梁的 8 个仪程几乎进行了整个上午。中午，主家热情招待亲朋好友，尤其是将木、瓦匠两位师傅视为上客，请在正席上朝南坐。

　　上梁的 8 个仪程，是民俗文化的精彩展示，寄寓着广大百姓对平安吉祥的追求和对美好生活的向往。

（俞扬高、黄同元口述，顾书林整理）

问　俗　观　风

庙会集场

千佛庙会

每年农历二月初八举办千佛庙会。据说始于隋唐时期，相传宝刹里的钟是飞来钟，在很久以前的二月初八，天上同时飞来重逾千斤的大钟两口，一只落在泰州城里，一只落在了千佛寺。从那时起便定二月初八为香期（庙会）。这一天非同小可，菩萨行会，马夫开道，锣鼓喧天，鞭炮齐鸣，流星飞火，高跷助威，搭台唱戏，舞龙耍狮。乡绅名流，汇聚一堂；商贾云集，百货交流；人如潮水，马似游龙……家乡走亲访友，男女老少，欢天喜地，尽情尽兴。"文革"期间因庙宇拆除，庙会被取消。改革开放后，地方政府重建庙宇，同时又恢复了庙会集市。如今每年的二月初八庙会，各种各样的农副产品、手工业制品、服装鞋帽、家用电器、花卉苗木、糕点糖果、油炸烧烤等应有尽有。庙会当地有前来烧香拜佛的，有赶集购物的，人来人往，热闹非凡。

（臧圣明）

野庄庙会

野庄庙会由原东野庄、西野庄、前野庄共同举办，历史悠久。民间有三庄千户人家坐落在"金字塔"形宝地上之说。传说观音菩萨姐妹三个，大姑娘坐落在野庄观音庙，农历二月十五日是她的生日，故当地举办庙会。二月十二日至十四日，观音庙里和尚要"拜忏"三天。二月半庙会这天，家家户户的主人早早起床赶到观音庙秉烛焚香，燃放鞭炮，投掷香钱，跪拜磕头，祈祷平安。上午辰时，隆重举行盛大的行会仪式，人们从寺庙里把观音菩萨请出来，从西野庄行会到东野庄与翟家庄交界处落脚,然后到西南方前野庄黄连木古树旁落脚,接着到西野庄与梅垛三周庄交界处落脚。每个落脚点都设有摆了香烛果品的供桌。最后才将观音菩萨抬回庙内登堂。一路走来6里有余,耗时4个小时之多。

　　野庄庙会有万人参与,声势浩大。马夫开道,手舞大刀,腰插宝剑,威武张扬,观众让道。身强力壮的汉子赤膊上阵,双臂挥霍马叉,左右翻滚,再向空中猛力抛去连环翻腾,令人生畏。舞流星的雄威激发,气势迫人。烧肉香的更是让人心惊胆战。观音菩萨轿子后面,吹喇叭的,敲锣打鼓的,声声震天。踩高跷、舞龙灯、狮子舞、骑马灯、撑花船、挑花担、打莲湘等各种演艺阵容美观,各显特色,有序行进。这当中乡绅名流高扛龙凤大旗,众多百姓手舞纸制彩旗。特别引人注目的是,竟有数百名青壮年爬到道路两侧和各家门前的树梢上,戴着各种面具显威风、耍神气、玩口技,摇旗呐喊"观音菩萨保佑平安"。

　　野庄庙会也是商贸集场。四面八方的生意人在庙会前一天,就推车拉货进入野庄搭棚摆摊,销售叫卖各种生活用品和各类生产农具等,花样齐全,应有尽有,人们各自选购,生意做得风生水起。特别是有各类食品现场操作,如油炸馓子、麻团、炒米糖、贴烧饼等,香喷喷的味儿充满村庄。修锅匠、篾匠、箍桶匠、鞋匠等手艺人也纷纷赶来摆摊,修这补那,忙个不停,挣了零用钱,又方便了大家。

　　庙会期间,野庄人都带亲朋好友来做客,在外数百里的家人也赶回来,汇聚一堂,吃喝玩乐。寺庙前的广场上,还有马戏、杂技等丰富多彩的艺术演出,人们尽情观赏。天黑了,吃罢晚饭,爱好者还要打麻将、扒纸牌。至今还流传"二月十五赌一夜,死心塌地种庄稼"的俗语。抗日战争时期,为防止日伪军进庙设据点,野庄人民响应共产党的号召,拆除了观音庙。但野庄二月半庙会集场习俗仍延续至今。

　　　　　　　　　　　　（李世平、戚美兰、李荣银口述,顾书林整理）

问俗观风

俞庄庙会

农历二月十六是俞庄庙会，传说前人用白果树木塑了3尊观音像，称之为"三姐妹"，其中二姑娘坐落于俞家庄。庙会这天，人们把观音菩萨请出来，从西庄西首童梓庙抬到东庄东首晒场上后再抬回庙内，往返需要4个小时左右。去时中途要停歇4处，西庄2处，东庄2处，停下来时就让善男信女们向轿内的观音菩萨烧香叩头。凡是停歇地都要搭台摆设供品。行会的队伍非常庞大且隆重美观，纵队前进有一里多长，基本上人人都化妆打扮。这一队伍依次是：一、开路队。先由一批中青年人，手拿纸制的小红绿旗，其中有数人掮着会旗，叫围观群众让路。二、锣鼓队。紧随其后，把锣鼓敲得震天响，四面八方群众赶来看会。三、舞流星队。既是武艺表演，也是请群众让路，若不让路碰到流星上的钱串，定叫你皮肉疼痛。四、马钗队。也是武术表演。这队人上身赤裸，双臂舞钗，一会儿让钗在手臂上舞来舞去，一会儿将马钗甩向空中再接住，马钗上下翻飞，钗上铁片咯咯作响，场面有些惊险，令人生畏。五、乐队。主要是胡琴和笛子等乐器，奏出悠扬悦耳的乐曲，妇女们特别喜欢看这个队。六、烧肉香队。由一批勇敢的青年人组成。所谓烧肉香，就是多只小钩子钩住左臂下的皮肉，钩子下挂一只数斤重的香炉，炉内点燃大香(檀香)，有的人钩子下挂一只大铜锣，一路敲响前行，往往看得人心惊胆战。七、抬菩萨轿子队。这队人，除轿夫和吹鼓手外，其他都是庄上较有名望地位的绅士，他们一路护送菩萨轿子，能够入列此队都觉得荣耀。八、踩高跷队。这个队常有几十人参加，全部化妆，表演唐僧取经节目。由于乡间是泥路，坎坷不平，不小心就会摔倒，艺高之人才敢参加表演。九、旗幡队。有数百人，家家有人、户户有旗。参加扎旗者多为少年儿童和年轻妇女。旗幡各式各样，富户往往打出绣花龙凤大旗。

这一天既是出会日，又是集市日，各路生意人肩挑车推各种各样的货物提前来此搭棚设摊。同时，各种演艺团队也来此卖艺表演，有京、扬、淮各种戏剧演出，有马戏团的马术、飞火圈、气功、武术等五花八门的表演。还有些舞龙灯的、挑花担的和吹拉弹唱的分别到各家各户活动，献艺后主人给些钱财。

二月十六庙会的规模盛大。旧时每逢庙会，东从东俞村的双池东边，西至俞庄村西部，南至池南北边、河南滩北边，三里长的路段，家家门前的打谷场，包括一些麦田，全部挤满了赶会的人群，总数不下万人。

集会期间，有远路的亲戚赶来走亲。主家会热情招待或留住几天，要花费不少钱，有些贫困户甚至会为招待亲友而借债。

（俞玉强、俞廷益）

芦庄庙会

芦庄有一座观音庙。民间传说二月十九是观音诞辰，人们在这一天祭拜观音菩萨，祈祷菩萨保佑五谷丰登、家庭兴旺、平安幸福、财源广进。芦庄二月十九庙会据此应运而生。每年庙会这天，到此烧香拜佛的人山人海，热闹非凡。

芦庄庙会"行会"习俗颇为隆重。每年二月十九当日，人们把观音菩萨抬出来"行会"，行会队伍比较庞大，有开道的马夫，有在手臂上挂大锣的，有挂香炉敬肉香的，有敲锣打鼓的，有吹拉弹唱的，有踩高跷的，有跳马灯、舞龙灯、挑花担、唱花船的，行会队伍达千人以上，一路上锣鼓声、器乐声、歌声、喧嚣声不绝，热火朝天。

芦庄庙会是顾高范围内规模最大的庙会。每逢庙会，赶会人群从东芦向南延伸到芦庄洋桥，向北到复兴庄，向东到苗圃，向西到西芦庄，绵延二三里，汇聚上万人。他们除了祭拜观音，祈祷平安，顺便逛逛集场。集场上生意买卖非常繁荣，花式品种多多，许多平时商场超市买不到的商品，到集场上都能买到。吃的、穿的、玩的以及各种农具、家具、电器、花卉苗木等生产生活物资应有尽有。还有马戏团和各种各样的儿童游戏设施也聚于芦庄庙会。

庙会期间，周边地区四乡八庄的亲友乡邻都到芦庄走亲访友，家家户户都高朋满座，比过春节还要热闹。有的人家两三天都不断亲友，给芦庄庙会增加了人气。

（臧圣明）

夏庄庙会

　　每年农历三月初一举办夏庄庙会。传说张王菩萨有三个女儿,名曰:风儿、雨儿、雪儿。其中风儿坐落于芦庄寺庙,雨儿坐落于夏庄寺庙,她们是姐妹,故有"二月十九的风,三月初一的雨"的说法。据当地老人记忆,每年三月初一夏庄庙会总会下雨。

　　三月初一最为隆重的是行会。大早,将观音菩萨请出,16个人抬着,很有威风,前有"马夫"开道,随之有敲锣打鼓的,大锣用钩子挂在人的膀子上,有挂肉香的,让人看了惊心,但据行事人自己说并不感到疼痛。有踩高跷的,打扮各异,还有舞龙灯、跳马灯的,等等。数百人的队伍,行会阵势威严。从夏庄大庙出发,途经周家舍、钱家野、张家池、窑上(桥北)、凤凰池,最后回到大庙,中途设点休息,敬香、拜佛、踩高跷表演。还有好多民间艺人到周边村民家门口玩舞龙的、弹唱的、挑花担的等等,给户主送上祝福,讨要些钱财。

　　夏庄庙会的规模较大,每逢庙会,赶会人群东从夏庄二队向西延伸至张池六队,东西近三里长,集市上人挤人,人挨人,摊点摆满了道路两侧。他们有卖农具的,卖家用器具的、有卖服装的、卖玩具的、卖特色糖果糕点的,品种繁多,花样齐全,好多在商场买不到的工具用品,在庙会集市上都能买到。除了贸易买卖,还有表演杂技的、套圈儿的、表演马戏的、玩滑梯的、竞技表演的,甚至还有算命打卦的、测字看相的,无奇不有。

　　"文革"开始后,大庙被拆除,佛像被毁坏,庙会被取消。改革开放后,重新修缮了庙宇,恢复了三月初一香期,如今的庙会仍有不少人去庙上烧香拜佛,祈求五谷丰登、六畜兴旺、人口平安。集市贸易繁荣,四邻八方的摊主都来这里赶集,庙会又恢复了之前的热闹景象。

（臧圣明）

猪牛集市

顾高镇的猪牛集市（当地人简称猪市）由来已久，远近闻名。因位于两县交界处、姜黄大道中间点，地连四乡八镇，每逢集期，附近的乡民们纷纷赶来，集市上人山人海，熙熙攘攘。人群的喧哗声，牲畜的嘶叫声，加之各种吆喝声、叫卖声此起彼落，极其热闹。

早期的猪牛交易集市在镇街东南角、姜黄大道（20世纪50年代后改建为姜八公路，现为229省道）西侧。这里从东到西一字排开近20家大户的宅院，号称"十八个大门口"，家家门前均有一片晒场，连接起来就是一块长约200米、宽四五十米的广场，这就成了绝好的集市场所。集市日期相对固定，也有变动，每旬逢一、四、七日，二、五、八日，三、六、九日都曾有过。交易的品种主要是苗猪和耕牛。交易的方式，苗猪、单斗（半大猪崽）一般以斤计价，也有按头估价的，由买卖双方商定。农户们卖了壮猪，要买苗猪补栏，一般都要到集市上选购，虽每户每年只有一两次，每次只买一两头，但四乡八镇万户千家一年到头加起来的购买量就可观了，故苗猪交易每期都十分火爆。牛的交易有两种：一是拿钱买牛，看牛论价；二是以牛换牛，对比补差。进入市场交易的牛多为本地牛，但也有从外地贩进的牛，如海安、东台一带的"海子牛"，品种要胜于当地牛，体形壮硕，毛色发亮，力气大寿命长，往往较受欢迎，当然价格也高些。在交易中，当买卖双方价格谈妥后，就由"当行的"（经纪人）拿起响鞭在空中一挥，表示交易成功，然后双方到当行铺子里喝酒碰杯，交钱牵牛。

1956年后，猪牛集市由镇东南迁至镇西南岔河口老猪行内。20世纪70年代后再次北迁姜黄河边团结桥东食品站（新猪行）门前至粮管所西侧广场上，场地更大，人多时还可延伸到桥西。

随着时代的变迁，耕牛交易渐渐退出了历史舞台，而羊、兔、鸡、鸭、鹅等畜禽及粮食、小农具等物资则取而代之进入集场。进入21世纪，猪牛集市实际上已演变成农贸交易和各类小商品买卖集市，不过老百姓仍习惯性地称之为猪市。

（宋子章）

方言俗语

语　音

　　顾高方言属江淮官话——泰如片姜堰话，主要特征是不分尖团，无舌尖前音和舌尖后音之别，鼻音尾韵母不分前后，有入声韵，入声调值短促，分阴阳，古次浊声母字今多归阴平。鲁迅曾戏称操这一带方言的人为"平声蛮子"。

　　顾高方言语音与姜堰城区语音基本一致，但也有细微差别，如"吃"字，城区大部分人说成"策"，顾高则为"乞兀"相切音；"我"在城区说成"嗯"（上声），顾高则为"兀我"相切音；"我家"二字，城区就说"我嘎"（"家"音"嘎"），顾高则说"佤嘎"；"你家"二字，城区就说"你嘎"，顾高则说"徐嘎"。凡以声母 j 发音的字，顾高方言则以声母 z 发音，如将"君""军"说成"尊"，将"解放军"说成"者放尊"；以声母 s 发音的字则以 x 发音，如将"孙"说成"熏"，将"顺"读作"训"，将"水"说成"许"。

词　汇

　　伯伯（bāi bǎi）：父亲。

　　父儿：父亲。

　　爹爹（diā diǎ）：祖父。

　　老爹：曾祖父。

　　老太：曾祖母。

　　大大：伯父。

　　大妈：伯母。

爷爷(yá yá)：叔叔。

婶妈：叔母。

姑妈：父亲的姐姐。

爷伯(yá bāi)：父亲的妹妹。

姑伯(gū bǎi)：姑妈、爷伯之夫。

姑奶奶：祖父的姐妹。

姑爹(gū diā)：姑奶奶之夫。

姑老太：曾祖父的姐妹。

姑老爹(gū lǎo diā)：姑老太之夫。

婆爹爹(pó diā diǎ)：外祖父。

婆奶奶：外祖母。

娘舅：舅舅。

佤、佤家：我家。

俆、俆家：你家。

我侪：我们。

你侪：你们。

他侪：他们。

伢(á)儿：小孩。

男将：男人、丈夫。

女将：女人、妻子。

什呢：什么。

杲昃(gǎo zè，读作"搞子")：东西。"杲"字义为日东升，"昃"字义为日偏西。

釜冠：锅盖。

箸筒(读如"粗筒")：筷筒。

爬爬凳：小板凳。

畚斗儿：簸箕。

粞筛：用于筛粞子(粗磨的粮食颗粒)、拣粮食的竹筛。

窝折：苇篾编制的高尺许、长数丈、可圈成粮囤的长席片。

翻耙：翻晒粮食的工具，木制，由横板耙头与长柄组成，呈 T 字形。

招耙：划拢干草的多齿农具，由竹齿耙头与长竹柄组成。

戽掀：用于戽水或戽稀河泥的农具，木制，由瓢状戽斗与长柄组成。

海概：全部、统统。如：家里～就这么些钱了，都把你吧。

姑作：姑且当作。如：～你有点儿本事，也不要块块去吹大牛啊。

欲着：需要，用得着。如：～你的时候一脸儿笑，不～你的时候睬都不睬。

参商：关系疏远。如：他俩两个人原来处得蛮好的，现在～了。

挨搞：吃苦受罪。如：过去种田人太～了。

劈斫：调解、裁定。如：你俩兄弟两个不要争了，还是让我同你俩～吧。

憔惧：担心、害怕。如：你不要～他，有我呢。

塌化：马虎了事，有时含怠慢之意。如：他是贵客，要好好接待，不能～。

撮绪：遇事乱神，茫无头绪。如：他是个～鬼，这点儿事就把他弄呃没主意了。

拿乔：对别人的邀请或求助故意推托以抬高身价。如：你再跟我～我就找旁人。

惹厌：指小孩调皮捣蛋。如：这伢儿一天到晚不安神，尽～。

着不得：嫉妒。如：你过得不好他笑你，你过得好他又～你。

扯麻筋：瞎扯淡。如：我俩在说正事，你不要～。

说韶叨：埋怨不休。如：事情都过去了，你还老是～有什呢用！

谚　语

雷打立春节，惊蛰雨不歇。

春打六九头，吃穿都不愁。

雷打惊蛰前，四十九个阴雨天。

春分有雨到清明。

雨打清明节，干到夏至节。

谷雨前后，种瓜种豆。

春冷多有雨，夏寒井底干。

立夏日晴，蓑衣斗笠随身行。

夏至风西南，路上水成潭。

小暑头上一声雷，四十五天野黄梅。

天上起了鱼鳞斑，明朝晒草不要翻。

雷打立秋，干死泥鳅。

白露雾迷迷，秋分稻见米。

白露看花，秋分看稻。

处暑萝卜白露菜。

九成熟十成收，十成熟九成收。

寒露蚕豆霜降麦。

重阳无雨望十三，十三无雨一冬干。

立冬种晚麦，小雪住犁耙。

雷打菊花开，米麦塞煞街。

小雪现晴天，有雨到年边。

头九不落雪，九九如六月。

小寒大寒不下雪，小暑大暑田开裂。

早看东南，晚看西北。

朝霞不出门，晚霞行千里。

乌云接太阳，晒得瓦爿响。

风是雨的脚，风止雨就落。

春雾阴，夏雾晴，秋雾风，冬雾雪。

蜘蛛收网，雨水直淌。

燕子飞屋檐，大雨在眼前。

家有千口，主事一人。

早起三光，晏起三慌。

麻油拌荠菜，各人心上爱。

慢功出细活，快马没好步。

天上飞的雁，不能当碗菜。

三分帮忙真帮忙。

风无常顺，兵无常胜。

台上好唱戏，台下难做人。

针尖大的洞，斗大的风。

取鱼网网空,斫草刀刀有。

牛不喝水难按头。

牛饿三天吃屋草,狗急半时咬通庄。

有个草头有个露水珠儿。

低头不见抬头见,路上不遇桥上遇。

宁受人一怪,不欠人一债。

家里不烧火,外头不冒烟。

出门看天色,进门看脸色。

你有你的关门计,我有我的跳墙法。

好斗的公鸡不长毛。

好事不瞒人,瞒人没好事。

会做媳妇两头瞒,不会做媳妇两头搬。

家有贤妻夫不遭横事。

好朋友不在吃上,好夫妻不在宿上。

官娘子死了塞满街,官老爷死了没人抬。

云缝的太阳,晚娘的巴掌。

黄牛力大上岸,水牛力大下河。

大家马儿大家骑。

又要马儿好,又要马儿不吃草。

一物有一降,蜈蚣怕蚱蜢。

坐得正行得正,和尚尼姑合板凳。

编筐编篓,全在收口。

货比三家不吃亏。

河里无鱼市上有。

墙打万丈之高,挡的不来之人。

砌屋三石米,拆屋一顿饭。

不说过头之话,不饮过量之酒。

说嘴的郎中没好药。

吃酒论兄弟,买卖讲分毫。

亲兄弟,明算账。

麻布袋，草布袋，一代管一代。

芯大的蜡烛不经点。

一人不抵三人计，三人出个好主意。

好男不吃分家饭，好女不穿嫁时衣。

歇后语

喜喜蛛儿害屁股——没事（丝）

放屁扯裤子——多事

两个哑巴碰头——没话说

拙木匠穿犁——两边泛

六月的脂油——熬不住

腊月里的债——还得快

乌龟吃馓子——自绕头

老鼠钻进风箱——两头受气

老鼠衔飘锨——大头在后面

光棍郎儿烧木材——当着不着

叫花子起早——穷忙

木匠打老婆——有分寸

田鸡翻跟头——白肚子

乌龟吃萤火虫——肚里明了

袜子没底儿——高升

和尚打伞——无法（发）无天

马列主义的电筒——照人不照己

大拇指头掏耳朵——巴（扒）不到

骑老母猪上考场——哪一家的人马

土地庙儿不盖瓦——神气通天

豆腐渣贴对子——不叮

铜匠的担子——走到哪儿想（响）到哪儿

灯草做拐棒——做不得主

虾儿过河——倒缩

癫宝跳进戥盘里——自称自

河蟮（蚯蚓）翻跟头——腰里发悬

癫宝垫床脚——硬撑

临上轿穿耳朵——早在哪儿的

关老爷卖豆腐——人硬货不硬

粉板上写字——抹得掉

朱洪武扫地——各登原位

灶王老爷上天——有句说句

糁儿粥泡脆饼——识（湿）不透

咸菜烧豆腐——有言（盐）在先

穿蓑衣救火——惹火烧身

寿星老儿打莲花——一板一腔

三天卖了两碗面——生意上了门

江边上的蚊子——吃客

瘸子上山——步步得劲

乡下佬儿吃海参——头一回

雨点儿滴在香头上——巧煞人

爷儿俩吃了半升米——有账算账

巷子里扛木头——直来直去

麻袋里装铁钉——个个想出头

民歌民谣

地名歌谣

钱野荡，钱野荡，两天南风冒盐霜，
三天小雨水汪汪，十有九年闹旱荒。

注：钱野荡（今属夏庄村），过去有大片盐碱地，农作物产量很低。20世纪60年代中期后，兴修农田水利，排涝爽碱，引水灌溉，农田面貌大为改观。

花子街，花子街，
没得杲杲卖，
卖的齐草和豆秸。

注：花子街今属塘桥村，1949年有3户贫民在此落户，称三家村，一年后增至6家，其中有人在路边摆小摊卖旱烟、火柴等杂货，人们称此地为花子街。1951年此处设邮政代办所和汽车招呼站，20世纪80年代后人烟逐渐稠密。

横家庄，殷家野，屋上没得一片瓦。
横家庄人会抬轿，"六十亩"人会刷硝。
横家庄人会收蛋，桥梓头人会讨饭。

注：横家庄、桥梓头今属千佛村，殷家野今属顾高村，"六十亩"今属蒋垛镇许庄村。

西芦西北荡，讨饭花子成浪趟。

年成不好更遭殃，卖儿卖女去逃荒。

注：西芦西北荡，今属西芦村。"浪趄"，一连串的意思。

生活歌谣

糁儿粥灌灌，养得像个判官，
吃的米心儿，养的鬼精儿。

釜冠一掀望见屋，铜勺一撂"卜的笃"，
乖乖肉你不要哭，锅里还有根胡萝卜。

种田不养猪，秀才不读书。
养猪不赚钱，回头望望田。

早上食锅里带，中上酸齑菜，
晚上薄粥不用筷，三番五次松裤带。

七十年代住草房，猪窠紧靠锅灶旁，刮风下雨犯愁肠。
八十年代盖瓦房，青砖平瓦七架梁，小小天井四关厢。
九十年代砌楼房，楼上楼下亮堂堂，铺地吊顶讲装潢。
如今别墅排成行，汽车嘟嘟进院墙，门口还有健身场。

劳动歌谣

春暖花香种田忙，二月清明早下秧，
春不种来秋无望，哪有粮食往家扛。

四个伢儿八只手，要吃要穿哪里有，
三亩薄田种不够，再租几亩死命揪。

要得苦,行船打铁做豆腐。
要得发,打雀儿刷硝养老鸭。

爱情歌谣

十把花扇

头把花扇是兰花,小姐爱我我爱她,
小姐爱我花扇子,我爱小组一枝花。
二把花扇骨子乌,姐在厢房想情哥,
耳听外头人说话,情哥没姐想得多。
三把扇子三角纱,情如仙风到姐家,
姐儿坐在房门口,风助姐儿理乱麻。
四把花扇骨子黄,花扇失落姐厢房,
姐儿晚上来掸床,只见花扇不见郎。
五把花扇不成双,姑嫂二人绣鸳鸯,
嫂嫂绣的成双对,姑娘再绣不成双。
六把花扇骨子白,花扇送给姐过伏,
姐儿坐在花园里,姐要赏花姐孤独。
七把花扇骨子红,花扇送姐赶蚊虫,
蚊虫赶得高高飞,留到下年一阵风。
八把花扇骨子青,娘搽明油姐搽青,
左手搽的兰花油,右手搽的桂花青。
九把花扇九角翘,二八佳人搭仙桥,
哪个走我桥上过,想成相思欲成痨。
十把花扇绣得好,高高兴兴修座庙,
人人都说庙热闹,南来北往把香烧。

（夏兰英口述,蒋书林记录
1982 年 7 月 6 日于芦庄中学）

革命歌谣

苏北见太阳

左手盖罗印，
右手搞武装，
打倒保卫团，
苏北见太阳。

注："盖罗印"指参加革命。

三杯美酒敬亲人（用"虞美人"调演唱）

一杯酒，敬亲人，
亲人就是新四军，
消灭东洋小鬼子，
为国抗战立功勋。
二杯酒，敬亲人，
保卫家乡保人民，
打垮害人的和平军，
乡亲日子得安宁。
三杯酒，敬亲人，
军队百姓心连心，
祝你们天天打胜仗，
打下江山享太平。

十分光荣女儿兵（用"道情调"演唱）

一心要参加中国人民志愿军，

两腿忙忙征兵站里去报名。
三番两次人家不批准，
四肢无力缺少精神。
五心烦躁头不梳，
六神无主揪衣裙。
吃(七)尽了美国狼的苦，
八代子孙忘不尽。
九死也要上前线，
十分光荣女儿兵。

劳动号子

筛花生号子

筛花生是南乡高沙地区特有的一种劳动形式。因种花生的地块较大，用小锹挖耗工费时，为加快收获进度，当地农民创造了筛花生的收获方法，即先把花生藤拔去，将留在土里的花生用特制的筛子筛去泥土收获花生。具体的做法是把两根长木头的一头用绳子扎好，向两边叉开竖起，再在右边的一根上加扎一根毛竹形成三脚架，俗称龙门架，然后把一个三尺见方、四边围木板、底面穿钢丝、下挂一根"打脚棒"的大方筛悬系于两根长木的半腰部，由二人配合操作，一人用特制的大飘锹将带花生的泥土铲起抛进筛子里，一人抓住系筛绳用力前后摇荡，筛去泥土，留下花生果角。筛子下面的"打脚棒"与筛子正好逆向晃荡，撞击筛子底部，助力泥土下漏。在这个劳动过程中，前面铲的人和在后面筛的人都要用力，并随筛子的晃荡发出节奏强烈的声音，形成了高亢嘹亮的筛花生号子。号子的内容往往与劳动场面、劳动者心情紧密关联，有时还会穿插一些逗趣、调侃。

哎呀的号，哎嗨哟，号号的上，哎呀的号，

（领）早上（那个）出来雾气（的个）腾，

（合）哎呀的个号号哎的个号，

（领）只见（那个）脚下不见（的个）人，

（合）哎呀的个号号哎的个号。

（领）颠三（那个）步儿跑得快，

（合）哎哟号跑得快喔，

（领）抬起花生筛子下田来，

（合）哎哟号下田来。

（领）三春（那个）抵不到一秋忙，

（领）顶忙（那个）忙不过花生场，

（合）哟号哟号顶忙那个忙不过花生场。

（领）三十六张筛子排开来啊，

（合）哟号哟号排开来，

（领）摆开（那个）阵势就像打擂台，

（合）哟号哟号就像打擂台。

（领）铁口（的个）飘锨桑木（的个）柄，

（合）哎呀的号号上，

（领）一锨（那个）土啊不下三十斤，

（合）哎呀号号三十（的个）斤。

（领）八仙大的筛子四面（那个）框，

（合）哎呀号号四面（的个）框，

（领）打脚的个棒儿的笃的笃响，

（合）哎呀号号的笃的笃响。

（领）大哥你在前头打头阵，

（合）哎呀的个号子来，

（领）一口气连筛三十个墩，

（合）哎呀的个号子来，

（领）兄弟我小腿儿有点打晃，

（合）哎呀呀的个号子来，

（领）拼命也要跟得上趟，

（合）哎呀呀的个号子来。

（领）筛花生吃的是碗英雄饭，

（合）哎呀呀的个号子来，

（领）没本事不要上这个花果山，

（合）哎呀呀的个号子来，

（领）早上包圆子三大碗，

（合）哎呀呀的个号子来，

（领）个个都不曾吃得慢，

（合）哎呀呀的个号子来。

诸如此类，没有固定词句，全凭劳动过程中的兴致，即兴发挥，随口哼唱。

（俞华生、顾祥元）

挑担号子

挑担是农村中最常见的农活，一支扁担搁在肩，不问寒天与夏天，挑水、挑粪、挑灰、挑泥、挑把、挑粮，所有的农家运输几乎都离不开一个"挑"字。在大集体生产而未实现机械化的年代，送肥下地收割登场的田间，平田整地、兴修水利的工地上，挑担大军成队成行，一派壮观的劳动场景。肩有重负，脚不停步，长时间繁重的体力劳动，少不了要打起号子、激发热情、提神来劲，于是各种各样的挑担号子就应运而生，"号声震天"成为一个时代的集体记忆。

（领）号依个号号嗨嗨呀，

（合）号依个号号嗨嗨呀，

（领）嘀嗨那个唷号，

（合）嘀嗨那个唷号，

（领）哼哎子嗨嗨呀，

（合）哼哎子嗨嗨呀，

（领）号子（格来）一打啦，

（合）嘀嗨那个哟，

（领）劲头（呀噢号）来（噢呀），

（合）哼呀子嗨呀，

（领）心里（那个）高兴呀，

（合）嘀嗨那个哟号，

（领）脚（啊个）步（哎）快哟，号依个号号嗨嗨呀，

（合）号依个号号嗨嗨呀，

（领）哎嗨那个的哟号，

（合）哎嗨那个的哟号。

（顾祥元）

踏水号子

踏水车是一种传统的提水农具，由槽桶、链式刮板、踏轴、伏手架组成。踏轴的中部有齿轮，连接和带动链式刮板，齿轮的两边各有 3 对踏蹬。操作时，由 4 ～ 6 人踩在踏蹬上一起发力，踩着蹬子转动轴，齿轮带动刮板，由下而上将河里的水通过刮板带上岸边的渠口，流入田中，用以灌溉。这些劳力者在不断踏蹬子时，动作一致，共同用力，嘴里会自然而然地发出一些哼声，由此形成各种各样的踏水号子。

（领）哎，嗨嗨嗨哟，哎嗨哟，

踏水车

（合）哎嗨嗨哟，

（领）木（啊）头（哎）水（啊）车哎，一（呀）丈（的个）三哎，

（合）嗨哼呀，

（领）六（啊）双（哎）脚（啊）板（哎）踏（呀）格（的个）翻哎，

（合）嗨哼呀。

（领）河水倒流（啊哈的）庄稼好哎，

（合）嗨哼呀，

（领）秋收粮食（啊哈的）堆满山哎，

（合）哎嗨嗨哟。

　　如今，这种劳作已基本绝迹，有些地方幸存的旧具已成为人们观赏、体验的农事文物，而曾在乡野间飘扬多年的踏水号子也成为一种展示、表演，以留住农耕记忆的非物质文化遗产。

（顾祥元）

碾场号子

　　碾场，是麦收季节的一种农活。旧时没有收割机，麦子靠人工拔或割下来，捆成麦把挑到晒场上，用人力掼下麦粒。掼好后，把秸秆堆到一边，还有一些散落在乱草中的麦穗和颖壳中的麦粒难以处理，要用草扒摊开晒，边晒边碾。碾子是往碌碡两端的洞里塞进木楔子，用套耳套在楔子上，再在两边的套耳上系上绳子，系上木制轭头，套在牛肩上，吆喝牛绕场转圈向前拉，使碌碡在乱草上反复碾压，让麦粒和穗壳分离。其间赶牛的人会现场即兴地打起号子。

　　噢，驾！
　　东方（哎哎嗨哎号哎嗨嗨哎）发白（咯）天刚亮（啊嗨哎），
　　我同老牛（哎嗨号）齐上场啊，
　　得儿，驾！

碌碡(哎哎嗨哎号哎嗨嗨哎)滚(呀)麦子黄(啊嗨哎),

碾场要趁(哎嗨号)好太阳啊。

(顾祥元)

打硪号子

打硪也叫打夯。硪,是用于砸地基的工具,一般有两种:一种绳系石磨,多用于夯实河坝堤岸;一种是将棍棒绑在碌碡上作为抓手,多用于夯实建筑地基。一般都为4人操作,也有2人操作的。打硪的时候,由1人领号,其他人和号,洪亮的号子声具有民歌式的旋律感,体现出集体力量的气势。如:

(领)大家可曾准备好啊?

(合)好啊,好啊!(众提绳,硪起)

(领)大家皆出力呀,

(合)哼哟哼哟,

(领)硪儿撩得高啊,

(合)哼哟哼哟,

(领)根基打得牢啊,

(合)哼哟哼哟,

(领)打好了吃肉饭啊,

(合)哼哟哼哟,

(领)还有大麦烧啊,

(合)哼哟哼哟,

(领)哎嗨依呀哎呀,哼哟嗨嗨哟,

(合)哎嗨依呀哎呀,哼哟嗨嗨哟。

(顾祥元)

故事传说

乌龟的传说

乌龟为什么能活上千年,背上龟甲又为什么是13块呢?这里有段故事。

相传当初天上有个仙女,长得如花似玉,终年被关在深院香房,像笼子里的鸟,不得自由。一天,这位仙女得空走出香房,站立云头,看人间青山绿水好不热闹,看着看着,竟忘记了回去。事情凑巧,她看得入神的当儿,被天兵天将抓住了,送到玉皇大帝面前问罪。

玉皇大帝见仙女长得漂亮,起了邪念,想留下仙女。可是,仙女又哭又闹,好丑不答应。玉皇大帝拿仙女没法,挥拳就是13下,一下留下一个坑坑,边打还边说:"把你关入水牢,让你思量1000年。"仙女是个有骨气的姑娘,宁可在水牢里蹲上千年,决不答应。

千年之后,玉皇大帝来到水牢,不见了仙女,只找到一只乌龟。一怒之下,玉皇大帝把它扔下天庭。于是,乌龟终于来到了人间,世界上便多了一个乌龟家族。

其实,玉皇大帝哪里晓得,被他扔掉的那只乌龟就是仙女变的哩!仙女为了永生永世不忘对玉皇大帝的仇恨,便保留了13拳的痕迹。这样,乌龟不仅能活千年,而且背上有13个坑坑。

(口述:申高嵩,男,73岁,农民

搜集整理:蒋书林,男,50岁,中学教师

1986年12月5日于芦庄中学)

麻雀的传说

从前有一对老夫妇,同年同月同日生,夫妇俩甚是恩爱,可惜的是膝下无儿无女。说来幸运得很,有一年,四十大几的妻子十月怀胎,生了个胖乎乎的小女孩。小女孩双眼皮、瓜子脸、白嫩脸皮、满头秀发,煞是可爱。老夫妻俩乐得整日合不拢嘴,把她当成掌上明珠。

转眼女儿 10 多岁了,祸从天降,害了一场天花。病后虽免一死,却留下了满脸的麻点,左邻右舍都叫她麻姐。村上有个青年王虎,从小亡父,家境贫寒,30 岁过了还没有娶妻,经媒人撮合,与麻姐成亲。王虎十分爱妻,妻子却贪睡懒做,饭不会烧,菜也不会做,油瓶倒了也不扶。

一日王虎出门赶集,突然雷雨大作,河水猛涨,一连数日回不了家。麻姐饿了 3 天,实在难忍,见家中缸里盛有小米,她低下头来,伸出舌头,从缸里舔出一粒小米,她又怕邻居看见,于是就舔一粒望一望,再舔一粒,又看一看。突然一声炸雷,天崩地裂,全村人赶来看时,麻姐已被雷电击成一只鸟雀,于是村民们都叫她麻雀。

不信你看,如今麻雀在啄食时总是左望望右看看。

（口述：李士杰，男，75 岁，农民

搜集整理：李元富，男，44 岁，中学教师

1988 年 3 月 5 日于顾高西桥村）

香肠的传说

早在 1000 多年前,隋炀帝要到扬州看琼花。扬州官府为了讨好皇上,特地把扬州出名的厨师召来议事,令他们 30 天之内各人配制一样新奇的菜肴,来日好宴请皇上,违者办罪。

转眼期限将近,不少厨师早已挖空心思做出种种新菜向官府老爷禀告,请求品尝、核查。唯有京江馆的王乡常师傅还没想出个眉目来。他整天愁

眉苦脸,唉声叹气。日子一天天逼近,他更是吃饭不香、睡觉不甜,一天到晚心事重重,迷迷糊糊。一次,王乡常竟然把盐当白糖使用,弄得菜咸得进不得口,老板差点儿解雇他。

这一天,半夜过后,王乡常正在迷迷糊糊地想着,忽然有个银须银发手持拐杖的老者站在他的床前,笑眯眯地对他说:"啊呀,苦了你啦!河水煮河鱼,猪肠灌猪肉,不行吗?试试看嘛。"王乡常一惊,连忙跳下床来道谢,可是白发老者却不见了。

第二天,王乡常打京江馆回来,路边有户人家杀猪,把小肠扔在水沟里。王乡常不由得眼睛一亮,情不自禁地叫了起来:"啊,有了!"说着,他飞奔过去拾起小肠,又割了几斤肉,匆匆地往回走。一路上,人们都用惊疑的目光看着王乡常。

到家后,王乡常用温水把肠衣洗干净,将肉切碎拌上硝石、烧酒、细盐、白糖、生姜、酱油、胡椒、蒜汁,小心地装进小肠,这才松了口气。三四天后一看,咦,那东西变得红橙橙、黄酱酱,煞是好看。闻一闻,其香无比。

隋炀帝来到扬州,天南海北的山珍海味吃腻了,嘴里倒了味,尝来品去,觉得这紫不紫、红不红的像萝卜头的肉盘盘最可口,越吃越香,越吃越惹吃。

皇上一高兴,话就特别多。一天,隋炀帝召来府官说:"爱卿,这叫……"府官受宠若惊,以为皇上问他这是谁做的,没等皇上说完,就忙不迭地说:"乡常……"才说出两个字,隋炀帝就龙颜大悦:"好!香肠,乃寡人之美餐也。"

打这以后,传呀传的,香肠作为一种美味,一直传到今天。

(口述:夏兰英,女,63岁,农民

搜集整理:蒋书林,男,50岁,中学教师

1986年5月8日于芦庄中学)

苏中腊狗肉

苏中的腊狗肉,看上去红殷殷,闻起来香喷喷,吃到嘴里软酥酥。凡是吃过的人，没有不喊好的。人们不禁要问，苏中腊狗肉是怎样制作的呢？说来历史并不算长。先得从新四军"北撤"讲起。

1945年8月，日本无条件投降后，国民党没有放弃发动内战的图谋。陈毅、粟裕针锋相对，苏中"七战七胜"，名扬天下。为了保存有生力量，夺取更大胜利，1946年秋末，新四军决定有计划地"北撤"，把靖（靖江）、泰（泰兴）、泰（泰县）、姜（姜堰）、曲（曲塘）、海（海安）等城镇暂时让给了敌人。

这年冬天，狗肉刚刚上市，横桥乡农民刘井太看到狗肉怀念亲人，想起土改庆翻身辰光军民共吃一锅狗肉的动人情景，不由想起个好主意来。他花了三天三夜的工夫，走村串户，一口气跑遍了全乡，相约把狗肉"坚壁"（把物资藏起来，不使落入敌手）起来，留待亲人打回来再吃。

几个月以后，子弟兵果然"西进"打回来了。当地人民纷纷挖出埋在地下的狗肉，煨熟了招待他们。埋过的狗肉一进口就有一股风干肉的腊香味儿，与没有埋过的狗肉口味大不相同。

打这以后，人们便保留下这种吃狗肉的方法。这样的狗肉，着实惹吃得很哩！

（口述：夏兰英

搜集整理：蒋书林

1986年5月15日于芦庄中学）

巧媳妇

从前，老龙河边住着一户姓冯的人家，老两口把三个儿子拉扯大，老大老二成了家，偏偏两房媳妇都不聪明，做事失头忘尾的，出门买卖一个也不在行。公公冯九爹眼看年纪六十开外，当家的钥匙交给谁掌管倒是块心病。这年正月初二，两个媳妇都要回娘家。临别前一齐去问公公让她们回家过几天，带啥东西回来。冯九爹沉思片刻，说："大媳妇。你过三五天，给我带个'头顶船'回来；二媳妇，你过七八天，给我带个'脚踏磨'回来。"最后，还特别关照，"你们要同一天走，同一天回家。"

问俗观风

两人一离家门，说说笑笑，嘻嘻哈哈。走呀，走呀，过了张公桥，大媳妇要向南，二媳妇要向东，快分手了，这才想起公公说的话：一个三五天，一个七八天；一个带"头顶船"，一个带"脚踏磨"，还要同走同回家。她们顿时愁容满面，坐在桥头呜呜地哭了起来。

不多一会儿，有个洗衣的姑娘被她们的哭声惊动了，走上前来问道："二位嫂嫂为何这等伤心？"两个媳妇听了，擦干眼泪，便把公公的话一长一短地说了一遍。谁知那姑娘扑哧一笑："你们呀，也不动动脑子。三五天、七八天不都是半个月吗？'头顶船'不是帽子吗？'脚踏磨'不是鞋子吗？这下子可以回娘家啦！"两个媳妇听了，不由眉开眼笑，高高兴兴地谢了又谢，约定时间还到桥头相会，各自向娘家走去。

半个月一晃而过，两个媳妇在桥头会了面，一同回家拜见公公，各把鞋帽送上。冯九爹很高兴，问她们是怎么想到的。两个媳妇也不隐瞒，一一说了实话。冯九爹心花怒放，能娶到这姑娘做三媳妇，当家钥匙交给她就放心了。于是，请媒人去说亲。媒人跑了不过三五趟，事情就成了。当年，那姑娘就嫁了过来。

巧媳妇过门以后，兄弟、妯娌相处和睦，冯九爹满心满意。为了把当家钥匙交给她，有意把三个媳妇找来，说："公公年老不中用了，我想把家交给你们当，这副担子不轻，必须才智双全。今天中午，看你们谁能用两样菜做出十样菜来。"大媳妇、二媳妇想来想去，没法子做；唯独三媳妇用韭菜和豆芽炒了一大盘，捧到公公面前。

冯九爹见了，心里更得意了。又说："你们看，三媳妇到底是聪明人，毫不费事，拿两样菜做出十样菜。今天，我就把家交给她掌管，有意见吗？"满屋的人谁也不吭气，真是心服口服。

邻居张二和冯九爹很要好。有天，冯九爹又夸三媳妇聪明、孝顺。张二笑道："你说三媳妇聪明，今以一席酒为赌，我能叫她说出一个'九'字算你输，行吗？"九爹点头应承。

过了几天，张二前来串门儿，问三媳妇："九哥在家吗？"三媳妇说没有。张二又说："你给他说'打东庄来了个张老九，打西庄来了个李老九，两人带来九瓶酒，明天就是九月九，要请九哥去喝酒'。"

张二说完，躲在屋后不走。快到吃饭的时间，冯九爹回来了。三媳妇对他说:"东庄来了个张三三,西庄来了个李四五,两人带来了三六子,明天就是重阳节,要请爹爹去陪客。"张二听了,暗暗佩服,只好认输。

打这以后,"巧媳妇"的美名传扬开来。

(口述:缪万足,65 岁,老裁缝

搜集整理:缪政,52 岁,中学教师

1984 年 1 月 5 日于芦庄中学)

吝啬鬼访友

前山白水湾有一位林先生,以吝啬闻名远近,人称吝啬鬼,自己也常以"吝啬有方"而自鸣得意。某日,听说后山清风店有位石大先生,其吝啬"无与伦比",林先生听后大吃一惊,决定前去拜访取经,但初次登门,不好空手去,必须备礼。备什么礼呢?礼厚则有违吝啬之道,礼薄又不好看,林先生盘算一夜,终于定下章程。

次日,林先生备好礼担:一头是三个空蛋壳,一头是一小束稻草,并用一张草纸写成礼单:"已孵鸡蛋三只,未打草鞋一双"。来到清风店石家,谁知石大先生出门去了,心中不免遗憾,幸而石大先生之弟石二先生在家,非常热情,邀他进厅,说道:"先生远道而来,惠赠厚礼,实叫我过意不去,先请用茶。"说着打开西窗,只见窗外亭亭一株梅树,密密满树梅子,林先生愣了一下,方悟出这是主人请他"望梅止渴"。石二先生问道:"此茶可合先生口味?"林先生答道:"未饮而清香扑鼻,一望而满口生津,真千古名茶也!"石二先生又取出一只大白盘、两双筷子,说:"请先生用点心。"说罢,用手指沾唾沫在盘中画了个圆圈。林先生立刻明白,这是在画饼请他充饥了,果然石二先生举筷说道:"小子不善烹调,聊做此饼,请先生勉强充饥。"林先生连忙夸道:"哪里,先生做饼上不用釜勺,下不举烟火,真乃烹调之国手也!"

"茶"毕"饭"罢,林先生起身告辞。一路上虽然又饥又渴,但心里很满意,因为经过这一"茶"一"饭",他又学到了新的吝啬之术,真是不虚此行。

再说石二先生送走林先生之后,石大先生回来了。石二先生便将林先生来访一事告之,石大先生看了礼单,觉得礼还不薄。又仔细询问起石二先生如何待客,石二先生便将如何待客的详情告之。石大先生边听边捋须点头,但听到以唾沫画饼充饥一节,不禁皱眉叹气,像是失了重金似的说道:"老二呀,你毕竟还嫩点,像你这样用唾沫画饼,来一客人尚可,客人一多,岂不要把嘴里唾沫画干!"石二先生忙请教:"依兄长之见如何?"石大先生用两手圈了个饼状说:"只能念饼充饥!"

（口述：俞荣祖

搜集整理：俞华生

1986 年 6 月 8 日于顾高俞庄）

黄杨与李姓

天上的牡丹仙子把一粒黄杨种子掉下了凡间,落到了泰州东南野庄村的龙地上,顿时就长成了一棵参天黄杨。天上王母娘娘知道牡丹仙子把黄杨种子掉落凡间之事,雷霆大怒,罚牡丹下凡去找。牡丹仙子来到一处,看到有一个将军奄奄一息地躺在地上,便将他救起,一边为这位将军疗伤,一边找寻黄杨。原来这位将军名叫李勇,是汉朝大将李广的孙子。这次出征江淮,受了重伤倒在此地,幸被牡丹仙子救起。几个月过去了,牡丹仙子与这位将军日久生情,两人就一起来到了野庄村。牡丹仙子看到从天上掉下的黄杨种子已长成了参天大树,也无心将树带回,就想与李勇在树下做一对恩爱夫妻。李勇对牡丹说可没有媒人啊,黄杨树为报答牡丹,开口讲话对李勇说:"李勇啊,你与牡丹成婚配,黄杨树与你做红媒。"李勇惊呆了,说这是天赐良缘啊。从此两人就在黄杨树下盖起了房子,过着美满的日子。转眼一年过了,王母娘娘知道了牡丹仙子与凡人李勇私配的事,急遣雷神立刻下凡将牡丹仙子抓回,将黄杨精劈死,将凡人李勇记忆抹去。雷神领王母娘娘法旨下界去抓牡丹仙子,到了牡丹仙子住的地方,对牡丹仙子说:"王母娘娘已知你与凡人私配之事,叫我抓你回天庭,劈死黄杨精,将凡人李勇记忆抹去。"牡丹仙子坚定地对雷神说:"我宁做凡人,不在天上做神。"

雷神一怒将李勇一击,李勇昏倒在黄杨树旁。牡丹仙子为保李勇性命,说:"不要伤害李勇和黄杨,我跟你回天庭。"雷神说:"可以不取李勇的命,但黄杨必须劈死。"牡丹仙子跪下求雷神说:"王母娘娘法旨不能违抗,但求你手下留情饶过黄杨,放他一条生路。"雷神心一软就将黄杨树从中间劈开了两半,黄杨幸免于难保住了性命,牡丹仙子被抓上了天庭,从此以后这棵黄杨树的主干胸围成了一半。

等李勇醒来时,他已失去了和牡丹仙子共度的美好记忆,回了大汉朝廷。牡丹仙子被抓回天上才知身怀六甲,她苦苦求雷神放肚子里的孩子一条生路。俗话说,天上一日,人间一年。牡丹仙子到了天上就生了和李勇的孩子,牡丹为孩子取名叫李思,代表她思念李勇。雷神往日与牡丹仙子交情甚好,就冒着违犯天条的危险,偷偷把牡丹仙子的孩子李思送下了人间。雷神到了牡丹仙子和李勇居住的黄杨树下,大声叫:"李勇……"可没人答应。这时,黄杨为感谢雷神饶他一命,开口讲话,说道:"大仙,李勇被你一击,已失去和牡丹仙子的那段记忆,回朝复命去了。"雷神说:"那这个孩子怎么办呢?"黄杨说:"要不然您把这孩子放在小精这里。"雷神说:"你的伤怎么样了?"黄杨说:"没事。"雷神说:"为了牡丹的孩子,我还是输点功力给你。"雷神帮黄杨疗了伤、输了功,把孩子交给黄杨说:"这孩子你一定要好好照顾,另外牡丹为孩子取名叫李思。"黄杨说:"大仙放心。"雷神回天上把在凡间的事告诉了牡丹仙子,牡丹仙子当场跪下感谢雷神,雷神连忙扶起牡丹仙子,说:"赶紧去王母那儿复命,不然王母该降罪了。"雷神押着牡丹仙子到王母娘娘那儿听候发落,王母娘娘问:"大胆牡丹,你可知罪?"牡丹说:"小仙知罪。"王母娘娘说:"看在你以往服侍哀家的情分上就饶你一命,罚你看守蟠桃园,永生永世与李勇两分离,你可愿意?"牡丹说:"小仙谢王母不杀之恩。"就这样,牡丹被囚禁在蟠桃园,而李思在黄杨的精心照顾下也长大成人,娶妻生子了。从此以后,野庄村姓李的一族就开枝散叶,人口越来越多。李思百年以后,野庄的李姓人每逢初一、月半,都来供奉黄杨树。

注:故事中的黄杨树即野庄村的古黄连木。

(搜集整理:李发进)

问俗观风

田珍土味

地厚人勤聚物华，丰盈水陆万千家。

欲寻真味来村野，未许名厨漫自夸。

南乡花生

　　"麻屋子，红帐子，里头睡了个白胖子。"印象之中，这首童谣体谜语是我有生以来最早接触到的民俗文化，而它的谜底——花生，也是我幼时最喜爱的美食。炒花生的香脆，煮花生的香软，花生米儿酸粥的香甜，花生油摊饼或浇酸粥的清香扑鼻，时时飘动在悠长的记忆里。就连生花生也自有一种特殊的风味——许多农家孩子都有吃生花生的习惯，这是他们聊以充饥和补充营养的上品。当然，何止小孩，据我看来，无论哪个年龄段的人都对这种食品抱有一贯的好感。在食品丰富多样的今天，花生依然以其美味、营养牢牢占据着我辈食谱的主页。

　　我的家乡姜堰南乡顾高镇是著名的花生产地，这里属于沿江高沙土区，地势平坦，土质疏松，加之气温适中雨水调匀，极适宜花生这一作物的生长。长期以来，花生一直是这里重要的油料作物和经济作物。同时花生根部有根瘤菌，具有固氮能力，能提高土壤含氮量，对于土地不够肥沃的沙土地区

花生田

来说，它还具有培肥地力的功效。在"旱改水"之前，整个顾高 3 万多亩土地中，花生的播种面积大约要占秋熟作物播种总面积的 1/4 左右。夏秋之季走到南乡，放眼望去，绿茵成片，金花点点，自是一道独特的风景线。

花生系豆科落花生属一年生草本植物，其品种类型很多，20 世纪 70 年代之前，姜堰南乡地区多种植沿用多年的当地老品种，农民称之为本花生。这种花生的特点除了生长期较长（清明前后下种，秋分后开始收获，需 170 ～ 180 天）、个头较大（一个荚果有 3 ～ 4 个籽粒）外，还有一个重要特点，那就是结荚比较分散。这种花生的茎（俗称花生藤）较长，果针（俗称爪儿）较多较稀，下针（花生荚果是由茎上果针扎入土中生长而成的，俗称下爪儿）较为分散，荚果分布面积较大，往往长得满田都是，这样就不便收获，于是当地农民就创造了一种特殊的收获方式——筛花生。这是一项濒临失传的农活手艺，当稍作介绍。

筛花生是一项大农活，很费力气，必须身强力壮的男劳力方能胜任，被人们称之为"英雄饭"。所用器具为一把大飘锹，一张大方筛，两根大木棒，一支"小脚儿"即竹篙，一把"搭笊"。大飘锹柄长五尺，锹宽一尺，锹柄、锹身均为木制，锹头则为铁制，十分锋利，它的作用是铲起长有花生的田间表层泥土，抛入筛中，以便筛去泥土见花生；大方筛约三尺见方，四周围以高七八寸的木框，底部为编成栅栏状的粗铁丝，铁丝间距不足一指宽，以能漏去泥土留下花生为准；大木棒又叫花生棒，有碗口粗，丈余高，顶端以绳捆绑，两棒竖起拉开成"人"形，用以绑挂筛子；"小脚儿"的作用则是绑住其中一根花生棒，形成三足鼎立起支撑作用；"搭笊"即"笊篱"，用竹篾编成，有柄，与捞饺子的工具相似，但要大得多，直径约有一尺，其作用就是撮起筛中花生荚果。

筛花生的方法是：事前先将田里的花生藤用特别的三齿爪拉掉而将花生荚果留在土中，便于铲、筛。在田头架起花生筛，铲手以飘锹铲起田上的表层泥土抛入筛中，筛手则以双手拉住绑筛的绳子将筛来回拉推，将泥沙筛掉，将花生荚果留在筛中。待筛中有了一定数量的花生，再腾出一只手拿搭笊将花生绰起来倒入旁边畚斗中。

铲手、筛手皆有考究，铲手铲土既不能过深又不能过浅，过深则多铲泥土，铲手、筛手双双多费力气，降低劳动效率；过浅则易铲破花生，造成损失。

筛手拉筛要稳，不能将筛拉得歪歪斜斜、摇摇晃晃，同时用力要均匀，不能过重或过轻，过轻则不能将泥土颠碎漏掉，过重则易使花生荚果跳出筛外。两者之间的配合更要默契，铲手抛锨要有准头，等筛子荡过来时迎头一抛，正好使一锨泥土撞个开花大碎，如顺筛而抛则会使泥土淀在筛底，难以漏下。而筛手见泥抛过来也要着力将筛迎上，增加撞击力，加快泥沙下漏速度。如果两人皆为熟手，那么动作起来就会形成均衡强劲的节奏感，产生带有舞蹈性的韵律之美，于是，高亢嘹亮的花生号子也便随之流出劳动者的心胸。

花生田一般做成八尺宽的板坽，筛花生时，铲手沿着板坽向前铲土，铲到八尺左右，这时离筛渐远抛泥就感到吃力了，同时筛下的泥土已隆积成堆，这堆俗称"墩儿"。再往下筛，这"墩儿"渐高，会阻碍筛子的来往摇动，这时就要将整架筛子移向前去，叫"移墩儿"。二人各捧一根花生棒向前挪移，前面铲出的一片空场正好成为下一个"墩儿"的作场。这样一节一节向前移，直至一条板坽到头，再转一条板坽往回筛。一亩田大约要筛 120 个墩儿，其中，铲手与筛手每筛二三十个"墩儿"就要互换一下以减轻疲劳。两个好手加上一个倒畚斗的小工（一般由半大孩子或妇女担当）一天起早带晚可筛 180 个墩儿，相当一亩半，这效率也够高了。

到了筛花生的季节，便是男壮工们大显身手的时候，也是他们打牙祭的日子。这期间他们的伙食待遇是相当不错的，早上天不亮就起床，如果帮别人家筛就到主家，如为自家筛或去集体赚工分（在集体筛花生工分也是很高的，每天可挣 30 分左右，相当于平时三四天），则在自家，大包圆子早已在桌子上等着他们享用了，吃过早饭立即下田动手。半早期与傍晚都有馒头、烧饼之类的点心加餐，中午、晚上一般都有荤腥与酒。这期间整个南乡地区都很热闹，处处都可见到高架田间的花生筛子，处处都可听到此起彼落的花生号子。无论在单干时期还是集体劳动时期，筛花生都不是一组一组单独行动，而往往是几套班子同去一块田里并驾齐驱，这之间便有了心照不宣的竞赛，几张筛子上的人都不甘落后，都要抢上风，争先恐后，紧张激烈。其中还有一个大家都心知肚明的秘诀，抢在前面的人可将板坽边缝墒口少许留一点，这样自己取了巧，而加重了后面人的负担。所以一旦落在后面就很难再赶超上去，越强的人越沾光，越弱的人越吃亏。

田珍土味

在大集体时代,花生作为油料作物由国家统购统销,社员每人每年只能分到很少的(10～20斤)花生,因此大家见了花生都很眼馋,一到收花生季节,都想尝尝鲜,捞上一把。但集体制度很严,不管是谁都不准吃一角花生,否则就要受到扣工分的处罚,"嘴一动,三分工"是人人熟悉的"紧箍咒"。不过,诱惑实在难抵挡,无论在田里收花生,还是在场上晒花生,总有人冒着风险偷偷剥上几粒塞进嘴里,但想要往家带,那就困难多了,只有等到"放风",那才可以名正言顺地弄一点回家。记得"文革"期间,浙江出了一个小越剧《半篮花生》,讲的是一位农村妇女到集体收获过的花生田里拾了半篮花生回家,想煮给孩子吃,却受到学哲学的丈夫的批评教育,最终将花生送归集体的故事。这出戏将捡花生上升到阶级斗争的高度,"以小见大",受到高层领导称赞,一时风靡全国。现在想起来,不免有点苦涩的回味。比较起来,我们家乡的这种"放风"还多少留存了一点人情味儿。

何谓"放风"?这当然绝不是牢狱中对在押犯人的那种放风,这"放风"的意思是生产队在一定时间段内允许本队社员到收获过的田里捡拾花生。对每一户而言,这是一个不可多得的宝贵机会。筛过花生的田里并不能做到颗粒无遗,总还会有一些"漏网分子"掉落在"墩儿"里或田边角落。这田块在收完之前是绝对不允许人拾取的,要等完全收拾干净了,集体再派人捡拾一遍,然后才宣布"放风"。此时各家各户早已颈项抻得老长在等着了,哨子一响,队长一嚷,个个猛虎下山岗。刹那间,家家倾巢出动,挎篮子、拿小锹直扑田头,一场争分夺秒、干净彻底的歼灭战立即打响。大约顿把饭的工夫,这块田就被搜索一空,动作快的,眼睛尖的,有时也能觅上个三斤五斤,一家老小全出动,作兴一次能拾到一二十斤潮花生,晒干后能有个十多斤,几次下来,便能余上几十斤。这些花生加上从生产队分得的一点,便是家中的宝贵资源。或拎上几斤馈赠城里亲友,或背上半袋到农贸市场卖上一点零用钱,存量较多的人家也有拿去油厂换油的,那样一家老小包括来亲到友都可以吃到香喷喷的花生油,而花生的饼粕则是喂猪的上好饲料。

20世纪70年代之后,许多新的优良品种逐渐引进苏中地区,什么"大油果""小油果""鸦虎(老鹰)嘴"……实践下来,"小油果"以其产量高、含油量高、口味好深受农民欢迎。很快,这一品种完全取代了过去老品种。因"小油果"花生的荚果都集中在根部,便于逐株挖掘采摘,加之实行联产承包责任制后,动辄几亩几十亩大片的花生田也不多见了,因而筛花生这项一度占尽风光的农活也就逐渐退出了历史舞台。花生棒、竹篙派上其他用场,筛子、飘锨也日渐难觅其身影了。但作为花生的主产区之一,这里的花生产量依然颇为丰足,中秋前后,家家门前都会摊晒出一大片花生,餐桌上便会随之飘出新花生的清香。

有资料表明,世界上的花生产地基本分布在亚洲、非洲和美洲,主产国有印度、中国、美国、印度尼西亚等,其中印度种植面积居世界第一位。美国的单产居世界第一位,而中国以一年 1500 万吨的总产量居世界第一位(2008 年)。在这庞大的数据中,自然列有我们家乡一份不小的比例。

(俞华生)

田珍土味

小秋杂粮

山 芋

　　山芋又名番薯、红薯，为双子叶植物药旋花科植物番薯的块根，是通南高沙土地区主要的粮食作物之一。山芋适应性强，抗旱耐瘠，易于栽培，产量很高，在水肥适度、光照充足的条件下，亩产可达 2500 千克以上，即便在土壤条件较差或遇干旱等自然灾害的情况下，也较其他作物稳产。同时山芋耐荫蔽，适宜与高秆作物套种，能有效提高土地利用率。在粮食匮乏的年代，山芋以其高产稳产而成为农民赖以为生的主要食物来源，"一熟山芋半年粮"。山芋含有丰富的碳水化合物、蛋白质、多糖、胡萝卜素、维生素、氨基酸及磷、钾、钙等多种营养成分。山芋具有宽肠通便、去脂减肥、保护心脏，预防高血压、糖尿病等诸多功能，成为大众普遍推崇的"健康食品""长寿食品"。山芋的食用方法多种多样，既可生食，也可蒸、可煮、可烤熟后食用；既可与米、粟等主粮同锅熬粥，又可捏成芋泥或切片夹馅裹面制成糕饼；既可磨浆提取出淀粉制作菜肴或加工成粉丝粉条，又可切成条、丝、片状晒干后随时食用，百法百吃，无不美味适口。山芋的茎叶是优质的牲畜饲料，其鲜嫩时也可作为蔬菜烹调，口感甚佳，别有风味。

　　顾高镇各村各户均有山芋栽培，品种逐渐优化而多元，有红薯、白薯、紫薯。翟庄村从 1990 年开始，引进黄瓤山芋栽培，每户种植达 1～2 亩，取得良好经济效益，亩均产值达 6000 元以上。

芋 头

　　芋头又名芋艿、毛芋，属天南星科多年生宿根小生草本植物，喜高温湿润，在顾高地区有着悠久的栽培历史。芋头块茎通常为球形，俗称"芋头头子"，块茎上多生卵形小球茎，俗称"芋头芽子"，均富含淀粉。芋头可作羹菜，也可代粮，自古被视为重要的粮食补充乃至救荒作物。芋头的营养和药用价值高，是老少皆宜的营养品，因易于消化，尤其适于婴儿和病人使用。芋头中含有一种黏液蛋白，在被人体吸收后能产生免疫球蛋白，提高身体抵抗力，对人体内的多种毒素包括癌细胞都有抑制消解作用，常食可防治肿瘤等疾病，还可洁齿防龋、美容生发、补中益气。芋头不可生食，煮熟后香软可口，特别是顾高当地的一种香菇芋，口味尤为香糯紧实。芋头因粮菜兼用、营养丰富并有药用功效，还可用于制醋、酿酒、分离蛋白质、提取生物碱等，具有较高的经济价值，故广大农家普遍栽培。除自己食用外，还馈赠亲朋好友。2006 年，野庄村李玉祥流转土地 100 多亩用于种植香芋，亩产 1300 千克以上，每亩创造价值 8000 元左右，所产香芋全部被周边乡镇的一些老板、名人买去送礼。

胡萝卜

为双子叶植物纲伞形科胡萝卜属一年生或二年生草本植物。胡萝卜对气候、土壤等生长条件要求不严，也不易发生病虫害，但重黏土和低湿、排水不畅的土地则不宜栽种。在顾高地区几乎到处可以栽培，是当地重要的农副产品和经济作物。胡萝卜含有大量胡萝卜素，是维生素 A 的主要来源，亦含有丰富的木质素、槲皮素、山柰酚、琥珀酸钾、钙果胶酸酯等成分，常吃胡萝卜有防癌、抗癌的作用，能增加冠状动脉的血流量，降低血脂含量，具有降压强心、降低胆固醇、调节血糖、预防冠心病、延缓衰老等多种功效。胡萝卜生、熟皆可食用，可蒸煮，可拌凉菜，可清炒或与其他菜肴配炒，可榨汁饮用，可腌制咸胡萝卜或胡萝卜干，还可泡制成"萝卜烂"，均为绝佳的佐餐小菜。新鲜胡萝卜缨可作蔬菜食用，胡萝卜缨汆蚬子豆腐汤鲜美可口，胡萝卜缨炒生牛肉更是别有风味，是顾高地区的一大特色菜肴。因食用和饲用需求量较大，一直以来胡萝卜都是当地农家必种的秋季作物。随着胡萝卜深加工业的发展，胡萝卜栽培面积也逐渐扩大，申俞村、顾高村、千佛村等村的大棚蔬菜区都有种植和销售。

荞 麦

荞麦田

荞麦又名乌麦、三角麦，为蓼科一年生草本植物。荞麦适应性强，对土壤要求不高，不过更加适宜于较为疏松的沙性土壤，在顾高地区有着悠久的栽培历史。荞麦生长期短，从播种到收获仅为 75 天，常作为早秋收获与晚秋播种之间获取额外收成的小秋作物，故又有"饶麦"之称。荞麦富含膳食纤维和赖氨酸、氨基酸、脂肪酸、亚油酸、烟碱酸、芦丁、维生素 B、维生素 E 及铬、磷、钙、铁等多种营养，其蛋白含量很低，主要蛋白质是球蛋白，赖氨酸含量高而蛋氨酸含量低，氨基酸模式可与大米、小麦、玉米等主要谷物互补，而且富含生物类黄酮、多酚、糖醇等高活性药用成分，具有降糖、降脂、降低胆固醇、抗氧化、抗衰老和清除自由基的功能，对人类健康意义重大。荞麦食用的方法多种多样，可碾成荞米烧粥煮饭，可磨成荞面摊饼、做馍、蒸糕、包荞面圆子、擀面条、捻疙瘩，风味独特。荞麦壳还是上佳的枕芯充填物。顾高镇农民历年来都有食用荞麦米面的习惯，并将其作为特产馈赠城里亲友。随着城乡人民生活水平的提高，荞麦产品、食品还走上超市的货架和饭店酒楼的席面。市场对荞麦的需求与日俱增，其经济效益日益凸显，故虽然产量不高，但农民种植荞麦的热情不减。

（臧圣明）

地头野菜

荠　菜

荠菜是我们很多人都吃过并喜爱的野菜之一。荠菜通常全身无毛，茎呈直立状态，叶子边上呈齿状，颜色有翠绿色和深褐色两种。荠菜耐寒性较强，对土壤的选择不严，但以肥沃疏松的土壤生长最佳。初春之时，田埂上、荒坡上、麦地里随处可见。荠菜的药用价值很高，被誉为"菜中甘草"，营养价值也很高，含有丰富的维生素 C 和胡萝卜素，有利于增强机体免疫功能。荠菜吃法多种多样，包饺子、包圆子、包春卷、烧豆腐汤乃至煮酸粥都鲜美可口，顾高农村一直流传着农历三月三吃荠菜花煮鸡蛋的习俗。

马齿苋

马齿苋属一年生草本植物，全棵无毛，茎平或斜倚，铺散，多分枝，圆柱

马齿苋

形,淡绿或带暗红色,叶互生或近对生,扁平肥厚,倒卵形,上面暗绿色,下面淡绿或带暗红色。其叶如马齿,性滑似苋,故名马齿苋。马齿苋是一种非常好吃的野菜,口感偏酸,热炒、凉拌都很不错,还可焯熟后晒干贮存,随时取出蒸熟拌上佐料味道鲜美而别有风味。马齿苋性喜高温、耐涝,其向阳性、生存力极强,喜欢生长在菜地或农田、路旁、田埂里。马齿苋具有清热解毒之功效,对痢疾杆菌、伤寒杆菌和大肠杆菌有较强的抑制作用,用于各种炎症的辅助治疗,素有"天然抗生素"之称。马齿苋还具有凉血消肿的功效。马齿苋含有大量钾盐和胡萝卜素,能促进溃疡的愈合,含丰富脂肪酸,起到预防心脏病的作用。

枸杞头

枸杞头是枸杞初春的嫩茎芽叶,气味清香,略带苦味,可摘来炒菜亦可凉拌,食之鲜嫩爽口。还可制作猪杂汤、猪肝汤、鸡蛋汤等多种汤菜,也能煮粥、做羹食之。枸杞头具有滋阴补肝、益精明目作用,而枸杞树的绝大部分营养成分都固集在枸杞的嫩芽之中,因此每到春天,常食用枸杞头对身体有一定的好处,可以强身健体、延年益寿。

枸杞头

马兰头

马兰头在顾高乡野到处可见，成簇生长，是一种生命力非常顽强的植物。植株整体呈现碧绿色，叶片宽大并且比较偏软，摸起来十分光滑，富含水分，生出的嫩芽则是紫红色，可闻到一股浓浓的药香。马兰头的食用方法比较多样，不仅可以在采摘后洗净新鲜食用，吃起来鲜脆可口、滋味十足，也可以炒制或凉拌煮汤，还可将它晾晒后作为干菜贮存备用，是老少皆宜的美味食材。马兰头还有一定的药用价值，有着凉血止血清热利湿以及消肿解毒等功效，所以此种野菜具有"民间野生草药"的称号。

榆 钱

榆钱是长在树上的野菜，农村随处可见，春天长在榆树枝头，一串串地缀满枝头。扁圆形，顶端有凹块，颜色翠绿，因外形圆圆的，像中国古代的铜钱，故而得名。榆钱是一种非常好的野菜，可用来摊饼做馒头食用，可加入面粉蒸熟食用，也可直接生鲜食用。旧时，榆钱常作为度春荒的救命之食。革命战争时期，部队官兵曾用它充饥，所以又有"革命菜"的美誉。初生长的榆钱脆甜绵软，清香爽口，含有丰富的营养物质，不仅好吃，而且还可以防病保健，健脾和胃，安神助眠，止咳化痰。每到清明节前后，孩子们就像一只只小猴子一样挂在榆树上，大把大把地撸着榆钱儿，放入嘴中，大嚼大咽，这成为春天的一道风景，成为一种美好的回忆。虽然现在生活好了，但榆钱并未被人们忘却，相反身价更高，许多农家都喜欢用榆钱炒鸡蛋来尝口新鲜。

（臧圣明）

闲话摊饼

　　一炷炊烟浓一阵淡一阵地在村庄的上空冉冉升起，一股诱人的香气随之飘散开来，闲人们目测着炊烟的方位，抽动着鼻子相互交谈："好像××家到了亲啊？""就是哎，在摊饼呢！菜籽油小面饼（抑或花生油荞面饼）多香啊！"中有喜好"呲食"（北方人谓之"蹭饭"）者，往往便会循香觅去，佯作借物或有事商谈，踱到这家门前，很自然地便搭上话头："哎！是伢儿他娘舅（抑或姑父、姨夫之类）来啦？甚时到的？"忙碌的主人和已然坐定的来客便会起身招呼："家来坐坐。""不坐了，我来想借个××用用的。""××在那儿，别忙，弄袋烟，坐坐再走。"于是便坦然进屋坐下，抽烟闲聊间，忙得风风火火的主妇已将摊好铲下装盘的饼热腾腾香喷喷地捧上桌来，饼面上的油沫还在"滋滋"地冒泡，此时主人不管心里高兴不高兴都要礼让一下："来呀，做块儿弄点饼尝尝。""哪个？我刚刚撂下早饭碗来的，哪吃得下去？"

摊　饼

"再加上点儿嘛？""好吧，这么说我从老实，望望主家奶奶的手艺咋说。"于是几双筷子齐齐伸向盘子。饼是在锅里就用锅铲划分成大小大致相等的方块儿的，一夹一片，十分方便。当盘中即将告罄时，第二锅饼又铲上来了，随后又是第三锅。此时客人便适时辞谢："好了好了！不要摊了，吃不了了！""呲食者"也知趣地附和："就是啊，都堆在这里，留着看啊！"主人主妇忙说："咋说？嫌摊得不好啊？""哪有这话？摊得好！摊得好！就是肚子装不下了！"几经谦让，灶台上终于停止了忙碌，再烹上几碗茶，或热上几碗稀粥，端上来过过口，剩下的饼则留下给外出上学或挑猪草的伢儿们回来分享。

以上这一段是姜堰南乡农村里常可见到的生活图景。摊饼是此地农家的美食，在粮食短缺的年代尤其如此。它常常作为招待来客的点心，偶尔也会作为改善生活解馋长劲的美餐，有时还会被一些嗜饮之人充作下酒之物。而对于当地的每一位家庭主妇而言，摊饼与擀面是必备的两门手艺，否则便会被视为拙妇。不过，在过去以杂粮为主食的南乡，这种拙妇并不多见，相反还有许多被称为"大脚妈妈儿"的巧男。你想，从孩提时代便受熏陶，耳濡目染，再笨的人也能将这点生活技能学到手。

当然，要把饼摊好，还是要有点考究的，其中有不少需掌握的要领。以下做一点简单的介绍。

一般说来，摊饼主要有两种，一种是"小面"（即小麦面）饼，一种是荞面饼。因原料不同，制作方法便也有所区别。

先说小面饼，过去摊小面饼讲究用精细的"头铺面"（小麦磨碎后用细箩筛第一遍筛下的精面，相当于面粉厂生产的"七五面"，又称"富强粉"），当然，在粮食紧张的情况下，有时也退而求其次用"二铺面"或"统面"代之。把面粉加水调和成稀糊状，待锅烧热后，倒下面糊少许用锅铲摊薄摊平，烤至半熟后，放油（一般用豆油、菜籽油）、盐、佐料（佐料一般为青蒜花、韭菜、蒜泥，也有用糖制作甜饼的），再加火烘烤至全熟，用铲横竖各划上几道，使之分割成若干块，然后铲起装盘，便可上桌了，随后可摊下一锅。这些程序说起来不复杂，但实际操作起来并不容易，其中有三个要点一定要把握好，否则便会出洋相。

首先是调面要厚稀适中。面调得过稀，摊出来的饼烂软，铲起来成团，

小面饼 　　　　　　　　　　　　　荞面饼

吃起来粘牙，过厚则难以摊平摊匀，同时饼会发"碢"，不好吃。

其次摊饼要动作麻利。面糊下锅后要迅速摊满全锅，且要薄而均匀，动作稍慢，面会烤熟而无法摊开，更别说摊平了。初学者摊出来的饼往往厚薄不均，甚至出现漏洞，摊不成形，而好手摊出来的饼则又薄又匀，南乡很多巧妇能用半升（约六七两）面摊三大锅饼，那饼简直是薄如仿纸，亮如明瓦，既中看又中吃，对于困难家庭而言还有一层不便明说的好处——节约粮食。当然，这种饼也就是好吃，但不充饥，干力气活的、食量大的并不欢迎这种华而不实的东西。

最后是火候要掌控得当。摊饼宜用大灶铁锅，燃料则宜用"上火"较好的柴薪，一般以麦草尤其小麦草为佳，而不宜用豆秸一类有"底火"的烧草，更不能用木柴、煤炭。摊饼前先用大火将铁锅烧热，用洗锅掸儿在锅底刷上一层油，然后再摊饼，防止烤熟后粘锅难铲。但要注意锅不能烧得过烫，油不能刷得过多，锅过烫面熟得快，来不及摊平摊薄；油过多则面糊跟铲走，粘不住锅，摊不成形。饼摊好放油盐佐料后要加火烘烤片刻，让饼熟透，让油盐佐料充分渗入饼内，但烘烤时间又不能太长，否则饼会过于脆硬，甚至焦煳，影响口味。以上这些要点并无统一的标准，也无严格的参数，全靠操作者根据经验具体掌握，掌握不好，就会出"次品"乃至"废品"。

与小面饼齐名，荞面饼也是常见于农家餐桌的食品。但荞面摊饼带有明显的季节性，不似小面饼四季皆宜。荞麦种于早秋，收获于晚秋，食用时间为冬、春两季，此时之荞面清新爽口，别有风味，进入夏季味转滞涩，一般就不再食用了。其实，因荞麦属小秋作物，播种不广，产量不多，经一冬一春后也基本见底了。

摊荞面饼与摊小麦饼的方法也各有考究,殊不相同。

一是用油、佐料不同。摊小面饼多用豆油、菜油,而摊荞面饼则以花生油为佳,佐料也多用姜末(有时也用蒜花),吃时还要蘸点辣椒酱,因荞面性寒,佐以姜、椒可去寒,更可增添其味之鲜美;二是调面厚薄不同,小面要调得厚薄适中,而荞面则应调得更稀薄一些,这是从其摊制方面与口味取向决定的;三是摊制方法的不同,待锅烧热后将调好的荞面从锅沿箍一圈倾倒浇下,让面料顺势下淌,自然形成整体饼形,不到处可以用筷子轻轻刮抹,使之摊满摊平,切不可动用锅铲,那样会使饼摊"礓"了,不透气,不吸油。相对而言小面饼讲究薄一些、脆一些,荞面饼则讲究厚一点、软一点,饼面要留有若干自然气孔,让清香沁人的花生油充分渗透其中,与荞面的清香相得益彰,更具特色风味。说它的"厚",也有个基本尺度,一般应有多厚呢?老百姓有个形象的比喻:"要有犁耳厚"。这犁耳是农民耕田时装置在犁头后侧使泥土翻卷过去的一块瓦状铁板,约有 5 毫米厚吧,而它的形状也正像一块荞面饼呢!

无论小面饼、荞面饼,都是极富地方特色的农家美食,在没有面包、蛋糕、肯德基的年代,更是孩童们为之垂涎的上好点心。一旦家中来客摊饼招待,孩子们便会绕桌转悠,大人便会夹上一两块到他们手上,然后将他们呵斥到屋外去,或事后留一点给他们。有时夜间来客摊饼招待后,也会将睡得懵懵懂懂的孩子们一一叫醒起来吃上几块,这情景叫人想起来多少会有些酸楚。对于我们这些久离故乡的人而言,摊饼已成为遥远的记忆。偶一回乡,都是大鱼大肉、好酒好肴,摊饼已成上不了台盘的过时食品,况且在许多年轻的家庭主妇手中这门手艺已然失传。倒是在城里的酒楼饭馆的宴席上,有时会隆重推出一盘冠以"地方特色"的摊饼,不过这"杲昃"也只能略见大概,与用大灶铁锅做出来的那种原生态的食品远不可同日而语了。

(俞华生)

田珍土味

农家涨饼

烤制涨饼

涨饼是农家人爱吃的面食，四季咸宜，而每逢农历八月十五中秋节，涨饼更是必不可少的美食和供品。中秋之晚，家家户户都要捧出又大又圆的涨饼连同其他果品摆放门前供桌上，礼敬月光菩萨，然后全家共享美食。涨饼制作过程并不复杂，但对于发酵投碱与烤焙火候一定要掌握好，这是影响口感的关键要素。将面粉倒入酵盆内，加入"酵头"（老酵）和水搅匀后用布盖上，待面涨好后投放适量碱水以消除酸味。将铁锅烧热，放入少许植物油，用铁铲或洗锅掸刷抹均匀，待油温升至适当程度时，撒入少许芝麻，将涨好的酵面倒入锅内，在上面再撒一层芝麻，贴锅的一面起硬之后，再加入少许油，用锅铲将半熟的面饼铲起翻身，烤制反面发硬后，再加少许油，再翻身，如是几番，反复翻身反复烤焙，确保外皮不焦里面全熟，约需2小时方可起锅。烤好后的涨饼，外壳金黄，脆硬耐嚼，内里月白，松软弹牙，将

顾氏涨饼招牌

其切成 1.5～2 厘米的厚片,然后食用。多余的可晒干存放数月。风干后的涨饼复蒸一下或放于粥锅内烫泡片刻,食之口味极佳。由于制作涨饼费时费工,一般人家多嫌麻烦,便有人看准商机,专门从事涨饼制作销售,顾高镇上大街小巷有 10 多家经营涨饼的店铺,以顾夕成家的"顾氏涨饼"最为有名。

（臧圣明）

手擀面条

这是顾高农村几乎每天都要做的饭食。制作手擀面首先是选择面粉。最佳当然是小麦面中的"头铺面",其次是"二铺面""统面",还有别具风味的荞面、豆面和糁儿面。面粉与水的比例要合适,就小麦面而言一般是 1 斤面粉约加水 4 两 5 钱清水,若加水多于半斤,则擀制时容易粘连、起褶,煮时容易碎烂,口感过于绵软,最后手擀面会变成一锅面糊汤。

揉面是制作手擀面的关键。先将选好的面粉放入大盆中,然后加入适量清水,边倒边搅拌,搅拌至 2/3 的面粉成棉絮状,下手揉面,"千揉的馄饨万揉的面",所以做手擀面一定要将面团充分揉匀。

擀面首先要将揉好的面团放在桌上用擀面杖用力按扁,压展成厚厚的圆形面片,好让擀面杖卷起面片。然后双手用力均匀地按压擀面杖,往外推压,往后拉拽,推拉几次后换个位置重新卷起,再次推拉,这样不停地推压拉拽后,面片就慢慢擀薄擀大了。注意推拉过程中要撒上干面粉防粘。

面皮擀得很薄后,从擀面杖上顺势将面皮反复回折叠放,用切面板垫着切面,切面要注意粗细均匀,然后在切好的面条上撒些干面粉,整齐放入匾中,手擀面就算做好了。

下面条,一定要等锅中水烧开,放入面条,等面条浮起捞入碗中加入麻油、酱油等佐料就可以食用了。这样的面条筋道爽滑,口感舒适。也可在面条浮起时,将事先煸炒好的"炸油菜"(青菜、韭菜、茄子、豆角之类)倒入锅中,随即停火止沸,盛碗上桌,香气四溢。

制作荞面、豆面、糁儿面各方面要求稍宽一些,擀面可擀厚一点,切面可切粗一点,面下锅时可煮烂一点,还可加少许糁儿"稠汤",再加蔬菜煮成"菜酸面",别具风味,老年人尤其喜爱。

(臧圣明)

酱油豆儿

酱油豆儿是姜堰一带的人对该物的俗称土谓,比较文雅的叫法应是豆豉。这种风味独特的食品多流行于南方,北方可能因气候不便制作,故不多见。对于姜堰地区的城乡百姓而言,这东西曾是他们一年四季不可或缺的佐餐小菜和调味品。说北方很少见到此物,但北方人也未必不喜欢,乡间朋友曾讲过一个关于北方人吃酱油豆儿的有趣故事:

"文革"期间,各地因清理阶级队伍、清查批斗对象而动用大量人力,天南海北进行外调。话说某日中午过后,镇上来了一位风尘仆仆的西北汉子,持外调介绍信到公社食堂就餐。食堂里的工作人员都是纯朴的农民,对来自远方的革命干部自然不敢怠慢,怎奈此时已过饭点,食堂里早已是冰锅冷灶、饭罄菜尽,必须重新开厨。然而饭尚好办,对方交出半斤粮票1毛钱便可量出半斤大米用小锅赶煮,片刻可熟,菜却一时无法筹措。情急之中,工作人员想起当地社员家中常以小葱炖酱油豆儿下饭之法,便立即如法炮制。不一会儿,一大碗热气腾腾的大米饭和一小碗同样热气腾腾的小菜端上了桌面。西北汉子一看,大米饭雪白雪白,那"菜"却黑乎乎的,不知为何物。虽已饥饿不堪,却迟疑着不敢下箸,问道:"这是什么东西?"工作人员告之:"这是我们这里的土特产小葱炖酱油豆儿,好吃得很!"西北汉子虽听不懂顾高土话,但也约略猜度出了意思,于是尝试着挑了一点放在饭上,小心翼翼地吃起来,这一吃可知了味:"哈!可真是鲜美无比哩!"连忙饭一筷菜一筷地大吃起来,片刻就将两只碗吃了个底儿朝天。又掏出粮票和钱:"再给我煮半斤米饭,再搞点这个菜,这个菜多少钱?"工作人员告诉他:"这菜是食堂里自制的,算不起个账来,就不收钱了。"西北汉子大喜,待饭菜熟后,又是香喷喷一顿猛吃,饭后连声道谢,称从来未曾尝过如此鲜美的东西。

家乡的人会编故事,一根鸡毛从庄东说到庄西便会说成一只活鸡。但

田珍土味

我坚信上述这一段绝对真实可靠，绝无"创作"的痕迹。我也曾送过一点这物事给一位北方的亲戚，他吃后也对这种"霉豆子"赞赏有加。

在乡下的时候，常可见到酱油豆儿的制作过程，我的母亲做过，我的妻子做过，村里没有一家一户没做过。大体的制作方法是：将黄豆或黑豆用水浸泡膨大，下锅煮（或蒸）熟，捞起晾摊在竹匾之中，用面粉或玉米粉均匀撒沾在豆上，然后用壳树（学名构树）叶或苎麻叶捂盖其上，也有用被单或棉花胎捂盖的，作用是保温保湿，促使豆粒发酵霉变，约 7～10 天后，豆上便长满了厚厚的一层绿霉，再拿到阳光下去晒干，这酱油豆儿就算做成了。但此时还不好食用，还有一个浸泡制作成酱油的过程。一般制作数量较多的人家，是将晒干后的酱油豆儿贮存起来随时取用。需用的时候，取出部分放置陶制容器里，或缸或坛或罐，视泡制数量多少而定。用冷却的开水浸泡数日，少则 3 日，多则 10 余日，时间长短，根据各人对豆瓣硬、烂程度的喜好而定。泡好后放下盐，再过几日，便要将其移至室外日晒夜露（但缸口或坛口要以纱布覆盖以防蝇蛆，同时也不能淋雨），使豆、水、盐充分融合，豆粒渐渐胀开，水则渐渐稠厚，色泽渐渐发红，这便成了可供食用的酱油。酱油制成后，既可直接舀起来作为小菜佐餐，又可作为做菜用的调料，还可以红萝卜、白萝卜、胡萝卜或黄瓜、鲜冬瓜等制成萝卜烂、冬瓜烂，无论哪一种都十分鲜美可口。

在 20 世纪 80 年代之前，姜堰城乡百姓几乎每家都制作酱油豆儿，常年食用。近年来人们生活节奏加快，各种方便腌制品充斥市场，很多人家图省事随吃随买，懒得再费时费工制作酱油豆儿了。但还有不少人家尤其是农村人家实在难舍这一口，依然不厌其烦，年复一年继续着这种家庭手工生产，不仅供自家食用，还作为礼品馈赠亲友，如我便是常可得到这种馈赠的受益者，因而能够四时不绝久享其鲜。

（俞华生）

整扒猪脸

整扒猪脸

　　整扒猪脸是顾高镇最具特色的一道名肴,起源于清朝嘉庆年间顾高葛氏熏烧店,至今已有 200 多年历史,至第五代传人葛玉雨,又对每一道制作环节和佐料配方做了进一步革新,使之色、香、味更臻完美,名气越来越大。葛玉雨之孙葛启群继承了祖传烹调技艺,在顾高镇上经营酒楼,成为整扒猪脸的制作名师。2007 年中央电视台《乡土》栏目组专程到顾高葛氏经营的酒店拍摄整扒猪脸制作技艺,并向全国播放,使之更成为闻名遐迩的特色名肴,许多外地客人纷纷慕名而来品尝,顾高当地人在招待重要客人时,也都要点上一道整扒猪脸,以此提高宴席档次,抬高主宾身份。

　　整扒猪脸制作过程:精选新鲜顾高当地土猪猪头,去毛洗净,投入大锅中加水烧沸，撇去血沫浮油，清除残毛、淋巴及鼻腔口腔眼囊耳道中的异物，再上锅高温熏蒸去油，然后放入特制大锅中，加入葱姜花椒等一般调料，中火慢炖六分熟后，再加入冰糖、精盐及特制配方调料，小火慢炖至面层上色成熟后出锅，用特大盘子将整个猪脸原原本本奉上，猪脸整体酥烂脱骨而不失其形，名曰"有头有脸"。捧上桌时浓香四溢，色泽金黄油亮，令人馋涎欲滴。然后大厨以特制刀具将整块猪脸细加分割，以便客人选择食用。其肉质酥烂不腻，肉皮胶糯香滑，还要来个"五官齐全"：猪耳软中带脆，猪舌柔韧适口，猪眼富有弹性，猪鼻拱嘴紧致筋道，见样品食，朵颐大快，齿颊留香，回味无穷。

（臧圣明）

五花烤肉

顾高镇上思卤熟味烤鸭店烤制的"黄金脆皮烤花肉"，是深受百姓欢迎的一道名肴。黄金脆皮烤花肉的制作师傅名叫王夕保，他具有多年烤制的经验，形成了一套完整有序的制作方法。选取一块上等本地土猪五花肉，刮洗干净后将表面水分擦干，切成宽约 4 厘米、长约

五花烤肉

25 厘米、重约 500 克的长条，放入大锅中加水烧开焯烫 3 ～ 5 分钟，去除猪肉腥味，再进一步去除残毛杂质，捞出沥干，放入事先拌好的佐料（黄酒、盐、黑胡椒粉、五香粉、椒盐、生抽、老抽、蚝油等）汁液中，浸泡涂抹均匀。腌制大约 20 分钟后，在肉条上再均匀撒上一层精盐，用锡纸将肉条包裹起来，逐条挂入特制的烤炉，每炉可烤制 20 根左右。以 200 摄氏度上下的火力烤制 30 分钟后取出，将外皮上的精盐擦去，刷上一层白醋，再次放入烤炉，继续烤制 1 小时左右即可出炉，最后再撒上少许椒盐，即可食用。这样烤制出来的五花肉，外皮金黄酥脆，里肉软糯酥烂，因烤制过程中溢出大量油脂，又将各种佐料充分吸收，故吃起来满口浓香而毫无油腻之感。既可随口就食，也可上桌摆盘宴客。五花烤肉制作过程较长，每天下午只能烤制两炉，故肉还在烤炉内转动，店里已是顾客盈门，排队等候，一至出炉，立刻销售一空，供不应求。

（臧圣明）

田珍土味

顾高羊肉

　　顾高羊肉由来已久,至少在 100 年前,顾高镇上及周边俞庄、申洋一带,即有人收购农户零星散养的山羊经营"羊肉案子",宰生羊卖鲜肉煨熟肉售卖。改革开放后,农村养殖业和经济市场日趋活跃,羊肉经营户逐渐增多,制作烹饪方式也不断向多元、精致演进。羊肉产业已形成一定规模的夏庄村,开羊肉馆的有七八家,有的在本村、本镇经营,有的到外镇、城区发展。李其宽、李成明、网头(钱宏洋)、丁存忠等人都经营多年,久盛不衰。以丁存忠为例,丁存忠 2002 年到姜堰城区开设"丁三全羊馆",承办全羊席,也可随意点菜小宴,所用食材均由本村屠宰大户吴洪林供应,一律当日宰当日送,确保"四不":不是外地羊,不是死病羊,不是隔宿肉,不是冷冻肉。因诚信经营、货真价实,故生意兴隆,店中常客满。其所制做的全羊席系列菜品大致如下:

　　冷切羊肉。把新鲜山羊肉浸泡洗净后,放入特别大锅中,加足量水,用

冷切羊肉

全羊菜品

旺火烧滚后撇去浮沫,加少许盐,不用其他佐料,继续用旺火煨煮3小时(不用小火慢炖,以防过分烂软不爽口),撤火停汤后在锅中"养"10分钟,然后起锅沥水,冷却后剔骨分解成块,放置大盘内随用随切。因食材纯正、制作循规,切出来的肉看上去色泽鲜润,闻起来香而不膻,吃在口酥而不松,食用时不须太多调料,只要蘸点水大椒、青蒜花,口味堪称上佳。

烹炒类。爆炒鲜羊肉:切片切丝均可,配以青大蒜梗、青红椒片,用豆油入锅烧热后,将肉与配料下锅,加少许生抽酱油旺火急炒1～2分钟,即可起锅装盘上桌,色香味俱全。炒羊血、炒羊肝、炒羊心、炒羊腰、炒羊肚做法与炒羊肉大体相同,在配料上也大同小异,只是炒羊肝要加洋葱,炒羊肚多用韭黄。

红烧类。红烧羊肉:1.生鲜羊肉浸泡约1小时去血水,切块入锅焯水后,捞出冲洗干净。2.锅中放底油,放入葱、姜、蒜、辣椒爆香,放入羊肉块,加入料酒、酱油翻炒,使肉块上色均匀后,加入适量水、八角、花椒、桂皮和冰糖小火炖1小时。3.羊肉炖烂后加入适量胡萝卜块,再炖10分钟左右,待收汁后,调入少许盐和胡椒粉,出锅后撒上香菜末即可上桌。红烧羊蝎子、红烧羊排、红烧羊爪做法与红烧羊肉大体相同。羊脑烧豆腐：1.将羊脑去血线，洗净杂质，用开水煮透控水后切块（每个脑切6块）。2.旺火热勺，炝葱姜末，烹料酒、酱油，下汤，放入羊脑、笋片、香菇片，加少许盐、白糖、味精，用微火焖至汤汁剩下一半时，再放入少许青菜，烧开，水淀粉勾芡，淋花椒油，出勺装盘即可上桌。

烤制类。烤羊排：取本地草羊肋排（肉带五花）若干根，洗净、去边修齐，入锅焯水后捞出再洗净、沥去水分。放入配好的佐料汁液（葱、姜、盐、料酒等）中浸泡腌制数小时（可过夜）。取出泡好的羊排，控干汁液，置入烤箱，以180～200摄氏度高温烘烤45～50分钟，取出后撒上孜然粉、红辣椒粉即可食用。烤羊腿做法与烤羊排大体相同。烤全羊用本地小山羊羔（约3个月大，毛重15千克左右）宰后去头、肚、蹄，洗净后固定于专用烤架，多点注入特制的盐姜水，使充分均匀吸收。在客人到店前1小时上炉烤制，保证客人上桌后片刻新鲜出炉。出炉后的全羊油光闪亮，香溢四座，令人垂涎，食欲大开。厨师将烤熟的全羊用刀分解成小块上桌，便于客人食用，也可根据客人要求将整羊上桌，由客人自己手撕大快朵颐。丁三全羊馆是姜堰地区首家推出烤全羊的店家。

汤食类。有羊肉汤，羊蝎子汤，羊脑羊球羊鞭"三子"汤，羊汤面条，羊汤粉丝等。

（俞华生）

巧艺能工

走村串户趁农闲，送乐解忧开笑颜。
巧艺奇能传异彩，高人自古在民间。

头顶花担踩高跷

"头顶花担踩高跷"是一种集挑花担和踩高跷两种演艺形式于一体的综合表演,主要流行于顾高镇千佛、翟庄一带。表演者多为女角,亦可男扮女装,可一人,可几人,还可加男角舞扇助演。表演者着彩色服装,装束典雅,扮相俏丽。花担的两端为

头顶花担踩高跷

篾制花篮,上插各式纸花,随风而动,有如蝴蝶飞舞。所不同的是,表演时不是肩挑花担,而是把花担顶在头上,既要注意两端的重量均匀,又要掌握头顶的稳定,具有相当的难度,再加之双脚要踩在木制的、离地高度约 10 ～ 15 厘米的高跷上,这就使表演的难度进一步加大,头上要顶(花担)、双臂要舞(协调平衡)、脚下要踩(高跷),还要开唱,这就需要表演者具有熟练的技巧和高度的控制力。唱的曲调多为《手扶栏杆》《杨柳青》《谈媒》等,唱词多为乡土风情内容,如:

花担出来天气晴,栀子花开白如银。

石榴花开红似火,荷花出水粉妆人。

蜡梅傲霜寒冬开,桃李花开满园春。

百样名花都不爱,唯有牡丹爱煞人。

顾高镇至今还有两支这样的表演队,锣鼓队、器乐队,表演人员计有 30 余人。陈亚平、殷杏林等曾数次受邀参加了市区文化部门组织的踩街表演。2008 年,头顶花担踩高跷列入姜堰区非物质文化遗产保护项目。

（徐骅、顾祥元）

巧艺能工

载歌载舞摇花船

摇花船是顾高当地的说法,其他地区一般称荡湖船。顾高镇的翟庄、千佛、塘桥等村比较风行,塘桥村的艺人申高槐,不光是花船扎得漂亮,自己还参加表演,那溜溜的眼神、灵活的动作、甜润的唱腔,深受观众的喜爱。

表演的花船用小青竹子扎制,前后两头翘,中舱上扎有四角形小亭子,船舷下摆挂着绸布,舷边装设鲜花,亭子的四角和顶角为各色绸子扎成的花,既轻巧又美观。表演者为二三人不等,装扮俊俏的媳妇在中舱内,扮相幽默的婆婆在船艄掌舵,言行风趣的公公手执竹篙为船夫(两者角色可互换)。表演时,锣鼓声中花船登场,婆婆喊道:"老头子,到哪儿啦?"老头答:"老婆子,快到顾高桥了。"婆婆道:"好啊,媳妇儿啊,唱段曲子大家乐一乐吧!"媳妇问:"唱什么呀?""就来一段杨柳青小调唱顾高吧!"琴声响起,媳妇开唱,公婆二人不时在中间富有表情地搭腔。

> **媳妇唱:** 小小船儿两头尖,船在河中浪里颠。
>
> 二老快请岸上看,桃花火红柳如烟。
>
> 小小船儿两头长,前面到了申家庄。
>
> 满地庄稼长得好,麦苗青青菜花黄。
>
> **公婆答:** 嗯哪,这儿的风景好看咪!
>
> **媳妇唱:** 小小船儿两头翘,前面到了顾高桥。
>
> 桥神菩萨对我笑,今年雨顺又风调。
>
> 小小花船岸边靠,闹市之中人如潮。
>
> 公公婆婆请上岸,儿媳陪你俩街上瞧。
>
> **公婆答:** 好咪,我俩一齐上岸咪!

表演过程中,掌舵者要做拨舵动作,并不时观望。执篙者要做撑船状,前后不时移动,并做富有表演的助演。舱中的媳妇儿是主角,要身段柔美,眼神灵动,嗓音甜润,表演得体。

（俞华生、顾祥元）

巧艺能工

沿门送福唱凤凰

　　这是乡村里一种传统的文艺形式,旧时在过年期间表演,也可在结婚、生子、寿诞、新居落成(上梁)、乔迁等喜庆的场合表演,故"唱凤凰"又称"送麒麟"。表演时一套班子6人,1人手持竹篾扎制的"凤凰"(用彩色纸粘贴),1人手捧托盘,收取赏钱,4人敲锣打鼓演唱。

　　唱凤凰的队伍到店家或住户门前表演,锣鼓声、爆竹声、歌唱声、围观者的哄笑声混成一片,场面热闹。一阵锣鼓的敲打为开场,刹板后,由手执大锣者领唱,唱词一般为4句,领唱完后,其他人搭腔"哎嗨哟",重复最后一句。接下来再唱下一段。

　　唱凤凰的功夫在"唱",唱词通俗、押韵上口,内容多为吉祥如意、贺喜门庭、恭喜发财之类,有事先准备好的,也有即兴发挥的,有通用内容的,也有特殊内容的。有些"流才"好的艺人有很高的现场编创才能,见到什么唱什么,眼睛一眨,就吐出新词。如到了一个新婚之户,就唱"凤凰不落无宝地,贵人出在你府上"。如见到某老者抽水烟,就唱"某某老爹吃水烟,两条青龙冒上天"。应时应景,有情有趣,很受主家欢迎。至于唱各行各业,那是既有固定套路,又有现编新词,极为丰富多彩。如:

　　(杂货店)　锣鼓一打格昌昌,店堂百货真鲜亮。
　　　　　　　生意兴隆通四海,财源茂盛达三江。
　　(饭　店)　打起锣鼓唱凤凰,宾客满座在楼上。
　　　　　　　六碗八碟摆得巧,五味调和百味香。
　　(理发店)　锣鼓敲得响镗镗,客人进门蓬面相。
　　　　　　　理发师傅手艺好,白面书生出店堂。
　　(贺新居)　锣鼓一打格昌昌,凤凰点头看新房。
　　　　　　　向阳门第春常在,世世代代永吉祥。

顾高古镇风情录

（贺新婚） 凤凰点头报吉祥，一对新人拜了堂。
　　　　　喜结连理欢乐多，美满生活百年长。

（贺生子） 锣鼓一打响当当，令郎长得富贵相。
　　　　　琴棋书画样样精，长大必中状元郎。

（贺寿诞） 锣鼓一打响当当，凤凰贺喜来府上。
　　　　　鹤发童颜长寿尊，百岁老人福绵长。

（俞华生、顾祥元）

巧艺能工

快板专家俞言正

　　顾高地区的快板源于民间说"合子"文艺形式，以当地方言创作表演，在工匠中较为流行。一般在结婚、建房等喜庆场合表演，或短短几句，或长长一段，内容无非是祝福家庭兴旺、人口平安、子孙发达之类，切题押韵，形象生动，音调抑扬顿挫，增添喜庆气氛。革命战争年代逐渐演变成打竹板带节奏数说，有板有眼，称为数快板。民主政权和人民军队利用其形式活泼、通俗易懂的特点，赋予革命内容，开展政治宣传，效果很好。顾高民间艺人俞言正少年时便酷爱曲艺创作表演，1942 年参加革命工作后，创作出大量脍炙人口、深受广大百姓喜爱的快板作品，连同其他曲艺作品计 300 多篇，其中以长篇快板《捉虼蚤》《数子》《赵老三》等最为著名，表演上千场，并在《江淮报》《战斗小报》发表，在电台广播。他在苏中地区很有影响，几乎达到家喻户晓的程度，被誉为"快板专家"。《扬州曲艺志》对其有专章介绍，《泰县志》全篇专载其代表作《捉虼蚤》。

捉虼蚤

说虼蚤，道虼蚤，说起个虼蚤真不好，
虼蚤真讨厌，它在人身上块块咬，
裤子肚里它也攻，褂子里面它也到，
被子窝里直是跳，把个人家咬得睡不着觉。
一家共老小，半夜三更点起灯来捉虼蚤，
被子才一捎，虼蚤块块跳。
奶奶气急了，拿衣裳拾，掸子扫，
满床包围捉虼蚤，才把虼蚤捉住了。
一家共老小，太太平平睡了一夜快活觉。
到了第二天，虼蚤又来咬，

奶奶这下子气急了，做一个状子去告虼蚤。

老爷听了真蹊跷，只有人家告田亩，哪有人家告虼蚤，

差差人，找乡保，乡保一听不得了，

带铁绳，扣虼蚤，叫小车，推虼蚤，

推到龙窝口，叫轮船装虼蚤。

大家一听好发笑，世界上哪有这样大虼蚤。

不说快板就拉倒，不要胡说又八道。

嗨！

告诉你们听，告诉你们瞧，

虼蚤真不少，虼蚤真不小，

哪个地方有虼蚤，哪个地方不得了。

蒋介石老强盗，他把停战协定来撕掉。

发动打内战，他在人民头上动枪刀，

梦想消灭共产党，发动大规模清乡扫荡又会剿。

一九四六四七年，泰州姜堰处处地方驻虼蚤。

那些反动派活强盗，拉夫子，筑碉堡，

害得老百姓连路总不好跑。

天天一大早，下乡抢粮又抢草，

害得老百姓，挨了多少伤心肉头搞，

眼泪哭掉几大瓢，天天在家里朝北瞟，

不晓得解放军救命恩人，哪天上来捉虼蚤。

乡里老百姓，听说来了新四军，家家赛如看见天。

听说下乡是顽军，家家就喊没得命，

块块乱打枪，块块乱敲门，吓得老百姓，三魂少二魂，

大伢儿吵，细伢儿哼，摸不到裤子摸不到门，

摸不着洋火摸不着灯，这种日子急煞人。

它把个老百姓，捉到姜堰、泰州城，

上等铺，请你困，吊住你两只手，头脚往下环，

弄得你舌头舔屁股，做得小鬼来抬轿，

屁股后头薄屎往外冒，这种苦头吃不消。

还有个中等铺，名字就叫老虎凳。

砖头一垫疼煞人，十成命，送九成，

做得你不晓得天多高地多深。

狗日的遭殃军，活像杀神下凡尘，

他逼住招新四军，乡长干部住在哪一家哪一门，

他的死人哭丧棒，对准我的脑勺门，

我喊一声不承认，他就紧紧我身上的绳。

我牙一咬，眼一睁，你是我的对头星，

新四军是我的心上人，你今天杀掉我一个，

我后面还有成千上万人。

你们不是娘养的，你们不是中国人，

你们到后来死无葬身地，没有哪个去替你做坟，

你只好是狗子嚼是狗子啃。

你家美国干老子，不找你一文，

请问你们这些狗日的，你们是些什么倒头中央军。

哎呀妈，哎呀爹，

哪怕我的倒头家私同他平半分，只要饶饶我一个人。

还有个低等铺，挖地塘，来活窖，

不晓得这些日娘的学的外国哪一套。

老百姓在家瞭，只望恩人来捉屹蚤。

好好好，那一年（1948 年）十一月十三一大早，

解放军包围姜堰捉屹蚤，外面工事做好了，

号兵吹起冲锋号，机枪大炮齐张口，打得敌人如鬼叫。

没多时，揪得好，

萃丰圩子里面是大屹蚤小屹蚤，一个不曾跑得了。

只有符学才，活强盗，到顶了死不肯把枪缴，

哎呀好，被我们解放军捉住了。

姜堰一解放，泰州不得了，

丁作彬那个活强盗，快坐汽车马上逃，

逃归逃，不该炸掉万福桥。

《扬州曲艺志》"俞言正"条目

腊月二十三一大早,泰州城解放了,

五星红旗城头飘,满街的标语和小报。

城门口贴下安民榜,男女老少呵呵笑,

敲锣鼓,放鞭炮,欢迎新四军把泰州到。

老头儿笑得胡子直是翘,

老奶奶瘪咀一瘪呦呦呦呦直是笑,

小宝宝,笑得双脚跳,

乡里老百姓,不晓得来了有多少,

带钉耙,带铁锹,来到泰州姜堰扒碉堡,

填壕沟,窖虼蚤,庆祝胜利演活报。

泰州解放十几年,市场建得多么好,

那条坡子街,都是水泥浇,

二面浇起人行道,二面的洋房多么高。

要得日子过得好,大家齐心捉虼蚤,

打到台湾去,活捉蒋介石,把些虼蚤都捉掉,

让我们子子孙孙,代代世世日子来过好,

这就叫个捉虼蚤。

(俞华生)

篮筛席匾巧编成

从事竹篾编制的人称为篾匠。顾高地区过去几乎家家屋后都有一片竹园，故篾匠成为分布较为广泛的工匠之一。其工具比较简单，一把篾刀、一把小锯子、几根小别刀（针）。做精细品还有刮刀、拣刀（设有各种宽窄不同档口的专用削篾工具），能用篾竹制作簸箕、竹篮、竹筛、凉席、凉匾、簸箩等农用、家用物品。一些手艺精湛的能工巧匠还能将竹子细加工后，制作一些小巧玲珑的竹制工艺品，如针线匾、小花篮等。

竹篾器物

一些粗制品如扛篮、六角篓儿、四方篓儿等制作较为简单，砍下竹子后，根据用料长短锯成段，用篾刀剖开竹子，劈去内篁，取青篾，篁篾可编在腰部，底部用 3 根厚竹片撬住，比较硬实。再用 4 根比较厚点的篾片对称穿在两边，兜住底部，上部像编辫子似的编成提手，就算成了。一个手艺好的一天可做两三只，大的可用于挑猪草，装山芋、芋头等，小的可用于挑菜、洗菜等。

一些细制品如凉席、凉匾、针线匾等，制作工艺较为复杂，要用篾刀一

芦庄村竹篾工坊

层一层地劈出篾片、篾丝，还要用刮刀刮去上面的毛刺，使之光滑，手感舒适。做凉匾时，需备毛竹口条、毛竹片、藤条片，待内层编好，嵌在篾片编的外层上，周边的粗篾片用火熏后折弯向上，用篾丝收起，夹在口条中间，用藤条片收扎，间隔一寸左右扎口条上下口两圈后扎在编丝上，匀称美观，待扎好，再用一条嵌条嵌紧内胆，连住口条，使内胆平铺靠实。

打凉席比较讲究。除了篾片薄、宽一致外，特别讲究刮功，刮得连竹节的痕迹都不易发现。编织好之后，四周还要用毛线粗的绳子编在篾内，用以收口。一些讲究的人家在打凉席时，还将篾子放在锅内煮，同时配上一些植物的叶子，使篾子上色，如紫苏草经煮后，篾片就成了紫绛色，再用工艺编制出图案，显得很美观。

做针线匾更为精细。要用3种不同颜色的细篾片、细竹丝、小口条、藤条丝，编制时将上色的篾片错开使用，用小别刀（针）挑、压，挤紧压实，做到既细又匀，图案很为精致，然后将外壳上边夹进藤条，编收后嵌进内胆，一个小巧玲珑、精致美观的针线匾令人爱不释手。直至现在，仍有人喜爱竹编器具，一为方便实用，二为寄寓乡愁，竹器更符合绿色环保理念。2021年，芦庄村成立了"竹篾工坊"，聘请村里老篾匠对有学习兴趣的年轻人进行竹编技艺传习。

（顾祥元、窦亚平）

箍桶本是圆料匠

　　箍桶匠也称为圆料木匠，主要从事箍水桶、澡涌、洗脚桶、粪桶、马桶等圆形、椭圆形木器的工作。

　　箍桶是一门独特的技术活，用料多为杉木，按所箍桶的大小截取长短符合要求的木料板，经锯、刨、凿、磨等工序加工成一块块边缝角度精准的木板，逐块以竹钉连接拼装成桶壁，底部约 2 厘米高处有凹线，装上事先做好的桶底，用铁丝绞成 3 股后，再用巴箍（铁制的特殊工具）巴住铁丝箍，用锤或斧头把铁丝箍击进、箍住桶底，桶腰部加一道箍，箍紧桶体。各种水桶设置有差异，比如，担水的桶（俗称大亮子）两对称的耳子上就要凿有暗洞，用一根横梁连接，便于用绳子或水钩担起，又便于用手把住，将担的水倒进水缸。而粪桶只在两耳上凿穿小洞，用于穿绳子担起。一些比较讲究的人家对陪嫁姑娘的马桶、洗脚盆用铜箍，而且桶箍好后，都要用桐油涂油一遍，增强耐用性。

　　现在，这项技术已鲜见，因为广泛使用的塑料桶代替了木桶。但近年来，许多家庭又兴起使用木制大浴桶、泡脚桶，有善捕商机的工匠，如塘桥的夏国珍，就专业生产浴桶、泡脚桶，使箍桶这一老技艺、老行当显现出新的生机。

（顾祥元）

木雕高手申圣才

　　木雕是从木工中分离出来的一个工种，属于精细木工，木雕佛像是木雕行业中的一个重要类别。顾高镇塘桥村的申圣才，自高中毕业后便继承祖传技艺从事佛像雕刻工作，成为申家木雕第四代传人。经几十年的实践探索，他把佛教文化和雕刻技艺有机融合在一起，雕出的佛像形神毕具，达到很高的艺术水平，曾连续多年参加姜堰市民间艺人绝活表演。顾高木雕佛像技艺列入姜堰区非物质文化遗产保护项目，代表性作品有上海龙华寺弥勒佛像、苏州寒山寺四大金刚像等。

　　申圣才木雕佛像用材以香樟木、檀香木、红木等名贵木材为主，这些材料质地细密光润，坚韧耐刻，且有香味。所用工具有锯、刨、斧、凿、刻刀、锉刀、砂纸、比例尺等。

顾高木雕

其工艺流程如下：

锯木。根据雕刻件大小而定。

拼料。将部件形状拼合，如头部就分为面部、顶部、后脑及双耳等。

打榫。要求精准，作用于各部件之间的衔接。

出细。榫接成形，要求衔接部位接缝细密吻合，特别是手指和脚趾关节的衔接。

打磨。用锉刀锉掉毛刺，使其光滑，为精刻精雕做准备。

精雕。对佛像的表情神态、动作、形体、服饰等进行精雕细刻。

再打磨。用砂纸细磨，使佛像表面光泽，栩栩如生。

修整。对前几道工序再进行细微的修补整理。

上色。对佛像施设底色。

贴饰。对所雕佛像进行角色对应的色彩修饰以及贴金镶银装饰等。

（徐骅）

锤錾叮当打磨忙

石磨是传统用以磨面粉的工具。石磨分为上下两扇，下扇固定在底座上，中有轴心向上，上扇周边对称布有 4 个扣眼，用以拴绳扣，用木棍撬住绳扣使力推或拉，让磨子上扇转动起来，将铺撒于两扇之间的粮食碾压磨碎。上扇石磨的中央有一磨眼，用以往夹层中灌注粮食，一般要在磨眼中插上筷子，调节粗细。为增加两扇之间的摩擦力以加快磨粮的速度，要在上下两扇的咬合面錾凿出齿槽。石磨使用一段时间后，磨齿经磨损，就显得不"快"了，需要重新錾刻加深齿槽，这叫作"打磨"，专门从事打磨职业的人就称为打磨匠。旧时，顾桥就有兄弟五人都是打磨匠，那是为了生计。

打磨的工具不复杂，一把铁锤，几把粗细不一的錾子，粗的打磨肚，细的打齿纹。上下两扇的齿槽纹路呈反向，均匀排布。打磨的时候，以铁锤击打錾子，在磨石上点点移动，讲究耐心、细致，对力道的掌握要拿捏得当，凿出的齿槽要间距一致、深浅一致。随着锤子的上下起落，叮当声响处，火花四溅，石粉飞溅，所以，打磨匠一般不在屋内，多在屋外树荫下进行。随着錾子在一道道磨齿间移动，打磨匠也要不停地移动座位，并要逆风而动，以利石粉吹散，同时也要对口鼻进行防护。尽管如此，十个打磨匠起码有七八个有矽肺病。

随着科技的不断进步，石磨逐渐退出历史舞台，成为一种非物质文化的展具。

（顾祥元）

再忆当年机杼声

　　织布匠又称机匠,用木质的织布机将农户用家纺的棉纱和家绩的麻丝织成棉布或麻布(俗称夏布),统称家机布。

　　织布机分为机架、脚蹬、拉杆、机扣、梭子、腰带、坐凳几部分,各具功能,彼此相连。织布前,机匠须先将经纱顺理好呈滚筒状布,存于织布机的上端,将纬纱按一个个纱锭过装好备用。开始织布时,要将所有经纱的头穿经机扣编好头结,然后蹬动脚蹬,驱动拉杆,连动机扣的上下交错,使装了纱锭的梭子在机扣的上下交错中左右穿梭,让经纱和纬纱根根交织并在机扣的撞击下拼紧连接成为布,这个过程比较复杂,考验的就是机匠的眼疾手快:脚要蹬,双手要推、接,腰要晃动,双眼要不住地扫视穿行的机梭。每织出约一尺布,就要用蹦卡子卡住布的两边,不让其收缩;每织五六寸布,就要向机匠腰前的布捆上收卷。一般来说,从布经纱开始,到一机布织完,需10天左右。有几户合机,机匠就要在几家吃饭,由于经济条件不富裕,款待机匠舍不得花费,多以鸡蛋、百叶、蔬菜为主,故有"请木匠,约瓦匠,没得哪家称肉打酒待机匠"之说。织布时,会有纱末弥漫室内,而机匠呼吸时会吸进纱末,对身体健康产生一定的影响,因此机匠织布也要加以防护。

　　现代纺织技术高度发达,机匠织布行业几乎绝迹,当年回响在村庄院落的扎扎机声,只存在于越来越远的记忆中了。

(顾祥元)

穿犁插耙有讲究

犁，是农耕的主要工具，木制，由犁辕、犁弓、犁稍、犁头、扶手几个部件组成。

穿犁，是一件技术性很强的木工活。犁辕较长，有四尺多，且讲究要有一点"弓势"，前端有一横扣，用来系绳。犁弓部位较为复杂，有两根竖材连接犁辕、扶手和犁稍，全是凿眼穿插，榫卯相合。扶手（又称犁梢）部分讲究下粗上细，微上扬，便于手扶。犁稍部分在犁的底部，用料坚实、细腻，朝前的部位有一"犁尖"，用来套装铁制犁头。犁头是用铸铁和混合钢浇成，上置犁耳，与犁头同样质料，呈规则状弧面，犁地时，泥土随弧面向右侧翻卷，达到松土的目的。

现在农民耕作，大的地块用拖拉机，小的地块用铁制手拉犁，传统的木制犁已为鲜见，只在一些村史馆作为老物件陈列以供观赏。

耙，农耕时代不可缺少的大型农具。耕田耙地，先耕后耙，如需将土碎细，就得用耙才合算。耙整体呈矩形，木质，横长竖短，横桄上插耙齿，短梁上端开栓孔，穿绳与轭头相连，轭头架套住牛肩。耙齿是锐利的刀状铁器，牛向前走，耙齿切开大土垡，大块变小块，土地渐平，便是耙地。插耙技术含量很高，考验长料木匠师傅的手艺。具体制作程序如下：

整材料。其间，做好两件事：一是择料，选用上材为柞、栎、檀，木质坚硬耐磨；次等材为桑、榆、楝；二是择日，选好日子，逢双日，还要燃香敬天地。开工之日，首先将选定之料锯成两根长料（各 1.6 米）、两根短料（各 0.8 米，一端弯曲）。

定尺寸。长料的木工师傅特讲究尺寸关口，行话称"闹线"，插耙闹线，两支大桄非常重要，一样规格，但线脚不同，前桄 7 条线脚，后桄 8 条线脚，所以叫"木匠插耙——七上八下"。闹线的难点在于上下两行耙齿不共线，各自的耙齿间距必须等分，并且下行的齿定要对准上行耙齿间的中点，形

巧艺能工

· 135 ·

成规格一致的"耙齿档儿"。

做榫卯。横桄上做榫,竖梁上凿卯眼。榫好做一些,看用锯的功夫;凿卯眼的线脚在竖梁的上下两处,用凿子凿"半眼",不穿透,深度与榫的长度保持一致,能做到投榫合缝、木木相靠,这需要很精到的技术。竖梁上端开穿孔的眼更难,因此处呈弯势,难以固定,非老到的大师傅难以完成此道工序。

插耙齿。耙齿与斫骨的刀差不多,根部上收下分,剖面呈三角形,很利于耙齿的稳固。插耙齿前,先在桄上按线脚开槽,槽的空间大小与耙凿根部形态保持一致。开槽用扒锯,师傅开个头,徒弟接着做,锯子斜着用力。然后再用小凿子将槽中的木头凿掉。耙齿随即插进既定位置,接着把预先做好的塞木插进槽中,木铁相依相靠,扳摇不动。

最后,桄上梁。将两根横桄上的榫和竖梁上的卯试样对准,平放于地。主家将一大盘热气腾腾的馒头供上前,行敬拜地神仪式。大小徒弟分列两端,轻轻举斧吆喝平衡用力,榫入卯眼,师傅居中说"合子",主家放鞭炮,就此完工。

(顾祥元、窦亚平)

修锅锔碗兼补缸

修锅匠的担子一头是风箱、小炉子，一头是工具箱和无烟煤块、生铁碎块。修锅匠不但会修锅，还会锔碗、补缸、浇铸犁头，西芦村的凌荣伯就是这方面的传人。

补锅前，用碎木燃火放到炉子里，然后加上无烟煤炭，炉子连上风箱，用手拉，不停地向炉子里适量鼓风。在茶杯大小的陶质坩埚里放入碎生铁，将坩埚放入炉中。待炭火渐渐泛青，向坩埚内加入白粉状催化剂。不多时，坩埚里的碎生铁化成了铁水。在化铁水的过程中，修锅匠将坏锅的沙孔裂缝轻敲打磨，清除铁锈、油污。然后，将锅摆平固定好以利工作顺手，一手捏住盛放了草木灰的窝状布垫，另一手用陶土做成的指甲盖大小的小勺子，从坩埚里舀上一勺铁水，倒在垫窝里对住沙孔裂缝，从外部往里顶，里面用一根长10厘米、粗1厘米左右，顶端修成凹状的布棒顶住穿过来的铁水，里外平衡用力，待铁水凝固后，慢慢将布垫和布棒移开，这样，锅的沙孔就

修 锅

被堵住了。如沙孔不止一处、裂缝较长，则需再次乃至多次修补，以致损坏处留下长长一串"铁疤"。铸犁头要先将磨秃的犁头尖用小锤子敲下来，再敲成碎片，加些碎生铁装进坩埚里，放在炉子里熔化，把熔化后的铁水倒入犁头状的模子里，将敲掉犁头尖的秃犁对准角度迅速插入模子里，待冷却后将新铸的犁头用锉刀锉去铁渣、毛边，新的犁头就算铸成。铸犁头时，修锅匠手脚要快，如果速度慢了，铁水稍一凝固，犁头就接不上了。所以，老百姓有"趁火浇犁头"之说。如果有人家要补锅、铸犁头，一定要凑足数量，因为需要生炉子，用煤炭化铁水，补一两口锅就不划算了。

锔碗是工艺性较强的运作。先在碗的裂缝的两边用金刚钻打眼，瓷器易碎，因此，在破碗上打眼时需特别小心。须根据碗的大小使用不同规格的钻头。然后将事先做好的铜质或铁质锔钉（如遇大户人家高档瓷器也会用银质锔钉）嵌入打好的眼中，再用小铁锤轻轻敲打露出的锔钉尖儿，使其与碗面适当齐平。最后，在锔钉和裂缝处涂抹具有黏性的腻子，工序就算完成了。补缸和锔碗差不多，只是腻子不同，补缸的腻子是用卤水和生铁粉调成的，俗称"盐生"。补缸不需要像锔碗那么细致，一般情况，都由不满师的徒弟做，师傅在现场指导就行了。

（顾祥元、窦亚平）

行走天下独轮车

　　独轮车，俗称小车子（上河方言又叫三车儿），离我们视野已日渐远去。但在漫长的历史长河中，作为农耕时代的主要交通运输工具，独轮车曾经发挥过极其重要的不可替代的作用。

　　据考证，独轮车的起源是木牛流马，为三国时期的蜀相诸葛亮发明。因是独轮且形体较小，无论在崎岖山路，还是在狭窄小道皆可通行无阻，故在交通不便的古代得到最广泛的应用。独轮车是一种非常精湛的木工工艺产品。它通过车轮子与车辕条之间杠杆原理发挥圆周率的作用，把负载的重量压在车轮上，再利用车轮的滚动，减少运动的阻抗力，以减轻操纵者的负荷。一个成年人用一部独轮车可推运 250 ～ 300 千克物品，一天走上百里路程。

　　独轮车的主要结构由辕条（推车手柄）、小脚儿（停车撑脚）、端板（连接两辕条的横板）、边丝（弧形边框）、牛棚（木车的主要骨架）、车头（俗称猫儿

独轮车

头子)、车耳(承放车轴)、车轮所组成,车身长 5.8 尺、宽 3.2 尺,车头长 1.7 尺。用户在选好木匠后,木匠必须选好料,打车木料一般只用槐木、柞木两种,因为这两种材质强度硬,在制作过程不易变形和开裂。有经验的木匠能根据小车用料,计算好一棵树能出车上的哪些料,通过尺量后,看能否充分利用全树,用这棵树是否合算,有不少制成的小车被称为"一棵槐"或"一棵柞"即源由于此。车轮是用狗骨树(学名乌桕)木打制,由 6 块网板、12 根幅条组成,圆周长 2.7 尺。车辆制作后,在辕条与边丝之间用竹丝编成的绳子加固起来,使车载重后,车身不易晃动。另外对车轴心选用也十分重要,因为轴心是穿入车轮承受重量关键部位,一般选择檀木,檀木车轴不但经得起磨损,同时,会在车走动时发出"吱吱昂昂"的清脆响声,悦耳提神,这是每个用户都十分喜欢的,如不响,用户心里就不愉快。车子制作后,还要配车辫子,车辫子作用是搁在推车人的肩膀上,担起车辆行走,以减轻两手和双臂的负担。为了使车辫子经久耐用,一般都是用布条、粗麻编织而成。讲究的人家还编一些红布条进去增加喜庆色彩。整个车制好后,主家还要放鞭炮,以示平安吉祥。除普通小车,还有一种特别精致的小车,这种车主要是大户人家或是为专门接送贵客、接新娘的专用小车,在制作结构上和普通小车差不多,主要区别在牛棚两侧,用木板制作,上面雕刻各种飞禽走兽,在辕条和猫儿头子(车前板)刻上花纹,在辕条两端把手部位还要裹上一层铜皮。新车制成后,用桐油将整个车身刷上几遍,使之美观亮眼。在全面实现农业机械化之前,独轮车长期存在于农村的生产生活中,当然这之中也有一些演变,如到 20 世纪 70 年代后,车轮一般都改成了橡胶胎盘。

独轮车用途十分广泛。首先它是干农活的好帮手。收获期间,粮、草从田头到场头靠它运送;耕种期间,往农田运送肥料也多半靠它。不过根据运送物的不同,车辆也要随之加设附属器具:收获粮草时,一般将其堆放车棚两边用绳捆紧就行;运大粪时,在车两边各绑一个粪箱,粪箱也是木料制成,椭圆形,上面有木盖,防止粪汁外泄;运灰肥时,车两侧各捆一个灰耙,灰耙由小竹竿或棘棵编成的,形状像簸箕,以兜住灰肥。其次可以载人,多用于接新娘和接送贵客。过去有钱的人家结婚都用轿子抬,一般庄户人家用小车子,在车上绑个车椅儿迎亲,左边坐新娘,右边是嫁妆箱包,车中间挂上大红花。迎亲一般租用专门豪华小车子。家有贵客上门、男女谈婚论

独轮车

嫁请媒人都必须用小车子接送。农户砌房子或老人过世,请风水先生也必须用小车子接送。每逢走亲戚赶庙会,如果路途远,孩子们走不动,大人还用小车推他们去,一部车上可坐三四个小孩。租车迎亲送人时,要包个红包,一般是 20 文钱,即两个铜板,多的 4 个铜板。20 世纪 50 年代后,租金涨至 0.5 元乃至 2 元、5 元不等。再次,长途运输。在旧时代,城里及州府长途运输使用马车拉,县城以下一般都用小车推,例如乡下店铺大的商户专门雇员推车运送货物,小商铺也隔三岔五请人或雇员送货。有些大户人家和粮贩子收集粮饼多了,就专门雇佣十几部乃至几十部小车送货,组成长长的车队,打着号子一路向前。雇员一天工资报酬,根据个人的需要,养猪的给一块豆饼,缺粮的给一斗高粱或小米。二十世纪五六十年代,大小队送公粮时,也组织几十人车队送公粮,十分热闹。最常见的是老百姓卖猪子,春天家家根据家庭人口状况买苗猪 1～6 头,到年底养壮出售。养一头猪的,出售时,车一边绑猪子,一边坐长辈或老婆压力,以保持平衡。猪子多的则要请人帮忙送猪子。老百姓卖猪时都很高兴,这是一年中最大收入,一般猪卖掉后,为老婆孩子各买几尺布料做件新衣裳过年,给老人买两件保暖衣物,顺便带点年货。每户买猪的都称几斤猪肉,招待帮助捉猪、送猪的人,顺便请一下村组干部。一年忙到头,聚一聚,喝点小酒。

在近几十年中,独轮车曾发挥过特殊的历史作用。解放战争时期,在著名的淮海战役中，成千上万老百姓用小车源源不断向前线运送各类物资，保障了战役的胜利。陈毅元帅后来感慨地说，淮海战役的胜利是老百姓用小车推出来的！在百万雄师过大江时，为支援解放军打过长江去，老百姓组织支前队，用小车送粮送物，运输队伍从姜堰一直到江边源源不断，像一条条游动的长龙，前后达好几个月时间，真可谓车流滚滚、人潮泱泱，其中出现过许多可歌可泣的感人场面和事迹。

新中国成立初期，党和国家大兴治理河海工程，特别是治理淮河，整个苏北地区都被动员起来去参加这一浩大的水利工程。当时每个大队都抽出几十辆小车前往治淮工地。在 20 世纪六七十年代，农村大搞平田整地活动，几乎每户、每个劳动力，包括老人和小孩都参加过平田整地。当时任务都分配到户，大家都用小车推土，有的农户没有小车，就等到晚上下工后，借别人家小车，点上油灯到田头连夜大干。几年下来，每个乡镇都平整土地上万亩，从而彻底改变了农田的面貌，实现了旱改水。

历史的车轮滚滚向前，时代的发展日新月异，在大小汽车、电动车遍及城乡的今天，木制独轮车已成远去的历史，但它在悠久岁月中留下的印迹是不可磨灭的，它与我们曾经的一路同行是永远无法忘却的。

（宋子章）

群英壮谱

烽烟岁月见峥嵘，铁血豪情大纛红。

党政军民多壮烈，群英谱上载勋功。

薛衡竞三打顾高

薛衡竞（1904—1930），又名薛文，江西宁冈县人，参加过秋收起义。1927年被中央苏区派往上海，加强中共江苏省委军事工作。1929年10月受中共江苏省委派遣来蒋垛地区负责如泰红军工作，代理中共泰县县委书记。

薛衡竞到来之前，如泰工农红军刚刚于8月28日成立，编入红军100多人，有长短枪80余支。薛衡竞到来后，对这支部队进行了整编，整编后为一个大队，下设两个中队，薛衡竞任大队长，于威、戴奎任中队指挥员。红军成立后，不断攻击恶霸地主庄园，屡战屡捷，队伍不断扩大增强。当时的顾高庄大地主庄园多，又是姜黄线上的重镇，庄四面环水，只有几座木桥和土坎通往庄内。顾高庄的几个大地主置办枪支，从山东、安徽等地雇了一批地痞、流氓组织了"保卫团"，私设监狱，欺压百姓，对抗革命队伍。

1929年12月18日，薛衡竞率如泰红军第一次攻打顾高庄，歼保卫团，缴获了部分枪支、弹药。国民党泰县县政府增加警察、保安队至顾高设防。1930年1月18日，风雪交加、天气严寒，薛衡竞率如泰红军大队决定利用恶劣天气，趁敌人麻痹大意时夜袭顾高庄。由于红军出其不意、攻其不备，战斗很快顺利结束。共俘敌40余人，缴获小炮1门、手提机枪3挺、步枪38支、子弹数千发。薛衡竞执行红军宽大俘虏政策，俘虏中除12人愿意参加红军留下外，其余全部释放。

顾高庄遭红军两次攻击后，国民党泰县县政府进一步加强设防，除派省保安团进驻外，县警察队就派驻103人，比泰州城内还多43人。他们以此为据点，遏制赤卫队、红军的活动，镇压群众运动，搜捕共产党人。是时，全国工农红军和革命根据地发展很快，至1929年底，如泰地区的红军游击队和农民自卫武装已发展到2000多人。

1930年4月3日，根据中共中央决定，宣布正式成立中国工农红军第十四军。中共江苏省委先后派何坤、徐德、黄炜等熟悉军事的领导干部来加强

群英壮谱

薛衡竞

部队工作。任命何坤为红十四军军长，特委书记李超时兼政委，薛衡竞为参谋长，余乃成为政治部主任。4月24日，红十四军军部决定由薛衡竞率1师一部第三次攻打顾高庄。这次因敌人兵力强、武器好，激战两小时未克。加之黄桥、蒋垛等地的国民党保安队增援，红军即停止进攻，撤出战斗。部队撤至泰兴横垛时，同黄桥来增援的国民党江苏省保安三团遭遇，部队受前后夹击。为掩护大批人员转移，薛衡竞亲自率队断后阻击敌人，战斗中身负重伤，牺牲于横垛东刘家桥。

（俞华生）

七英烈宁死不屈

1928 年夏,沈毅创作的《醒农歌》在如泰边境群众中广为传唱,农民运动风起云涌,打土豪、分土地的斗争日益高涨。中共党员申佩元、张良中(二人均为泰兴县申庄人)来顾高复兴庄一带传播革命理想,发展党员,组织暴动。复兴庄东侧有一个叫窑上的庄舍,仅有 23 户贫寒的农家,老少 110 余人。这些"窑上花子,鞋子无帮,裤子无裆",穷得叮当响的贫苦农民早就盼着有个出头之日,听说来了带领穷人闹翻身的共产党,就如同久旱逢甘雨般地兴奋。其中有 8 个农民兄弟最为积极和勇敢,秘密加入了中国共产党,并成立了临时党支部,确定王盛高和宋裕仁为党支部负责人。他们满腔热血,夜以继日,走村入户积极组织赤卫队,并与夏庄、复兴、野庄的 3 支赤卫队实行"大联合",开展声势浩大的打土豪、筹军饷、烧债券的革命活动,闹得红红火火,势如破竹。附近官垛、王石一带的豪绅惶惶不可终日,像热锅上的蚂蚁急得团团转,他们暗中勾结,组织"民团",与赤卫队对抗。

1929 年冬,林家荡一户姓韩的豪绅慑于赤卫队的威力,大耍"两面三刀",第一天派人到王盛高门上点头哈腰打招呼,"服从命令交军饷",第二天又阳奉阴违耍赖皮闹反悔。为了惩治他,农历除夕前一天夜里,王盛高组织 12 名赤卫队员夜袭韩家。由于狡猾的韩家暗中有备,赤卫队的这次夜袭未能成功,且有一名赤卫队员被抓去。几天后,1930 年 2 月 3 日凌晨,王长义等人兵分三路,飞奔西芦、翟庄、夏庄等地,迅速组织 100 余人的赤卫队,带鸟铳、土枪再次攻打韩家,迫使韩家交了 600 块大洋,并放回了上次被抓的赤卫队员。韩某怀恨在心,于当年 6 月 10 日,在国民党军警支持下,带领"民团"对赤卫队进行了疯狂镇压,放火烧了王长义、王盛高、宋裕仁三家 10 余间房屋,并将王长义、王盛高、王盛善、王荣祥、宋裕仁、宋裕义、陈金山等 7 名党员,抓捕到前王石沟的一个祠堂里。"民团"分子用烧腋窝、上踩棍、十指钉竹签等酷刑逼他们交出上级和"同党",7 名党员咬着牙一句也不说，次日上午均被杀害于夏庄北野的荒田里。临终之前，他们挺起胸膛齐声高呼"中国共产党万岁"，从容就义。

（史料提供：宋明忠、王盛朝、宋正江

核实整理：顾书林、王荣喜）

李荣根严惩土豪

1929 年春,如泰边境地区在中共南通特委领导下,"打土豪,闹革命"的农民运动如火如荼。这年的元宵节后,东野庄、西野庄、前野庄组织起近 200 人的红军赤卫队,李荣根被选为支队长。赤卫队当时只有大刀、火铳、鸟枪等武器,便下令土豪劣绅每户捐 300 块大洋,购买枪支。少数豪绅被迫捐款,多数拖延观望,有些则公然对抗。东野庄大地主张如贵甚至购买枪支,组织家丁武装护院。为了打击地主的嚣张气焰,一天夜晚,李荣根率赤卫队突击围攻张家大院,张如贵一家惊慌失措仓皇逃窜。王石沟大地主曹金钊横行乡里,7 个儿子,人称"七虎",老四"四小虎"竟然用铁叉戳伤前来催缴捐款的赤卫队员王某。李荣根怒火大发:"那还了得!"随即率领 130 多名赤卫队上门予以迎头痛击。曹家"七虎"手持刀叉棍棒,驱使两条恶狗扑向赤卫队撕咬。李荣根英雄虎胆毫不避让,手起刀落,狗血四溅。冲在最前面的"四小虎"被赤卫队当场击毙。不可一世的曹家父子顾不得万贯家财,狼狈逃窜。这一下打出了赤卫队的威风,从此,四乡八镇的土豪劣绅闻之丧胆。

1930 年春,邻近的尹庄、大丁、三周、西高庄一带的农民也组织起来了。大丁庄的大地主孔庆一、孔庆月仗着财大势大,养了 4 条恶狗看门,还磨了 3 把锋利的铡刀,放在大门口,扬言"谁敢上门就铡谁"。李荣根下定决心再啃这块"硬骨头",便组织若干赤卫队员,每晚悄悄地埋伏在孔家门前,等待时机。一天晚上,孔家兄弟俩送客出门,大门刚开,10 多个赤卫队员一拥而进。孔氏兄弟被抓获带走,限令一个月内交出捐款,兄弟俩交出 600 块大洋。

李荣根的名声越来越大,土豪劣绅慌了神。江村大地主钱述先和岭家大地主段荣林,暗里勾结各庄地主,购买枪支弹药,组织"民团"武装对抗,并推选段荣林当团总,企图镇压红军赤卫队。当年秋季的一天,红军赤卫队兵分两路,一路由李荣根率 100 多名队员由野庄出发,经翟庄、缪野、杨家桥迂回包抄至岭家；另一路由经济委员李富礼带领 100 余人，由西野庄直插岭家。傍晚时分，两路人马汇集，把段荣林庄院围了个水泄不通，火铳、鸟枪及装在火油箱里的鞭炮声连成一片，"打倒土豪劣绅"的呐喊声惊天动地。段荣林新组成的"民团"一触即溃，相隔仅 3 里的江村"民团"被以李荣根为首的赤卫队的声威镇住，眼看着段荣林的庄院被捣毁，却不敢离自己的老窝一步。

（史料提供：孔令宽、孔繁广、孔奇金、高金余
核实整理：沈同林、周荣官、顾书林）

宋正和制服恶霸

顾高镇东北角原桥北野是个偏僻的自然小村庄。新中国成立前 30 多户人家多为贫雇农，全靠为地主家打长工或种租田谋生。只有一个叫宋福才的大户，有八九十亩土地。这家人刁钻刻薄，为富不仁，横行乡里，欺压百姓，是当地一大恶霸。每到春荒青黄不接之季，穷人家的孩子到他家地里挑点儿野菜回家充饥，只要被宋家人发现，不是在田里抓到打骂，踏坏篮子，扔掉小锹，就是找上门来气势汹汹索要赔偿，并扬言叫嚣："谁再来挑野菜踏坏庄稼，就打断谁的狗腿！"穷苦人敢怒不敢言，对他恨之入骨。

1938 年夏，宋福才家的油坊里被窃 500 多斤黄豆，他疑三惑四，无凭无据猜测系本庄穷人联合所为，便兴风作浪，雇用芦庄两个"小土匪"，耀武扬威在全庄挨家逐户里里外外搜查，闹得鸡飞狗跳，人心惶惶，怨声载道。结果一无所获，狼狈收场。宋家的横行霸道激起穷苦农民长期以来积压在心头的愤恨。25 岁的穷苦农民宋正和平时在村里仗义执言，为穷人讨公道、抱不平，敢作敢为，深得村民拥戴。他见宋福才家如此蛮横，怒火万丈，便连夜找来王荣宽、王盛金、宋明忠三个穷兄弟聚集一起共商计策，决定分头串联苦大仇深的群众起来跟宋福才家做斗争。第二天一早天蒙蒙亮，雾气沉沉，宋正和等人带领庄里的 40 多名穷苦兄弟手拿锄头、钉耙、大锹、铡刀等一窝蜂拥到宋家大院内，要宋福才出来给个说法："是谁偷了你家的黄豆？必须说清道明，还我穷民一个清白！"此时，群情激愤，有的拿钉耙要扒宋家屋，有的磨刀要宰宋家牛、杀宋家的猪、砍宋家的狗，有的抓宋家的鸡，有更为气愤的要卸宋家的大门。宋福才见人多势众，而且来者都怒气冲冲，人人呐喊，个个动手，吓得像没头的苍蝇不知所措，往日的威风顿时不见踪影，不住地打躬作揖，被迫接受宋正和等人提出的条件，办酒席向整个"窑上"的乡亲们赔礼道歉。请人这一天，宋家人低三下四，强作笑脸，挨户登门约请，中午 5 桌酒席上，宋福才逐席敬酒，低头认错。当敬到宋正和席上之时，宋福才举杯称兄道弟敬请干杯，宋正和扬眉吐气举杯向众乡亲幽默地嘲笑道："这真是敬酒不吃吃罚酒。"宋福才哑口无言，小腿发抖，威风扫地。穷苦兄弟们犹如过节般欢欣，连声赞扬自己身边的宋正和智勇双全。从此，恶霸宋福才再也不敢轻易在"窑上"为非作歹、横行霸道了。

（史料提供：凌福俊、凌恒圈

核实整理：顾书林、王荣喜、曹福来）

顾高古镇风情录

陈毅、粟裕顾高布奇兵

　　1940 年 7 月，新四军苏北指挥部成立，陈毅、粟裕分任正、副总指挥。7 月 25 日，陈、粟率部东进，29 日攻克黄桥，建立以黄桥为中心的抗日民主根据地。9 月 14 日，新四军攻占姜堰。为团结广大军民一致抗日、孤立顽固派，9 月 30 日主动退出姜堰。国民党顽固派、时任江苏省省长韩德勤对共产党新四军的善意不加理会，错误地认为"匪胆已寒""必不敢与我决战"。于 9 月 30 日发出密令，部署三路大军共三四万人进攻黄桥，以嫡系八十九军李守维部和独立六旅翁达部为中路主力军，分左右两翼共 1.5 万兵力主攻黄桥。决战前夕，陈毅、粟裕在敌众我寡的情况下，大胆用兵，仅以兵员不足 2000 人的第三纵队坚守黄桥，而将兵力较为充足的第一、第二两个纵队作为突击力量，隐蔽集结于黄桥西北面的顾高庄地区，由陈毅亲自坐镇黄桥与顾高之间的严徐庄掌握全局，粟裕亲临黄桥前线负责战场指挥。10 月 4 日，顽军兵分几路扑向黄桥，攻守之战打响。此时新四军奇兵突出，以一纵为主力，首先向行进中的顽军主力独立六旅发起攻击，经 3 小时激战全歼该旅。二纵则悄然穿插向东至分界，截断敌军归路，与一纵两路夹击，将敌主力分割包围于黄桥东北地区，最后，三纵也抽出力量，从黄桥镇上打出去，配合第一、第二纵加强对敌主力李守维的围歼。最终于 6 日清晨将八十九军彻底歼灭，军长李守维在渡河逃窜中失足落水淹死。黄桥决战取得辉煌胜利。

（俞华生）

徐克强浩气长存

徐克强塑像

　　徐克强（1908—1942），乳名世祥，学名开甲，原上海宝山县人。1921 年毕业于上海市立肇东小学，1926 年参加上海工人第一次武装起义被捕入狱，出狱后坚持斗争。1928 年成为共青团吴淞区委员，负责工人运动。1929年转浦东继续从事革命活动。1933 年 5 月再度被捕，被关押于上海漕河泾监狱 4 年。1937 年 8 月被党营救出狱，转为中国共产党党员，被派往国际第一难民所开展工作，任组织委员。1939 年 10 月赴苏常太地区投身抗战前线，1941 年被派往苏中三分区泰县任县委副书记兼组织部部长，主持县委工作，1942 年 5 月被地委任命为县委书记兼独立团政委，领导地方武装协同新四军打击敌人，取得一系列胜利战果。深入开展减租减息运动，发动各地群众向不法地主开展说理斗争，迫使地主照章减租。他十分重视统战工作，经常接触各界民主人士，对上门来访者，不管多忙，也要认真耐心地向他们宣传党的方针政策，开展团结抗日救亡的思想教育，这一切为改变当地斗争形势起到了重要作用。在艰苦的斗争环境中，徐克强以身作则，模范执行财经制度。冬天身上穿着一件破棉袄，比一般同志还差，却不肯按规定领一件新的。机关支部书记对他说："你还是领一套吧，你要接待客人，还要做统战工作。"他却半开玩笑说："你这个支部书记不能这么当呀，现在财政这么困难，你应该做思想工作叫人家不要换，怎么还动员人家换啊。"按规定，徐克强每月可以领 1 斤猪油、2 斤猪肝的保健费，但他一般不领，有时领一点，也是用来招待客人。他处处注意节约，给同志写信，为节约纸张，一般先用铅笔写，并要回信的同志在他寄去的信上用钢笔写，最后他再用毛笔写，一张纸用三回。

1942 年夏，日伪大举发动对苏中地区的"清乡"，与三分区其他 3 个县比较起来，泰县的斗争形势尤其恶劣，徐克强抱着病体没日没夜地工作。面临全县开展减租减息工作的关键时刻和敌人疯狂"扫荡"的严峻形势，县委确定把工作重点转到姜黄河西游击区，以支持河西的斗争，鼓舞群众的士气。徐克强经常带领警卫员到河西深入群众调查研究。6 月底，徐克强率领县委、县政府机关及县团部队挺进河西。7 月 1 日，他在蒋垛区的芦庄召开了一天的乡村干部会议，检查布置工作，晚饭后转移到缪家野宿营。次日晨，千余日伪军由西向东分三路包抄过来。面对这突然而来的严峻形势，徐克强沉着部署，他要县长栾长明带领机关大部分同志撤退，自己率县团几十人留下掩护。身为县委书记和独立团政委，他完全可以安排其他同志负责阻击，他不是不知道留下来阻击将是什么后果。但在这生死关头，他把生的希望让给了同志。敌人如狼似虎地扑来，徐克强率县团部队奋勇抵抗，一时枪声四起，吼声震天，终因寡不敌众，阻击部队大部牺牲，生存者也相互失去联系。徐克强在和敌人做了顽强拼搏之后，带领通讯员小马开始向南撤，但发现身边还有一包重要文件未作处理，如落于敌手，将会给革命事业带来意想不到的严重后果。他置生死于度外，迅速取出文件，一点一点地撕碎，但由于长期抱病工作，体力不支，要把厚厚的文件全部撕碎并不容易。眼看敌人逼近了，徐克强一边跑一边回头向敌人射击，早已气喘吁吁、汗流满面，且大口大口地吐血。通讯员小马心急如焚，提出要背徐书记突围，但遭到拒绝。徐克强自知无法脱身，他把文件包塞给小马，说："小

徐克强烈士纪念馆正门

鬼,子弹快光了,你带着文件包快走!"小马还在犹豫,徐克强毅然举起手枪,对准自己的头部扣动了扳机。小马带着文件,边哭边跑,从敌人的空隙中突围脱险。徐克强牺牲后,当地军民4000余人举行追悼徐克强等烈士大会,将徐克强、李萍等烈士棺木安葬于千佛寺古银杏树下。中华人民共和国成立后,党和人民为其修建墓园,建立纪念碑,著名书法家启功先生亲笔题写"千古流芳"碑文。2007年,姜堰市人民政府公布徐克强烈士墓园为文物保护单位。2021年,顾高镇党委、政府建成徐克强烈士纪念馆。

（俞华生）

申登让精治伤员

1942年夏,日寇、伪军集中兵力在顾高境内姜(堰)黄(桥)公路一带构筑据点,并封锁姜黄河,分区"扫荡",烧杀抢掠。县、区党政组织针锋相对,发动游击队和群众空室清野、破路拆桥,与日、伪展开了一场你死我活的顽强斗争。一天晚上,在泰县南乡享有"神医"美誉的医生申登让(顾高镇申家佴人)正在吃晚饭,突然门外有4个人用担架抬来一名伤员求治。一听说是枪伤,申登让立刻估计到受伤人准是抗日的干部战士。他二话没说,马上丢下碗筷,仔细检查伤口,发现伤员腿部有子弹在内。他动作麻利地用剪刀和钳子将子弹轻轻地取出来,然后消毒、上药、包扎,把伤员安顿在自家后堂屋里养伤,观察治疗,前后忙了一个多小时,累得大汗淋漓。接着,他又招呼4名抬担架的战士说:"伤员由我来负责,你们赶快转移。"随后,他又以严肃的态度关照学医的徒弟,"伤员在此养伤,决不可透露半点风声。"此后一周内,申登让借口身体不适谢绝所有门诊,悉心照料伤员,早上煎鸡蛋,中午煨鸡汤,大小便亲自动手接。在他的精心治疗护理下,这位负伤的区干部很快康复归队。

1947年秋季的一天,顾高情报站站长蔡仪岭与芦庄据点的地主反动武装"还乡团"遭遇。战斗中蔡仪岭颈部中弹,倒在血泊之中,生命危在旦夕。家人发现他尚存一丝气息,便立即抬回家里,并连夜赶到申家佴恳求申登让医生出诊。当时国民党反动派实行白色恐怖,给共产党人治病要冒杀头的危险。但申登让心中拥护共产党,情系英勇作战的战士。于是他毫不犹豫,不顾安危,立即收拾药箱火速赶到蔡家精心治疗,守护在伤员床前整整两个昼夜,直至第三天伤员完全苏醒。此后六七天内,无论刮风下雨,申登让连续坚持每夜步行3000米,来给伤员打针换药。为了尽快治好蔡仪岭的伤,申登让对蔡的家人说:"把伤员送到我家去，一切都由我来负责。"这样，蔡仪岭又到申登让家治疗 21 天，直至完全脱险。

（史料提供：申厚祥、陈金、申厚勤、顾银春

核实整理：顾书林、王荣喜、叶国林）

顾高古镇风情录

俞坚革命舍家身

俞坚（1922—1944），原名俞如清，俞庄人，少年时代曾在霍庄中学读书。1940年新四军东进，解放了俞庄。共产党的民运工作队来这一带开辟革命根据地，18岁的俞坚积极要求进步，参加党领导下的各项活动。民运工作队见他表现积极，勇于革命和担当，发展他加入了中国共产党。

俞坚参加革命工作后，经过一段时间磨炼，进步很快。1941年春，党组织调他到县保安科任科长，不久又调回，担任蒋垛区公安助理。1943年秋天，为解决武器不足的问题，俞坚通过暗线关系，向黄桥据点的伪军购买了5支枪，但购枪支的钱不足。他知道家里刚卖掉3头壮猪，有100多元钱，就瞒着父母回家拿了50多元。又有一次，家里出售小牛的40多元钱也被他悄悄拿出去买枪支。后来，俞坚的父亲发现放在柜里的钱少了，便查问俞坚。他说："我在外面交朋友要用钱。"他父亲说："你有5个弟妹，他们年纪都小，这40元钱是养家糊口的钱，你不能在外面瞎吃瞎用啊！"俞坚心里哪里不知道这是养家糊口的钱，但他始终坚定一个信念：只有建设好地方革命的武装，彻底消灭敌人，人民才有活路，兄弟姐妹们才能过上好日子。

有一次，俞坚率领5名短枪队员，沿着姜（堰）黄（桥）大路，由南向北巡查敌情。当他们走到与顾高南面交界的元垛乡佴家庄时，迎面遇到3个歹徒正在抢劫过路行人的钱和物。俞坚向同行的队员使个眼色，5人不约而同掏出短枪，大喝一声："不准动！"3个歹徒当即乖乖缩手落网。从他们身上搜出伪造的新四军老二团的身份证和两颗手榴弹。俞坚立即向区委汇报请示，经同意，次日下午在顾高乡西大门晒场上召开万人宣判大会，镇压了为首的匪徒蒋某某，另两名胁从分子经过教育悔过认罪，取保释放。这一举动轰动了泰县整个南乡，震慑了土匪分子，人民拍手叫好。几年之中，俞坚在查办案件、打击土匪、禁赌禁毒等方面都做出了出色的成绩，受到组织上的信任和嘉许。

群英壮谱

俞坚舍家财买枪支

　　1944 年，俞坚奉命调任紫石县公安科工作。当时，伪军、税警盘踞在姜（堰）曲（塘）海（安）里下河一带，他们欺压百姓、无恶不作。俞坚深入该地区，不分日夜进行革命活动，发现敌人露头就打。同年 10 月 16 日，他和短枪队员万进来到白米区章郭乡东阳庄，准备在北寺匪据点附近开展工作，不料与敌人遭遇。二人一边还击，一边转移，终因寡不敌众，陷入敌人的重重包围，二人在战斗中英勇献身。因在此前一天，我方有一位工作人员黄存章亦在此地牺牲，当地群众为纪念他们三位烈士，将该乡改称为"三烈乡"。

　　（取材于 2007 年中共姜堰市委组织部、宣传部等部门编印的《三水英烈》）

葛忠吉拼死保枪

1946年秋季的一天夜晚，中共泰县第二中学支部在学校东头葛家俚宣传委员葛志如家中秘密召开紧急会议，商量如何北撤的事。突然，通信员小王满头大汗赶来报告，说国民党军芦庄据点的地主反动武装还乡团约有100多人出动，由北向南一路展开拉网式的奔袭搜捕。为避敌锋芒，保存革命有生力量，5名支部委员做好部署立即紧急疏散。临行前，支部长张某把1支长枪和3枚公章交给葛志如的父亲葛忠吉保存。于是，葛忠吉和家人连夜把枪支和3枚公章埋进屋后麻田里，并用麻秸遮盖上，做了伪装，以防暴露。

两个月后的一天早晨，葛忠吉推着独轮车去姜堰坝口卖大麦，万万没有想到被一个还乡团的头目叫小三头的家伙盯住了，他像一条疯狗扑向葛忠吉叫嚣："你到这儿，可别想跑了！"葛忠吉不明就里，见来者不善，便开口责骂道："你凭什么抓我？快滚开！"两人厮打起来。原来小三头原是二中的学生，知晓二中有关干部的内情，后被还乡团头目策反，成了一个叛徒。他知道宣传委员葛志如家有枪，但又不知葛志如的去向，这下撞上葛志如的父亲葛忠吉，不由得喜出望外，一心想从他口中逼出人和枪的下落，好向自己的主子邀功请赏。手无寸铁的葛忠吉被小三头和两个土匪反绑到坝口一家饭店门前，吊在树上示众毒打至半夜，甚至被威胁恐吓："如不老实交代，就拉去枪毙。"葛忠吉忍着疼痛，把生死置之度外，一直矢口否认："我儿子是否有枪，他现在到哪里去，我概不知道！"小三头继续追问："是真的吗？"葛忠吉讽刺道："说实话，你和志如是同学，难道不是走的一条路吗？"一句话刺得小三头满脸通红。逼供找不到证据，内心又怕共产党打回来自己会遭到清算，只好放了葛忠吉。到了第二年，敌人几次来葛家俚盘询追查葛志如和枪到底在哪里，并在满庄扬言要烧葛志如家的房子。葛忠吉觉得把枪和公章藏在麻田里终究不安全，他就用油布包好转移埋到屋后茅缸

群英壮谱

边的底下。不久,死不甘心的还乡团又来搜查,扒了烟囱,挖了猪圈,仍一无所获,最后只得敲诈了 60 斤豆油了事。

（史料提供: 葛志标、葛志益
核实整理: 顾书林、王荣喜、俞扬岭）

顾高古镇风情录

顾金常布饵歼敌

1946年底腊月的一天，北风呼啸，天寒地冻。穷人们一天两顿薄糁儿粥也难充饥，坐在灶门口用柴草生火取暖。快到中午时分，蒋垛据点的30多名地主反动武装还乡团到运粮、顾高一带下乡扫荡，沿途骚扰。在路过顾桥村庄时，他们停下来挨家挨户查找，顺便敲诈勒索。刚"三十而立"的民兵大队长顾金常见情况紧急，一个箭步冲到屋山头的草堆旁，把背在身上的盒子枪藏进去悄悄离开。他预测到蒋垛据点的土匪不一定认识自己，于是就跑回家中把八仙桌拉开，并吩咐妻子用口锅炒花生，里锅烧茶水。土匪们一到顾金常门口，他有声有色招呼土匪们："屋里请坐！""喝杯茶解渴，吃点花生解馋。"有意迷惑匪徒们以拖延时间。匪徒们得意扬扬，喝起热气腾腾的茶水，吃起香喷喷的花生。其实就在这当儿，顾金常已经暗示邻居顾三叔送信给张庄村、葛家佴的游击队干部去了。区游击队闻信火速召集队伍，从张庄东头、顾家井北头、葛家佴南头，三面夹攻围困突袭还乡团，霎时间，喊杀声响遍村庄。还乡团见游击队来势凶猛，一个个吓得东逃西窜。突然，顾金常发现有3个土匪狼狈不堪向东北方向逃跑，他立马跟踪追击，顺手拾起墙角旁的一块砖头猛地向土匪掷去，恰好击中一个土匪的头部，鲜血直流，躺倒在地。这家伙满以为是未爆炸的手榴弹，吓得爬起来跪在地上求饶："饶我一条命！"顾金常冲向前去大声喝道："缴枪不杀！"这家伙举手缴枪，又向顾金常磕头。从土匪手中收起枪，顾金常又转身回家从草堆里把枪取出来，游击队员们夸他"双枪神手"。大家士气高昂，在顾金常的率领下奋力追击10多里，一直打到运粮河边，共俘敌21人，缴枪20多支。然而，在这场殊死拼搏的战斗中，身先士卒、冲锋在前的顾金常不幸被敌匪的流弹击中，英勇牺牲。

（史料提供：申厚芳、顾金君、顾金寿

核实整理：叶国林、王荣喜、顾银春）

凌妹智护王科长

　　1947年初,国民党反动军警和还乡团在西芦庄"裂垛儿"上安了据点。在离据点不到400米的西北荡野垛上居住着贫苦农民凌荣康一家。这里四面沟塘,树木茂密,杂草丛生,只有一条土坝可以进出。由于地处偏僻,更由于凌荣康一家拥护共产党、爱戴革命干部,他家就成了当地党政干部早已选定的落脚点。凌荣康一家四口,夫妻俩带个孩子,还有个待嫁的妹妹。一天夜晚,天黑得伸手不见五指,一个人突然匆匆来到凌荣康家。这是张甸区委组织科科长王益学,几天来,他不分昼夜在俞庄、千佛、张庄、翟庄、芦庄、缪野一带摸敌情,和地方党员、干部秘密联系,着力强化党组织力量,发动群众捐公粮支前,以早日打败国民党反动派。所到之处,他都受到当地党员、干部和群众的热情接待和积极支持。不料这天晚上,他从张庄赶回张甸区公所的途中,被还乡团匪徒发现跟踪。好在王科长对这一带地形和情况了如指掌,他沉着应战,左弯跨沟右拐越河,急速飞奔来到凌荣康家连敲三声门。凌荣康听出王科长的声音,鞋子都没来得及穿就下床把门打开。王科长对深夜敲门表示抱歉,并说明由来。凌荣康二话没说赶紧热了一大碗糁儿粥叫他吃饱暖身。然后,凌荣康就周旋安排妻子和小孩搬到西房间和妹妹同宿,他同王科长住东房。

　　下半夜时分,凌荣康门前的狗汪汪吠叫,又传来一阵紧似一阵的脚步声,王科长估计匪徒们追捕上来了,便手握盒子枪起身下床,却被凌荣康一把按住轻声说:"你不能动,我有办法对付!"说时迟那时快,他快速跑到西房把妹妹轻轻叫醒,叫她和王科长"装夫妻"到东房床上躺下。凌妹妹人穷主意多,平时就应变能力强,她装"妻子"有模有样看不出破绽。这时,三四个匪徒猛敲大门,凌荣康不慌不忙打开门,土匪分子打着手电筒东张西望,并到东房把手电筒照到王科长脸上,诈唬嚷道:"你是新四军?"聪明伶俐的凌妹妹没等王科长答话,从被窝里钻出来抢先答道:"哪个是新四军,他是我男人，新四军这时候还能睡在家里吗？"土匪分子不信，又继续追问时，凌荣康从西房跑过来，不慌不忙地说道："我家就在芦庄围子眼皮底下！"凌妹妹装着厌烦的样子招呼道："先生们，好了，我们要睡觉，明天还要到官垛曹府上去打工哩！"匪徒们一时无话可说，也找不出任何破绽，只好悻悻离去。事后，王益学科长感激不已，连夸凌荣康有智有谋，凌妹妹有胆有识。

（史料提供：王益寿
核实整理：顾书林、杨华山）

群英壮谱

申长寿敌前认"子"

　　抗日战争爆发后,日寇、伪军疯狂侵占了姜黄河以西一带,他们横行霸道,所到之处,都极其残忍地实行烧光、杀光、抢光的"三光"政策。顾高乡境内也完全陷于敌手。俞庄的一位普通妇女申长寿毅然决定动员两个儿子先后奔赴前线参加革命。不料大儿子参军才2个多月,在一次反"扫荡"的激烈战斗中壮烈牺牲,年仅21岁。申长寿悲愤之余更加激起了高昂的革命热情,她把自家的命运同革命紧密联系在一起,把坚持敌后英勇顽强的区乡干部和战士们视为自己的亲儿子。

　　因为她家地处偏僻,外人极少到此,更重要的是申长寿一向拥护共产党,支持革命,所以她家成了游击队和新四军可靠的"堡垒",区乡干部一有情况就经常到她家落脚碰头,吃住在她家。1946年9月初的一天晚上,夜深人静,天色漆黑,为避开国民党反动派的围追堵截,张甸区机关6名干部连夜转移到俞庄申长寿家。一进门,区委书记鲍刚便将一只公文皮包交给申长寿保存,包里有《华东通讯》《方向》等大量机密文件。申长寿深感责任重大,从鲍刚书记手中接过沉甸甸的公文包,坚定地说道:"请首长放心,保证万无一失!"于是,申长寿将皮包藏在棉花胎里,后来在床底下挖坑,埋在底下。再后来把公文包转移到屋西边自家祖坟里,最后又埋进屋东的沟坎旁的树底下。有一天,还乡团分子闯到她家,家前屋后寻找,里里外外搜查,都未发现什么。

　　1947年春季,坚持敌后斗争的区乡干部,凡是突出敌人包围圈的,大多都在申长寿家隐蔽,少则两三人,多则五六人,申长寿总是忙着烧茶、煮饭,让他们喝足吃饱。她常说:"看到你们饿成这样,就想到我的儿子,怎不心疼!"这年8月的一天,泰县独立团九连排长俞玉高秘密潜入芦庄据点以南侦察敌情,恰与南北两路合击的国民党反动军遭遇。俞玉高迅速向西南方向飞奔,他猛力越过两条河,又在千佛寺旁沟边柴草坎埋藏好枪支,气喘吁吁赶到申长寿家。申长寿一见他浑身衣服湿透，就随即跑到东房里拿来丈夫的衣裤给他赶快换上，叫他头戴草帽、手拿大锹假扮自己的儿子，帮忙出牛粪灰。当敌人追来时盘问："见到新四军没有？"（当时国民党军对共产党军队仍沿用"新四军"旧称）申长寿顺手向西一指，沉着说道："好像有个人向西跑去了！"敌军不信，气势汹汹抓住俞玉高衣领搜身，并叫嚷："你是什么人？"此时，申长寿夫妇俩把手中的大锹向地上"砰"地一戳，异口同声地说："他是我的儿子！"一句话顶得敌军哑口无言，灰溜溜地走了。

（史料提供：俞玉高、姚庆宝
核实整理：俞扬岭、俞扬根、王荣喜）

群英壮谱

顾银海巧藏公粮

　　1946年秋，苏中七战七捷之后，新四军主力北上，国民党军队进攻解放区，当地的反动地主武装"还乡团"与国民党军相互勾结窜向顾高庄一带，制造白色恐怖。形势突变，申塘乡的干部决定把来不及运走的一批公粮分散保管在顾家井西南野的群众家里，以防国民党军和还乡团抢掠。

　　1947年2月中旬的一天，村里接到上级紧急通知，说国民党军和还乡团要来扫荡，要求各家各户务必把公粮藏好。天已经黑了，儿童团团长顾银召急匆匆地奔到顾银海家中通知："大哥，接乡长指令，你家保管的公粮最多，要想办法连夜藏起来。""好的，你转告乡长请他放心！我有办法，保证不会少掉一粒粮食！"他家里存有2000斤公粮，是全村数量最多的一户。这是乡亲们辛苦劳作的血汗成果，是支援部队打反动派的军粮，千万不能有丝毫闪失。家里囤子不能堆，缸里不能放，床头底下不能藏，怎么办？顾银海急中生智，随即和妻子许仁英商量，屋后竹园河边长着一棵巨大的"鬼头杨"树，已呈半倒伏状，根下有一很大的凹坎，正好被密密的树干枝叶覆盖，把粮食藏在这里，外人谁会发现？主意一定，马上发动全家老少8个人，来不及吃晚饭，找布袋、拿裤子、卸枕头套、取被面子、拆夏布蚊帐，所有能包裹粮食的东西找出来，将2000斤粮食分袋包好，一一捆紧扎牢。为确保公粮转移不为人知，顾银海安排15岁的大女儿碗英在斗宝沟旁站岗，叫10岁的儿子书春在六角垛旁放哨，如发现情况赶紧回来报告。他和妻子两人则忙着装粮运粮，裹了小脚的妻子跑路不爽，力气单薄，只能帮着接接拿拿，那么多粮食全靠顾银海一人手提背驮肩扛，运到沟边藏入，忙得汗流浃背，衣服湿透，直到下半夜才把公粮全部藏好。

　　果不其然，第二天早上天还雾蒙蒙的，国民党军和还乡团一帮人就下乡扫荡了。他们从塘口岸的东荡抢掠申氏家200多斤粮以后，就得意扬扬直奔顾家井西南野，一到顾银海家门前就气势汹汹地叫嚷："赶快把粮食扒出来！"顾银海沉着机灵，若无其事地回答："这三春头上，哪有余粮？"背着盒子枪的国民党军闯入室内翻缸倒柜，没有发现一粒粮食，此时，能说会道的妻子上前笑道："先生，茶水可有一碗，谈粮（娘）只有我一个！"国民党军翻找半天，毫无收获，扫兴地走了。

一个多月后，国民党军和还乡团败退远逃，恰巧又遇连续几个大晴天，顾银海组织家里人分批把藏在河坎里的公粮扒上来晒干扬净，发现其中有小部分麦子因受潮已变了颜色，他当即决定，把变质的粮食留给自家吃，等新粮上场后补换公粮。等到麦收，他把自家打来的小麦、大麦凑起来，又向邻居借了一些，凑足 2000 斤公粮交给了民主政府。

1947 年 7 月，在申塘乡千余名群众大会上，乡长申高鉴高度赞扬顾银海"巧藏公粮一两不少，变质粮食留给自己"的智勇行为和高尚品德。很快，这动人的故事就在乡里民间广为传颂开来。

（史料提供：申厚芳、顾银召、顾金寿
核实整理：王荣喜、叶国林、顾银春）

群英壮谱

薛金元威震敌胆

薛金元，夏庄人，1943 年加入中国共产党，先后任乡民兵大队长、游击连班长、蒋垛区游击队队副。1946 年 7 月，地主反动武装还乡团在运粮河筑了土围子，疯狂搜捕共产党员、革命干部及其家属。一次到夏庄抓走了30 多名干部家属和乡亲，扬言要党员干部们回来自首，否则就将他们的家属全部杀害。在严峻的斗争形势下，薛金元立场坚定，他下决心针锋相对，教训还乡团。一天深夜，他带领 20 名游击队员到运粮据点附近，抓捕了 5个奸细和 10 个还乡团家属，并散发标语和传单，对敌人进行严厉警告。一度气焰嚣张的还乡团一下子慌了神，第二天就把他们抓去的干部家属和乡亲全部放回。游击队随即也将抓来的还乡团家属放了。这一"以牙还牙"的斗争策略，极大地震慑了敌人，鼓舞了游击队员和群众的革命热情。

对此，运粮还乡团把薛金元视为眼中钉，一心想抓住他。1947 年 4 月21 日深夜，还乡团探知游击队来到一个小庄，就派 50 多个还乡团分子去包抄，企图活捉薛金元。智勇双全的薛金元指令一名队员在庄东头连续开了两枪，还乡团被枪声吸引过去，游击队乘机从容转移了。还乡团气急败坏，他们抓不到薛金元，就抓了乡农会会长孙玉清的父亲和 10 多个家属，还派人传话："薛金元肯过来，仍可做区队副；不过来，就烧他的房子，杀他的女眷。"薛金元不为所惑，他连夜把妻子从亲戚家接回夏庄家中，并沿庄大声高喊："我薛金元和妻子都回来了，谁要是敢动我们一根汗毛，我就杀他个鸡犬不留！"还乡团的家属们个个心惊肉跳，第二天一大早就赶到围子里又哭又闹，逼着还乡团放回了抓去的干部家属。

还乡团贼心不死，公开悬赏："谁要能抓到薛金元，赏 50 万元（法币）。"过了几天，没有人抓到薛金元，法币又一天天贬值。还乡团出的赏金从 50万元涨到 100 万元、150 万元，最后干脆以实物计算，赏 10 担大米，但还是没人去领这笔赏金。相反，薛金元每到一处，老百姓自动为他站岗望风，送茶送饭。6月2日这天，薛金元到申家洋开会，被蒋家堡据点的敌人发现，他立即转身钻进一条小河里，敌人沿河沟边打枪边搜索，他憋住气埋伏在河草里不动声色，敌人搜索多时也未能发现，薛金元安全脱险。

　　薛金元就在蒋垛、运粮、顾高这一带6个据点、4条公路之间巧妙周旋，顽强斗争了近一年。1947年7月，他带领200多名游击队员以威武雄壮的姿态加入了泰县独立团。1947年7月15日，苏中党委机关报《前线》对薛金元英勇斗争、威震敌胆的事迹作了专题报道。

　　　　　（姜堰市党史办根据1947年7月15日《前线》报报道整理）

群英壮谱

宋桂英舍生取义

　　1947 年秋季的一天晚上,芦庄围子里的地主反动武装还乡团分子申宝珠、顾书根趁夜色窜到葛家村,大肆叫嚣"要活捉共产党员葛志政"。这两个土匪分子背着盒子枪气势汹汹来到葛志政门前,踢开大门闯进葛家屋内,见家中并无葛志政的踪影,只有葛志政的母亲宋桂英坐在凳子上做针线活,他们上前一把抓住宋桂英逼问:"你儿子在家吗?"宋桂英猛站起来答道:"不晓得他去哪儿了!"申宝珠揪住宋桂英的头发继续追问:"他娘的,你怎不晓得?"宋桂英放开嗓子:"不晓得,就是不晓得!你们怎能逼我晓得呢!"两个土匪分子气急败坏用盒枪托敲打宋桂英的头部说:"你还在瞒抗,当心人头落地。"其实,宋桂英知道儿子葛志政在村里参加游击队会议,就有意和两土匪分子纠缠吵闹,扩大声势,让游击队的同志们知道。葛志政听到邻居葛二爹赶来报信,立即带领 3 名游击队员赶回家中,将两个土匪分子堵在屋内,喊话劝降,令其放下武器。可是,这两个家伙负隅顽抗还做垂死挣扎,一边用火力封住大门,不准葛志政等人进屋解救母亲,一边卡住宋桂英的脖子,要她劝说儿子葛志政自首,给自己留条生路。性格刚烈的宋桂英丝毫不为所动,她斩钉截铁地回答:"坚决做不到!"并边使尽全身力气和两个家伙拼命厮打边大声叫道:"志政儿,快开枪,打死这两个大坏蛋!"两个土匪分子难以收场,穷凶极恶竟然对葛妈妈下了毒手,只听得"砰"的一声枪响,又听见葛妈妈高呼:"要报仇,打土匪!"葛志政耳闻目睹母亲悲惨的遭遇,怒火万丈,他断然点起火柴,用麦草点燃自家的草房,两个土匪分子被围困在屋内无法脱身,葬身火海。

(史料提供:申高月、刘如伯

核实整理:王荣喜、李济润)

名士乡贤

名扬京沪踞高台，曲动中西振九垓。

后起诸生争卓立，吾乡代代出贤才。

顾名：泰州第一位北大生

北京大学校史中，清末民国时期的泰州籍学生屈指可数，最早者即顾名先生。顾名字君义、君谊，以君谊行，号行一，清光绪二十年（1894）生于泰州东南乡顾高庄，即今姜堰市顾高镇顾高村。这位民国初年的北大生曾任国史馆编纂、财政部秘书、临时执政府善后会议委员、苏沪建设委员会委员等职，亲历见证了诸多重大历史事件；他在新闻、词曲、教育上均具造诣，乃民国著名学者，桃李满天下；他曾积极投身农村改造和职业教育事业，并将改革理念在故乡推广践行，深受百姓爱戴。丰富的史料勾勒出顾名的人生轨迹。

家塾通师到北大

顾名系顾高顾氏家族第十七世孙。顾高顾氏于元末明初自苏州阊门迁居泰州东南，其家族数百年耕读传家，衍为东南望族。顾名从小受到家风熏陶，加之天资聪慧，他在顾家私塾中顺利完成了启蒙教育，打下了扎实的国学基础。

顾 名

北京大学旧照

　　清光绪二十八年(1902)，南通张謇出资并和亲友贤绅捐资成立师范学校，即中国第一所师范学校——通州师范(简称通师)。顾名念完家塾后则慕名求学通师。在通师，顾名第一次接受新式教育，接触到了英文、化学、物理等从未学习过的课程。就当时而言，能出色完成学业，顺利从通师毕业，在旧学出身的乡村学子中，可算是凤毛麟角，机缘难得。当年的通师中尚有陈师曾这样的著名学者，顾名对文学和艺术产生浓厚兴趣多少受到他的影响。

　　学然后知不足，顾名并未满足通师的教育；学无止境，他孜孜以求。1915年，顾名考入北大文科中文门(国文门)，成为泰州史上第一个北大生。北大创办于清光绪二十四年(1898)，初名京师大学堂，辛亥革命后改称北京大学。作为中国第一所综合性国立大学，这里大师云集，成为无数学子梦寐以求的学府。顾名所在的1915级文科中文门仅有25人，这些学子后来都成为中国的学界、政界精英，其中包括国学大师钱玄同、著名语言文字学家骆鸿凯、金庸的大伯父查钊忠、四川民政要员曾鸿铸等。

正是男儿读书时

　　1917年，著名教育家蔡元培出任北大校长，他"循思想自由原则，取兼容并包主义"，聘任了大批教授，对北大进行了卓有成效的改革，北大出现

《曲选》初版　　　　　　　　　　　《曲选》大字本

了空前浓厚的宽博求真的学术氛围,真正是读书的好时空。

　　蔡元培、胡适、陈独秀、李大钊、鲁迅、辜鸿铭等著名学者都是顾名的老师。与顾名同时在北大学习的同窗又都是极优秀的学子,许多人后来成为国学大师,如范文澜、傅斯年、俞平伯、冯友兰等。此时的顾名发奋学习,博采众长,并开始以顾大和红叶鹤等笔名在各类报刊上发表作品,才华初显。

　　蔡元培非常重视戏剧,在北大中文门开设戏曲课程,即由他创始。黄侃主讲词学,吴梅主授曲学,顾名如饥似渴地畅游词曲海洋,后工于汉魏六朝文,嗜于词曲,皆源于二师。1931 年,顾名厚积薄发,编著《曲选》一书,于上海出版,恩师吴梅为之作序,并题诗相赠,这本书后来成为毛泽东晚年最爱看的三本诗词类书籍之一。

韩党北大六君子

　　1917 年腊月,河北昆弋荣庆社演出团体进京发展。北京大学学生侯仲纯、刘步堂因与荣庆社主角韩世昌同乡,遂将韩世昌介绍给同窗顾名。顾名师从黄侃、吴梅学习词曲,自然对昆曲非常喜爱,他对韩世昌的表演也极为推崇,亦不断介绍同学朋友及黄侃等北大教授去看荣庆社的表演。

　　北大校长蔡元培也被顾名邀请来。蔡元培原本就非常重视戏剧,认为戏曲是"集合各种美术之长"的艺术,是"社会教育之所赖也",他曾主张"以美育

韩世昌演出海报

代宗教"。蔡校长看了荣庆社的演出，一发而不可收，此后常偷闲到天乐园看戏，他看戏时必坐楼上包厢，而楼下则是顾名、刘步堂等大批北大学生。有人对蔡说："楼下掌声，皆高足所为。"蔡欣然答之曰："宁捧昆，勿捧坤。"

经顾名推荐，吴梅看了韩世昌的《琴挑》，认为韩世昌的昆曲艺术前途宽广。1918年夏，吴梅于前门外粮食店街杏花村饭庄正式收韩世昌为弟子，此事正由顾名等人促成，顾名等人也成为韩世昌拜师的见证人。吴兴会甚浓，当场度曲，将座中人名皆嵌入曲内，立即付之歌唱。

昆弋荣庆社在京之享盛誉，韩世昌艺术之获得成就，与北京大学师生的大力支持是不可分的。当时曾流传"北京大学救活了荣庆社"的说法。北大之顾名、刘步堂、张聚增、王小隐、侯仲纯、李存辅在学曲、宣传、联络、业务、经济各方面协助韩世昌与荣庆社。此所谓"韩党北大六君子"，一时成为佳话。

热衷新闻与教育

1918年，顾名以文学士从北大毕业，蔡元培安排其担任国史馆编纂，后曾任财政部秘书、临时执政府善后会议委员等职。此间他曾在多家报馆担任主笔主编。由他主编的《又新日报》常对梅兰芳的表演发表评论，并提出有益的建议，对此梅兰芳很是感谢。1919年，毛泽东于长沙创办《湘江评论》，顾名曾借助报纸助推革命思想。1921年10月6日，陈独秀在上海法租界被捕，顾名身在新闻界，消息便捷，他告知胡适、蔡元培，这才有了迅速的营救。顾名在《新闻学刊》上发表《新闻发展之新途径》等多篇文章，被当今新闻学者公认为代表当时中国新闻学研究的最高水平。

1927年2月12日，北大教职员和已毕业、未毕业从事新闻工作者，在北大第二院大讲堂开会，成立"北大新闻记者同志会"，宗旨在研究学识，促进新闻事业，黄右昌担任同志会主席，顾名和张煊担任会务书记，胡适、李大钊、徐宝璜三位教授在大会上作了演说。

1922年2月12日，全国教育独立运动在北京高等师范学校召开成立大会，顾名当选为委员。这一时期顾名协助民国政要汪大燮创办了平民大学，开始了自己的教育生涯。他参与组建了平民大学新闻系，以培养"学识渊博之新闻人才"为宗旨，新闻系的教授除顾名外尚有邵飘萍、周作人、郁达夫、徐志摩、吴天生等。在平民大学任职不久，顾名被燕京大学聘为国文教授。1927年6月《燕京学报》第一卷第一期发表了谢婉莹（冰心）的一篇文章，文章最后说："关于元曲研究的书，我自己很缺乏，学校图书馆里也不完全。蒙周作人、顾名、许地山教授借给我许多，又指导我研究的方法，谨在此附带感谢。"这便是顾名呕心诲人的真实写照。

顾高农村改进区

1930年，顾名的父亲在乡间去世，顾名悲痛万分，辞去大学教职，由北京回乡守制。此时中华职业教育社黄炎培提出的"寓教合一"主义正在江苏地方推广，这与顾名的教育理念不谋而合，在征得泰县县长张维民及以顾憨伯为代表的地方父老同意后，他联合蔡子民等乡绅，聘请蔡元培、韩国钧、张仲仁、张维明、黄炎培等为委员，于1931年4月成立了顾高庄农村改进会，开辟了泰县顾高庄农村改进区，推行义务教育、成人教育、通俗教育，开展劝学运动和识字运动，培养学识技能兼备、立志服务农村的人才。

顾名委托中华职业教育社主持设计，中华职业社则派余应江为干事，于顾高庄农村改进区设立总务、教育、农事、建设、保安5股，涉及农民生计调查、农家访问、民众法律、人事登记、赈募寒衣、植树运动、养殖（鱼、鸡、鹅）

合作、信用合作、推广种子、整顿小学教育、开办民众夜校、改良市政、修路开河、组织消防队、设备警钟、赠送医药等诸多内容。难以想象的是,这所有开销均由顾名一人承担。

一年之后,顾名邀请中华职业教育社姚惠泉视察顾高庄改进区。姚惠泉曾为上海县教育局课长兼督学、沪江大学导师,追随黄炎培先生,与邹韬奋合编《教育与职业》杂志。此次视察为期 4 天,姚惠泉检阅保卫团和青年服务团,参观学校,调查私塾,访问农家,考察农田、鱼池、植树成绩等,紧张而充实。他认为顾高庄的改进事业成绩显著,值得借鉴和推广,回到上海后即写出《顾高庄改进区考察记》,发表于《教育与职业》杂志。

暨南之邀再执教

就在为父亲守制期间,顾名除倾力顾高改进事业外,还担任了泰县地方自治研究所所长、泰县款产处副主任等职,并协同单毓元编纂了《泰县民国志稿》。此时中国华侨最高学府上海暨南大学经郑韶觉苦心经营,已由商科扩为综合大学,学者龙榆生担任了国文系主任,他和顾名都是黄侃的词学高足,待顾名守制期满,龙榆生则邀聘顾名担任国立暨南大学国文系教授。时暨南大学文科硬件不足,龙榆生与顾名等人相约,倾各人所有,拿出私人藏书供学生阅读,一时间琳琅四壁,超过学校研究室之所有。

顾名后转聘复旦大学国文教授,继而再聘大夏大学。在大夏大学任教期间,顾名除教授国文外,还担任了学生生活指导委员会委员长。他还从自身学识出发,为大夏大学大一学生编著了 688 页的《基本国文》教材,内容包括《杜威论思想》《精神独立宣言》《汉唐玄学论》《清代三百年思想的趋势》《补救中国文字之方法若何》《最近安阳殷墟之发掘与研究》《田家四时苦乐歌》《劳动者解放运动与女子解放运动的交点》《美术与科学的关系》《欧洲精神》《释小民族的文学近况》等,大有兼容并包之北大学风。当今某语文教材研究者感慨曰:"此书选目眼光之现代,若非书影目录为证,几不敢相信为 70 多年前之教材。"此书后于 1936 年由上海启智书局出版,蔡元培先生为之题写了书名。

自顾高改进区建设开始,顾名即与中华职业教育社结下了不解之缘。

《基本国文》

顾名在上海任教期间，黄炎培又提倡"大职业教育主义"的思想，着手举办农学团，并在上海沪西漕河泾创办了农村服务专科。顾名也参与其中，与黄炎培、江恒源、陶行知、邰爽秋等成为农学团导师，做了兼职教授。顾名还曾在大夏大学作过一次长达4小时的演讲，主题就是乡村的改进和教育，其演讲分6个部分：检讨一下乡村、怎样去埋下身子、布置环境、教学方法、乡村需要的教育、走上改进之路。他从自己的实践经验出发，深入阐释了教育的真谛，振聋发聩。

天不假年正有为

1936年，顾名接到母亲病危的消息，这位孝子交接完学校事宜后急忙从上海赶回老家顾高，然而天妒俊才，顾名因胃肠之疾在故乡病逝，享年42岁。此时正是顾名有为之时，他还有很多学术课题及著述没有完成，他还有很多求知若渴的学生没有教完，他在顾高的乡村改造事业还待深化，更有一大家子亲人需要照料，他的经世情怀还没有得到充分释放，他还有太多的不舍！

顾名弥留之际，他的身旁站满了亲友及社会贤达，屋外则站满了爱戴他的乡亲。顾名的健康牵动了太多人的心，却无法挽留他宝贵的生命。邻

仲贞子所题君谊馆名

近的乡亲们纷纷赶来，为的是送他最后一程。顾氏族人更是将其尊为"十七世祖"，族中长辈则商议风光大葬。顾名的家人强忍悲痛，着手料理后事，随即由顾名长女顾琰主持对外印发了《泰县顾君义先生讣文》。

噩耗传至上海、北京，一时学界震惊。顾名任教的大夏大学则在《大夏周刊》特设了《追悼顾君谊先生副刊》，他的同事学生、生前好友纷纷发来唁电。黄炎培先生作《哀顾君义两首》，国民政府交通部部长、大夏大学董事长王伯群为顾名书撰墓志铭。民主人士史良、国民政府外交部部长张群、乡贤韩国钧等则集资在顾高庄兴建了纪念塔，名为君谊塔。此塔后成为顾高的标志性建筑。

顾名离世后，其家人还常收到其学生寄来的钱物，再后来还收到过由台湾寄来的慰问信，师生情谊无以言表。惜先生墓地及纪念塔均在"文革"中被毁，就连顾名的照片也被损毁。

20世纪90年代初，为纪念和缅怀乡贤顾名，顾高镇兴建了君谊馆，著名书法家仲贞子为之题写馆名。顾名的小女儿带领儿孙将散落墓碑、君谊塔构件运回家中，安置于宅院内，亲友还从北大寻得顾名照片。

（王正奎、陈炜）

天地响，天下响！

——记"渡江胜利纪念章""抗美援朝军功章"获得者、
"两弹一星"事业参与者顾经峰

顾经峰在朝鲜战场

顾经峰，顾高镇顾桥村（现属塘桥村）人，生于 1930 年。家庭人口众多，兄弟姐妹就 6 人，生活困难。他自幼营养不良，体格单薄，又忒胆小。逢春节放鞭炮"天地响"，他都往人堆里躲。"嘣——啪"，大炮仗一响，他赶忙捂紧耳朵。

1945 年，他入学邻近的泰县二中，3 年"苏中小抗大"的学习生活，让他改变了许多。

1947 年 6 月，他秘密加入了中国共产党。

1948 年 11 月，他应征入伍，被编入中国人民解放军 238 师 202 团。因有些文化，家庭出身贫农，又是党员，很快便被提拔为见习排长、文书、作战参谋。

1949 年 3 月 21 日，202 团开进长江边七圩港。只等一声号令，大军将横渡长江，突破敌军防线，挺进江南，解放全中国。4月20日，202团发现长江江面上出现英国皇家海军舰"紫石英号"。此前，解放军渡江指挥部已授权新华社发布通告，任何外国军舰不得在长江军事行动区活动。发现"紫石英号"后，202团发了3发黄色信号弹，以示警告。可英舰无视警告，悍然起锚航行，并将炮口对准我军阵地。这将严重干扰我军的重大军事行动。其时在炮位的是炮兵6团1营3连，二炮长为梁学成。在已无时间向上级请示的紧急情况下，二炮长梁学成下令开炮，敌舰顽抗。我炮兵英勇还击，击中敌舰主机位，"紫石英号"趴窝了，敌舰这才吓得扯下船员休息室的白色蚊帐，扎到已破损的桅杆上，作为投降的旗帜，宣布投降。

可是，敌人不甘心失败，英舰来援的"伴侣号"驱逐舰、"伦敦号"巡洋舰、"黑天鹅号"护卫舰向我军开炮。我军奉命还击，又将敌舰击伤，敌舰节节败退。

此次与英军的炮击，史称"中英长江炮战"，英军死45人，失踪6人，伤93人，我军也死伤百余人。202团团长邓若波英勇牺牲。他中弹牺牲的地方离顾经峰仅不到10米的地方。顾经峰是邓团长牺牲的目击者。

这是百年来英军第一次挂白旗投降，它标志英国等列强的"炮舰外交"的最后终结。

顾高人顾经峰参与了中英长江炮战，参与了渡江战役，见证了震惊世界的"天地响"。

敌舰挂了白旗，英国首相艾德礼拒绝承认失败，英国前首相丘吉尔还扬言以武力抗争。

毛泽东主席说："有理由要求英国承认错误，赔礼道歉。"

毛泽东主席又说："妨碍渡江，皆可炮击！"

1949年4月20日下午4时，渡江战役准时打响。此后，解放军所向披靡，势不可当。顾经峰所在的202团所到之处，留下的是"捷报，镇江解放！""捷报，丹阳解放！"……一直到解放舟山群岛，他们团又打回上海，直到上海解放。

顾经锋再次领略"天地响"的强悍和力量是在抗美援朝战场。这"天地响"更比渡江战役威武雄壮。

23军1952年9月5日入朝作战，接替20军的丁字山的防守任务。司令员是陶勇，主战敌军为美7师。战争的惨烈、残酷，从一组数据便知。美7师海空协同，从1953年的1月12日到1月25日，13天的时间里，发射炮

离休后的顾经峰

弹 168000 余发，子弹 50000 余发，手榴弹 500 余发，将丁字山削低了十几米。这一场电闪雷鸣、天崩地裂的轰炸和炮击，不是"震耳欲聋"，而是耳朵无法听见，战友们交流只能用手比画，用笔写字。

23 军还参加了长津湖战役，经受了极度严寒的考验。"冰雕连"让敌人不战而惊。活着回来的战士说："没有倒下，就是当然的胜利。每一个胜利都是用鲜血、生命换来的。"此战役被公认为是人类战争史上最惨烈、最残酷的战役之一。

这是一场"立国之战"，这是气壮山河的英雄史诗。

顾高人顾经峰见证了这震惊世界的"天地响"。

如果说渡江战役、抗美援朝战争是震撼人心的"天地响"的话，那么，顾经峰参与的、目击的第三次事业——核试验，才算得上惊天动地"天下响"的伟大事业，是保卫中国人民和世界爱好和平人民的伟大事业。

新疆的罗布泊，千里萧条、万里沙丘，沙砾遍地、寸草不生。为打破美苏的核垄断，中央决定在这里建立核试验基地，名为"马兰基地"。就在这个连元帅都喊出"宁要原子，不要裤子"的马兰孔雀河，大部队安营扎寨，气候恶劣、生活艰苦自不待言。从无到有，攻克科学尖端，几万名科技工作者和军人誓言："死也死在阵地上，埋也埋在导弹旁。"

苦难总与辉煌为伴。几年的艰苦辛酸，终于迎来了辉煌。

1964 年 10 月 16 日，第一颗原子弹爆炸成功！

名士乡贤

1966 年 10 月 27 日，导弹试验成功！

1967 年 6 月 17 日，第一颗氢弹爆炸成功！

第一颗原子弹成功爆炸时，在场的全体人员面对蘑菇云长时间欢呼、拥抱，热泪满面，相互祝贺。彼时，北京人民大会堂里正准备演出《东方红》歌舞史诗，征得毛泽东主席同意，周恩来总理当场宣布了这一特大喜讯。在场人员齐欢呼、共祝贺，欢呼声、掌声经久不息，一浪高过一浪。

罗布泊点燃的东方巨响，成为"天下响"，让全国人民挺起了脊梁。中华人民共和国再次铸就辉煌。作为顾高人，时任基地某研究机构副政治指导员、军代表、党总支书记的顾经峰参与了这一伟大事业，他目睹并经历了所有的这些艰辛与辉煌。

（顾伯岭）

耕耘越坛　名振遐迩

——记著名越剧作曲家顾振遐

　　1959 年金秋,刚刚主持过中华人民共和国成立 10 周年庆典的周恩来总理,特邀上海越剧界的几位文艺工作者到北京中南海做客。总理和大家亲切交谈,边听汇报,边称赞说:"越剧改革很好。"这批客人中,有一位就是著名的越剧作曲家顾振遐。

　　顾振遐 1950 年开始从事音乐工作,50 多年来孜孜以求,勤耕力作,为越剧谱写了一曲曲新的乐章。

顾振遐

　　1954 年为《打金枝》作曲。该剧已成为越剧优秀保留节目,多次参加出国演出及被用来招待外宾观赏,并已拍摄为电视片。

　　1955 年为《梁山伯与祝英台》作曲。该剧在 20 世纪 50 年代脍炙人口,于 1959 年被上海电视台拍摄成 5 集电视连续剧。

　　1957 年为《红楼梦》作曲。1958 年 2 月首次公演,连演 54 场,场场爆

赴香港演出（左一为顾振遐）

满。该剧被越剧表演艺术家徐玉兰、王文娟唱"红"，在国内流传极广，在国外也享有盛誉。1963 年，由上海电影制片厂拍成越剧艺术片，风靡全国，唱片获"金唱片"奖，其销售量居戏曲唱片之首。

1957 年为《北地王》作曲。该剧许多片段，成为当时流传甚广的越剧优秀唱腔。

1958 年为《追鱼》的舞台剧及电影作曲。该剧很受群众欢迎，其乐曲在全国广为流行。同年为《关汉卿》作曲。该剧参加了北京国庆 10 周年献礼演出，深得好评。

1965 年为现代剧《女飞行员》《平凡的岗位》等作曲。该剧在观众中留下了深刻的印象。

"文革"期间，振遐横遭迫害，创作一度中断。党的十一届三中全会后，他焕发了艺术青春，创作了更多富有时代气息的越剧新篇。

顾振遐还作为中国越剧文化的使者多次出访。1955 年，他以乐队指挥的身份，随中国越剧团赴莫斯科、列宁格勒、柏林等 10 多个城市访问演出 3 个月。1956 年，率剧团赴朝鲜演出，慰问并肩战斗的中朝军民。另外他还到过越南、日本、法国、泰国、新加坡，两度赴中国香港演出。这一串串看不见的音符飘荡在太平洋上空，洒落在欧亚大陆，像一根根无形的纽带把中国人民和国际朋友的心紧紧连在一起。可以毫不夸张地说，顾振遐名振遐迹，蜚声中外。

顾振遐并非科班出身，他的艺术成就来自自己的勤奋好学。1931年，他出生在一个人口众多的大家族中，父辈兄妹7人。父亲顾金硕，排行第三，业中医；叔父均为知识分子，早年参加革命；两个伯父亦通文墨。这给幼年的振遐以良好的文化熏陶。

振遐从小攻书甚勤。1936年入顾高镇小学读书，1942年考进了泰县新创立的育英中学（不久易名为泰县第二中学）。小学至中学曾跳级一年，当时在班上虽年龄最小，但每次考试，成绩都名列前茅。1949年秋，上海刚解放不久，中央音乐学院华东分院（上海音乐学院前身）举办了第一期音乐教育专修班，他被文工团选送进校学习。为期虽仅1年，但他抓紧时间进修，初步学习了作曲、和声、对位等基本技法，为尔后自学打下了坚实的基础。

青年时代的振遐经济上并不宽裕，但不论是民间的或是西洋的音乐理论书籍，每有新著必及时购买，从不吝啬。除向书本学习外，他十分注重到群众中去汲取营养。1951年，他赴皖北参加土改工作，在那里接触了广大的农民；次年，又在上海两次下工厂，熟悉体验生活，与工人群众打成一片。

改革开放后，他担任上海越剧院艺术研究室主任，为了解民间音乐，他几度肩扛录音机，顶酷暑、冒严寒，跋山涉水，赴福建、山东、浙江、江苏等地采风，拜访民间艺人，通过各种途径，搜集了大量的民间音乐资料，大大丰富了音乐语言。

勤奋出天才，实践出真知。振遐音乐才能的不断提高，是与他的勤于实践分不开的。他在顾高小学读书时就爱唱歌。初小四年级，即能识简谱，独立学唱新歌，歌声隽永，娓娓动听。家里人喜欢听他唱，镇上乡亲每遇到他，也往往要他来一首。他从不推让。抗日战争爆发，内忧外患，民不聊生。振遐常于镇上演唱《松花江上》等进步歌曲，情真意切，哀婉动人，听众常感动得泪水潸潸。顾玉东老人曾回忆说："当年振遐这孩子唱的歌真好，能唱到人的心坎里！"1944年，振遐在镇上从事儿童团工作。他带领孩子们站岗、放哨，学唱歌。1946年夏，入我苏中军区一分区干部学校——"江海公学"，先后担任校部文娱干事、连队文化教员等职。1948年该校改为"华中公学"，振遐成为校文工团团员。其间，他扮演过《白毛女》中的大春、《兄妹

五线谱、简谱手稿

开荒》中的哥哥、《翻身乐》中的指导员、《买卖公平》中的解放军战士,都比较成功。音乐上除指挥教唱外,还创作了《到前线去》等歌曲,崭露了他的音乐才华。

1952 年,上级要选调一批年轻的党员干部进大学学习经济工作,振遐被选中了。但在华东军政委员会文化部办理手续时,因华东音乐工作团也急需干部而被留下。是进大学学经济工作,还是留下来从事音乐创作?一般人是选择前者而不是后者,因为文化工作比较清苦,又不为人重视。然而振遐恰恰选择了后者。其时,政务院已发布了关于戏曲改革工作的指示;第一届全国戏曲观摩大会在京举行,23 个剧种、近百个剧目同台演出。党的期望在感召着他。振遐思绪万千,他想:戏曲是中华民族文化的优秀遗产,现在百废待举,戏曲工作也亟待研究挖掘。为了弘扬祖国民族文化,提高人民精神素质,丰富群众文化生活,他放弃了进大学学经济的机会,确定了以戏曲音乐工作为终身职业的志向。虽生活待遇较低,劳动艰辛,但他百折不回,终不移志。

1953 年春,华东音乐工作团与上海合唱团合并,顾振遐要求调至华东戏曲研究院，专职从事戏曲音乐改革工作。1954年，华东戏曲研究院改建为上海京剧院和上海越剧院，他被分配到上海越剧院作曲。从此，他全身心地为越坛辛勤耕耘。

振遐在越剧作曲上最大的特色是不落窠臼，敢于走前人没有走过的路。他才步入越剧界时，越剧的音乐作曲仅限于简单的、零碎的配音，唱腔及其伴奏均无固定曲谱，唱腔基本由演员按传统程式即兴演唱，乐队亦依习惯负责跟唱托腔。这样演出时随意性较大，也为经典曲目的流传留下了重重障碍。顾振遐同志涉足越坛后，首先做的就是越剧定腔、定谱的改革工作。当时遭到了越剧界某些领导及权威人士的责难，斥之为粗暴。压力很大，但他毫不气馁。他说："要闯出一条新路来，哪有那么容易，没有人反对才怪呢。"他与同事一起，争取到上海音乐学院院长贺绿汀及一些有创新精神的演员及乐队的支持，顶着风浪，坚持不懈，大胆尝试。他广泛与越剧老艺人接触，熟悉各种越剧资料，仔细玩味越剧传统节目中各种人物的感情，对越剧唱腔根据人物的语言、性格和心理需要不断出新，并对乐队伴奏进行配器，使越剧音乐逐步丰富发展，走上了现代化、科学化、规范化的道路，终于获得成功，得到普遍推广。《红楼梦》一剧音乐的创作就是一个成功范例。

中国戏曲音乐"孔三传"奖荣誉证书

"百年越剧特殊贡献艺术家"奖牌

该剧 1959 年赴京参加国庆 10 周年献礼演出,受到群众热烈赞扬。全国音协主席吕骥在《人民日报》上撰文,对《红楼梦》的音乐创作予以充分肯定。1992 年 10 月,该剧音乐创作又荣获了中国戏曲音乐学会颁发的第一届全国戏曲音乐优秀创作奖"孔三传"奖。越剧的唱腔在新中国成立前已形成了一些流派。改革中,振遐同志既注意保持特色,更从人物塑造出发,不断创新。越剧传统剧目《北地王》的唱腔设计,尤其是"哭祖庙"一场的唱腔有较多的革新,深得观众好评。1959 年 10 月在中南海小礼堂演唱时,周总理称赞说,这场唱腔吸收其他剧种音调进行改革很好,使越剧不但长于柔美抒情,也能表现高亢、激越的情感。总理与振遐同志就越剧音乐的改革问题亲切交谈,并作了高度评价,给他以巨大的鼓舞和鞭策。

振遐创作态度极其严肃认真,每每创作反复推敲吟哦,苦思冥想,食不甘味,寝不安枕,非至每一段音乐、每一句唱腔安排妥帖,不肯善罢甘休。常常为了创作一部剧曲,他半夜三更突然起床,将睡梦中想起的乐句随时记下。

顾振遐两次受到周恩来总理的接见。1960 年,他光荣地出席第三届全国文代会,受到毛泽东主席及其他党和国家领导人的亲切接见。他为一级作曲,中国戏剧家及中国音乐家协会会员、上海戏剧家协会理事、上海戏曲音乐学会理事、上海越剧艺术研究中心顾问、中国戏曲音乐集成上海卷副主编。他曾对笔者说:"让越坛更加万紫千红,是我最大的夙愿。"

2010 年 5 月 9 日,顾振遐在上海逝世,享年 79 岁。5 月 12 日,上海《新民晚报》对其作曲人生作专题报道,称他是一位"德高望重的宗师级人物",央视戏曲频道主持人称顾振遐"绝对是一代大家"。

（丁昌贵）

名 士 乡 贤

精品故事传民间

——为缪政《智侠吉高》序

缪　政

人的一生是短暂的，一个人从"弱冠"开始，耗费 50 余年的业余时间从事文学创作，其追求是什么呢？江苏姜堰市芦庄中学教员缪政先生 50 余年从事业余民间故事创作，发表了 600 多篇（首）民间文学作品，计 130 多万字，这是一件多么难能可贵的事啊！现在出版的《智侠吉高》长篇传奇小说，是缪政先生创作的一小部分，这是他不遗余力长期系统地搜集、挖掘、整理创作的，亦是对民间文学百花园的一大奉献。

《智侠吉高》叙述的故事像一颗颗璀璨的明珠镶串在一根金线上。作者用明暗两条线结构故事、展开情节。明线聚焦于吉高跟活阎王、麻杆子、宰一刀、铁公鸡、地头蛇之流巧施谋略针锋相对的斗争，读起来令人解气、解恨、心怡，以至会心微笑或捧腹大笑。暗线则以吉高跟死对头活阎王的女儿爱情线相辅。作品从主人翁的出生写起，沿着人物活动的主线铺开，条分缕析脉络分明，直到被受贿的海州州官谋害，为正义献身。作者沿着这条主线穿插故事，顺理成章，环环相扣，气势磅礴，一气呵成，像一部收视率极高的电视剧。组成全书的则是短小精悍相对独立过目不忘的分镜头，每个故事读来饶有兴趣，令人手不释卷。作者调动一切创作手段，竭尽全力塑造吉高。吉高的故事本来就有传奇色彩，加上作者的一支生花妙笔，巧妙地运用小说的细节描写，散文写景式地烘托气氛，着力刻画塑造吉高智勇双全、胆识过人、舍生忘死、见义勇为、除暴安良、扶危济贫、嫉恶如仇的丰满而高大的艺术形象。难能可贵的是，作者如椽之笔并没有停在前人描写义侠的水平上，而是对主人公的性格和内心世界作了进一步的开掘，从义侠升华到智侠，全书的描写紧紧地扣住了一个"智"字，使人物的性格十分鲜明，形象呼之欲出。阅读此书，读者会发现吉高跟传统意义上的路见不平拔刀相助的义侠性格相异而又略胜一筹。吉高的智是集中了千百年来广大劳动人民的智慧，是千千万万劳动者智慧的化身。他善于智斗，所以从官府到财主到刁民到奸商都望而生畏，无可奈何，一筹莫展。像赌鸭、寄驴、巧求棺、送寿礼、挨雷打、九两酒、告土地、抢购鱼干、当众出丑、二改告示、领赏平分、偷娶新娘、巧治恶奴、智毁卖身契、智打野和尚等故事，无不闪烁着智慧的光芒。

　　故事是讲给老百姓听的，是写给千千万万群众看的，鲜活的群众语言是故事引人入胜的必备条件。缪政先生一辈子生活在农村，执教的中学离他家仅有 3 千米。他开门接触的都是乡亲，因此作品的语言充满了浓烈的"土气息、泥滋味"。反映区域特色、充满个性的、表达能力极强的群众语言，几乎满布于字里行间。像"宁添一斗，不添一口""割麦栽秧，赛如忙丧""生的也是个烧酒壶儿""吃的石灰，放的白屁""八手八脚""三花肠子五花心"等等。他不愧是民间语言艺术大师，难怪在我的家乡，男女老少都能随口说出几个吉高的故事。

　　世界上要做成一件事没有执着的追求是难以成功的。缪政先生长期从事语文教学工作，他所教的学生中有 15 名在历次全国中学作文竞赛中荣获前 3 名，他也 3 次获得了"育才奖"。他在搞好教学的同时，利用夜里

名士乡贤

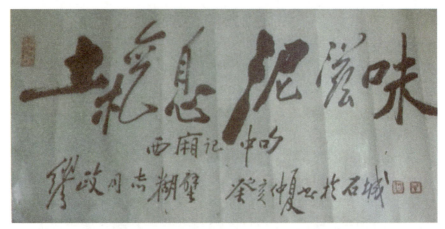

江苏省书协原副主席田原为缪政题词"土气息　泥滋味"

或假日时间进行文艺创作，由于长期饱受风寒，引发骨质增生，造成右腿残疾。他虽然失去了很多，对于创作仍孜孜以求。社会上常常有这样的怪现象：庸庸碌碌地混世的人太平无事，做出一点成绩的人容易树大招风。50年的风风雨雨，各种各样的坎坷曲折始终动摇不了我们这位乡土民间文艺家的初衷。在我所接触和熟悉的朋友中，绝大多数因妙笔生花而改变了命运，而他一直生活在最基层，其人生道路的曲折可想而知。50年来，他真正品味到生活的风雨雷电，真正咀嚼出人生的苦辣酸甜。他长期从事业余写作，常被一些目光短浅的领导和同人视之为不务正业，追名逐利，受尽了歧视、排斥、冷遇。而他一直在搏击风浪中逆水行舟，在人情冷暖、世态炎凉中默默无闻地奋笔疾书、艰难跋涉。从1958年到1978年，他因出生富农家庭，被当作坏分子，当了20多年农民，仅是参加河工就有十几次。那时，心理上的压力，生活的重负，世俗的偏见，始终熄灭不了他涌动在心灵深处的创作之火。当县里的一位领导得知他写了部长篇小说之后，建议公社党委落实他的政策，他才常常放下粪担，任本村文艺宣传队的编导。当他彻底落实政策之后，创作之火犹如火山喷发，那是自然的事了。现在，他虽然年近古稀，但创作的热情不减当年，每当酝酿成熟一篇作品，不写出来寝食不安，有时想到一个词儿不当，半夜起床修改。我常听朋友说，他退休后即使是秋天也用毛毯裹着残腿坚持创作。由于长期手不离笔杆，并且亲自复写，他的右手中指结满了厚厚的老茧，脱了一层又一层。所以没事儿的时候,先生常常有剥茧的习惯。

缪政先生创作动力来源于他对人生、对生命的理解。我问他为什么能坚持50年不动摇,为什么能取得这样大的成绩,他向我介绍了他曾在芦庄中学师生大会上的一段讲话:"时间,对每个人来说,都是公正无私的,谁也别想走歪门邪道,拉关系,走后门;生命,对每个人来说,不可能有第二次,谁也别想削尖脑袋,死皮赖脸,不愿离去;时间和生命本是一对孪生弟兄,但有时能和睦相处,有时却自相残杀。能不能把有限的时间变为有效的时间,完全取决于一个人的世界观、人生观和价值观,那就看你能不能百倍千倍地珍惜。"

缪政先生成功的民间文学创作根源于家乡的沃土,是同那块土地上浓厚的文化积淀分不开的。他生活在原扬州市现隶属泰州市辖的乡村。这里物华天宝,人杰地灵、文人辈出。有位大家曾回忆说,他童年在老家绍兴滚铁环时,铁环钻进小巷,冷不丁地抬头就看到一处大名鼎鼎的名人故居,这对他后来成为名家有深远的影响。中国四大古典文学名著有两部的作者诞生于他的家乡里下河一带。京剧艺术大师梅兰芳,世界级文化名人郑板桥,一个在先生家北边不远的小城,一个在邻县。就连孔门后裔孔尚任写《桃花扇》,也要跑到泰州这个文化氛围浓郁的小城提笔找感觉。更不用说,扬州、泰州是江泽民、胡锦涛两代总书记的故乡了。生活在这样重文化教育氛围的作家,从人生观到创作风格、语言表达,无一不受大家的影响。

《智侠吉高》的出版,具有较强的现实意义。如果我们生活中多出些嫉恶如仇、伸张正义、为群众披肝沥胆的吉高式的人物,那该多好啊!我们的老百姓需要吉高,我们的社会需要吉高,我们的民族需要吉高。

更值得一提的是,缪政先生积50年创作成果600多篇(首),只择优出一部《智侠吉高》,足见他对自己、对社会、对读者高度的负责。要是从创作成绩所取得的头衔来看,缪政先生是我市唯一的一个拥有4个"国"字牌的民间艺术家,他曾经在江苏《乡土》杂志社工作了3年时间,进行了作者、编者的换位思考,编辑生涯拓宽了视野,使后来的民间故事创作达到了炉火纯青的地步,作品都在全国有影响的杂志发表过。跟如今社会上的出书热相较,对于出书他是慎之又慎的。从我们的亲身经历来看,我们这些20世纪五六十年代的青少年读者的成长,很大程度上是在当时那种健康、积极向上、反

名 士 乡 贤

《智侠吉高》申报泰州市"非遗"名录，作者接受采访

映时代主旋律的文学书籍中泡大的。读缪政先生的《智侠吉高》，似乎走进明月高悬清风徐来的一方净土，犹如在闷热的夏天吹来一丝丝清凉的风。

　　《智侠吉高》是文化大省江苏民间文学创作的一枝鲜艳清丽的荷花。但从全书来看，某些篇章尚有故事堆砌的感觉，未能将故事不断推向高潮，但瑕不掩瑜，祝愿缪政先生晚年能奉献出更多的精品力作。

（缪荣林）

石油界发展战略研究专家

——记中国石油大学(北京)克拉玛依校区党委副书记、研究员、研究生导师胡庆喜

胡庆喜

　　胡庆喜,1964 年 1 月出生于泰县顾高公社苗圃 2 组(现姜堰区顾高镇芦庄村 8 组),中共党员,博士,研究员、研究生导师。长期从事高等工程教育与发展规划研究。现任中国石油大学(北京)克拉玛依校区党委副书记。胡庆喜幼年时,全家有 5 口人,母亲身患疾病,不能参加劳动,加之有大小 3 个孩子要照料,全家人的生活仅靠父亲一人劳动所得维持,故连年"出资"(年终分配时工分值不抵粮草钱,须向生产队缴纳差额资金),还吃不到生产队的平均粮,家庭生活的困难可想而知。胡庆喜在家中是长子,因家庭困难未能及时上学,就帮助母亲照管弟弟妹妹。其时大队里办有耕读小学,一年一个班,教师是大队里稍有文化的人。早有上学之心的胡庆喜被"学校"深深吸引了,只要不下雨,他便驮着弟弟、拉着妹妹来到学校外面的窗下蹭课。直到 8 周岁,他才正式进入耕读小学就读。有趣的是,他每升一级,学校就多出一个年级(因为学校刚创办,一年增加一个年级)。胡庆喜

就这样读完了小学。

1977 年，胡庆喜进入芦庄初级中学读书。由于勤奋好学，他很受老师喜爱。校内外一有学习活动或比赛什么的，任课老师申辉、宋振茂、葛广继等就轮流用自行车驮胡庆喜去参加。这不但使胡庆喜获得了很多荣誉，而且开阔了他的眼界，使他受到了锻炼，激励了他的发奋之心。这些用自行车载胡庆喜参赛的老师都成了胡庆喜心中的"贵人"。1979 年 5 月 4 日，胡庆喜光荣地加入共青团。

1979 年中考，家中的意思是让胡庆喜报考中专，两年后即可有"铁饭碗"工作，拿了工资便可接济贫困的家庭。但班主任持不同意见，认为胡庆喜值得深造，急功近利会影响他的人生价值。反复权衡之后，家长听从了"贵人"的意见。胡庆喜也不负众望，在全校 70 多名考生中独占鳌头——一举考取了名校姜堰中学。

进入姜中的胡庆喜，赶上了学制改革，进入初三学习。因为在芦中表现优秀并入了团，姜中团委便任命他为班级团支部书记、校团委委员。在姜中就读期间，胡庆喜又得到"贵人"孟侯、李成训、丁存兰、蔡肇基等老师的器重和指点，勤奋学习，努力工作，并且借助共青团组织这个平台，大大提升了沟通能力和组织能力。高三时，胡庆喜被评为"扬州市优秀学生干部"。

标志着高中生涯结束的高考给胡庆喜带来了深沉的思考：胡庆喜考了526 分，而当年重点本科起分线是 502 分。根据学习成绩，考个名校应该没有问题，可家庭经济困难是个不争的事实。其时家中为了供自己读书，已让读初一且一直成绩不错的妹妹辍学了。如何平衡好个人理想、家庭责任乃至社会需要呢？在班主任的指点下他毅然选择了石油行业！接到录取通知书前，曾有一则关于胡庆喜的消息使母校姜中备感荣光。当时，《新华日报》曾在第一版的左下角刊登了一则短新闻：×校考生×××立志石油事业，高分放弃考名校，主动填报石油高校云云。

4 年的大学生活及其随后两年半的读研生涯，胡庆喜不仅潜心钻研专业知识，还利用课余时间勤工俭学，全面锻炼增长才干的同时减轻家庭负担，个中艰辛只有胡庆喜本人知道。1990 年取得硕士学位的胡庆喜步入服务石油事业的职场。其间，咬定追求不放松的胡庆喜，于 2004 年 9 月至

胡庆喜在美国访问交流

2009 年 7 月在职攻读博士并如愿以偿拿到了博士学位。

　　胡庆喜不忘初心，作为长期从事高等教育管理和研究专家，主持或参与了 20 多项教育类重要课题研究，包括中国石油天然气总公司项目"石油高校勘探类人才培养发展战略研究"和"石油企业经营管理复合型人才选拔培养使用问题研究"、国家教委"重点理工大学人才素质要求及培养模式研究与改革实践"、教育部"直属高校领导班子和领导人员综合评价体系研究"、中国学位与研究生教育学会项目"全日制工程硕士工程实践能力培养因素研究"、中国工程院咨询研究项目"中国特色工程研究生教育认证体系建设与发展战略研究"、北京市教学改革项目"适应石油石化企业跨国经营需要培养国际化人才的研究与实践"等。在完成这么多课题研究的同时，胡庆喜还撰写了以《多元评价参与的人才培养质量跟踪反馈机制的构建》为代表的高质量论文数十篇。并先后参与了胜利油田、中原油田、塔里木油田等含油气盆地的油气勘探研究，参与编写《东濮凹陷黄河南地区盆地分析与石油气评价》(第二章《地层古生态》的执笔人)、《塔里木盆地志留系泥盆系沉积相及古地理研究》(《塔里木盆地志留系化石古生态分析》专题的执笔人)、《英汉一汉英油气储量评估词典》(第二副主编)等专著。

　　2021 年 6 月，满头华发的胡庆喜，带着能源报国与支援边疆建设的深沉情怀和"有生之年,能到'祖国最需要的地方去'奋战一回,何其有幸"的豪迈,跨越 3000 多千米来到新疆克拉玛依——一座新中国成立后勘探开发的第一个大油田、全世界唯一一个以石油命名的城市,开启了新的人生之旅,担任中国石油大学(北京)克拉玛依校区党委副书记。担负起面向国家能源重大需求、服务"一带一路"倡议和区域经济社会发展提供强有力的科技支持和人才支持的特殊使命,按照"立足新疆、面向西部、服务全国、辐射中亚"的办学定位,谋划和探索教育部高水平研究型大学在西部"大会战"办学的新模式。

胡庆喜原先立志于石油勘探,却因工作需要,成为国家高等教育事业发展的高级研究学者。他潜心钻研,所得成果为我国石油事业发展做出了不可磨灭的贡献。胡庆喜就是这样:干,乐观向上;爱,淡泊名利;钻,勤勉好学。他深耕基层,静吐芳华。

(殷仁杰、顾祥元)

他用"袋鼠精神"指导创业

——记澳亚集团总裁、江苏维娜时装有限公司董事长陈荣

陈　荣

在改革开放的大潮中,一批海外赤子为报效祖国和家乡,归国创业,谱写了许多壮丽的创业篇章。"根"在顾高镇的澳籍苏商陈荣就是其中一位,他被誉为"江苏省十大归国创业青年典型"。

"资本"的原始积累

1965 年,陈荣出生于姜堰区顾高镇千佛村,祖辈几代人不甘于落后的农耕生活,期望后代通过读书成才跳出"农门"。在祖父眼里,陈荣算是最有盼头的第三代人。当他童年之时,国家三年困难时期已过,农村生产得到发展,国力民生元气恢复,刚达学龄的陈荣便入村小,后来考取初中、高中,品学兼优,被庄上人夸为"小秀才"。陈荣从小天真好学、才思敏捷,在学校总是轻松完成作业,还常常提前浏览新课程,许多生疏之处常留下思

名士乡贤

考、提问，老师对他的积极思维和"主动式"的学习方法很为赞赏。1983年，他高中毕业后一举考取了同济大学暖通空调专业。

陈荣第一次迈进上海这座现代国际都市的名牌学府，真有"海阔凭鱼跃，天高任鸟飞"之感。他一头钻进知识的海洋，整天泡在教室、实验室、图书馆里，有时甚至废寝忘食。他本是工科专业，但在课外阅读和业余爱好中，还涉猎了哲学领域的一些知识。1987年，他修完空调专业全部课程后，又考入上海交通大学哲学系读研究生，成为同届学生中少有的工科、文科两栖的"双料冠军"。此间，他抓住在同济大学担任助教的有利时间，拓宽眼界和知识面，为出国深造积累资本。

50 美元闯悉尼

1989年，陈荣在上海有了温馨而幸福的小家庭，不久添了一个小宝宝。尽管生活节奏紧张，但日子过得甜甜蜜蜜。照常人眼光，陈荣无论如何是不会马上为了前程而离家的。然而，从不安于现状的陈荣，每每主意已决，总是有一股激情和牛劲。他志存高远，把出国留学的目标锁定在澳大利亚。在妻子的默许与支持下，为了凑齐出国的川资与生活费用，他从是年6月开始举债，300元、500元、1000元，东挪一点，西借一点。那年代同事、朋友的工资都不高，乐意帮助陈荣的还真不少，但也无法多借。到成行之时，总共凑了4万元。陈荣掂掂这笔资金的分量，总觉得沉甸甸的，其中包含着友情、亲情、乡情。他预期着"春种一粒粟，秋收万颗子"，要在异国他乡用自己的辛勤耕耘收获的累累硕果来回报那些给予过自己关爱与动力的父老亲朋。临出国之前，陈荣到银行兑换了100美元，他又想到不能让留守在家的妻子经济窘迫，毅然将一半美元递到妻子手中。岂知，一隔5年之后，当他的妻儿来到澳大利亚与陈荣团聚时，竟带来这笔具有特殊意义的50美元。此时的陈荣掂量着被妻子焐热了的外币，不禁联想到那鼓励和资助他跨过南太平洋登陆悉尼的好心人，绵绵情又汇成一股热流与动力。他暗下决心，一定要让激情越烧越红，在淘金与创业的道路上实现自己的人生价值。

1990年4月25日，陈荣只身从上海出发，登上上海到悉尼的航班，开始了自费留学的征程,口袋里剩下 50 美元。

初到悉尼,人地生疏,举目无亲,四顾茫然。多亏一位先到悉尼的朋友帮助,为他找到一家多人合住的老房子作为暂时栖身之地,他的"卧室"只能挤在公用客厅里。没有床铺,朋友在当地居民的垃圾中捡得一张破沙发让他当睡床。经过一番折腾,陈荣终于安下身来。如何打发日子,陈荣思想上并没有准备。他看到悉尼的生活消费高,摸摸腰包中的储备,吃饭根本不敢讲究。他发现那里的猪肝和鸡翅倒是挺便宜,于是便以此为主食品。然而,日子一长,滋味就不那么好受了,以致后来当他再闻到甚至想到这两样荤东西就想呕吐。

尽管一再节约开支,50 美元还是转眼就没有了。那些日子,陈荣一点不敢懈怠,四处活动,勤工俭学,养活自己。

他开始四处寻找工作机会。一天,一家泳衣工厂招工,陈荣闻讯前往。先期的语言障碍和对厂情工种的陌生感使他迟疑畏进。这家公司的招聘办公室设在 3 楼,已到工厂门口的陈荣又开始犹豫徘徊起来,但读研的迫切和生活的压力让他无路可逃。几个小时犹豫和转悠后,陈荣意外地发现朝着马路的仓库大门打开了。一位热心的仓库人员把他引到 3 楼人事部门,没想到那位人事经理提的问题他都能听得懂,并用英语进行了回答,对方听得明白而满意。后来,他回忆说:"我感到那天上帝都在帮忙,幸运地被录用了。"其时,陈荣来悉尼还不到一个月,就找到了一份可以生活自给并足以供给自己读书的工作。就这样,他进入悉尼大学选修市场研究专业。

亦工亦读的陈荣生活节奏十分紧张,他早晨 6 点钟起床,7 点钟开始上班,至下午 3 点钟下班,然后第二天从凌晨 4 点到晚上 9 点去学校上课、读书,日复一日,寒来暑往,春去秋至,从不间断。悉尼的四季虽不像故乡那么分明,但绿荫隐现,蓝天白云,煞是美丽宜人。陈荣的心中总是充满着激情与憧憬,他整天忙碌的身影辗转于工作与读书多个平台之间,劳动换来的所得为他从空调暖通至哲学的工科、文科兼备再转向市场研究新领域的攻关提供了条件。此间,他一举双赢:在工厂,他的工作深得厂方的信赖;在学校,他如期修满学分,取得澳大利亚名牌学府悉尼大学市场研究专业硕士学位。

"三级跳"中藏心机

陈荣所学专业从空调到哲学,再涉市场研究,走的是一专多能之路。他希望尽量让自己掌握的专业知识和本领能够多方面与社会需要接上轨。然而,从业的第一步却跨进了泳衣厂,他始料未及。但是,他记住一句名言:"天生我材必有用,千金散尽还复来。"他从起初拼体力挣钱,到能够有机结合专业知识,成为管理者的转变,只用了一年多时间。当地的社会需要选择了他,他也渐渐觉得入门既然不难,创业发展也能达到理想境界。他暗藏心机,用最短的时间把泳衣制造厂的全部工艺流程掌握在手,谙熟于胸,为独立进军泳衣行业做前期准备。

短短的一年里,他从适应厂家分配的工作到表现出高超的管理水平,实现了个人酬薪和岗位层次"三级跳"的业绩,令人赞叹。

初进该厂时,他被安排到仓库做收货员,除点收匹产品外,还要在堆积如山的原材料中"找面料",不停地搬、扛,干苦力,每天下来,他浑身都被汗水湿透。有时在灼热的日光蒸晒下,衣服上积满盐渍,脸和皮肤黝黑。刚开始那阵子,累得浑身酸痛,晚上都难以上床,但这些并未能使他气馁、畏缩。3 个月下来,厂老板看这小伙子吃苦耐劳,工作之余,还主动把仓库原料整理归类、划区管理,仓库由乱到治,井井有条,老板既惊讶又满意,立马聘陈荣为仓库主管。从此,陈荣有机会负责面料安排,与面料厂商打交道,视野和活动范围拓宽了许多。随着时间的推移,陈荣的管理潜能愈加充分发挥。4 个月后,厂方一纸任命,陈荣担任生产部经理助理,跃上了厂级管理者新台阶。6 个月后,陈荣被擢升为该厂发货部门经理,到了独当一面高位。如此短期内,陈荣能崭露头角,博得企业的重视,连升 3 级,实是他干一行、爱一行、钻一行的结果。

此时的陈荣,已经不再满足寄人篱下的生涯与"官位"了,他胸中孕育着的更高目标蓄势待发,自主创业的激情澎湃起来。

掘得第一桶"金子"

机会终于来了。1993 年 10 月 1 日,澳大利亚政府颁布新的政策,给陈荣带来了入澳定居、实现自己创业梦想的时机。陈荣一边筹划他的事业，一边申请家属来澳定居。时隔 1 年多，陈荣接来妻子和孩子，在事业上建立了稳定的后方。陈荣盘点了 3 年来入澳留学获得的专业知识和管理经验，以及省吃俭用积蓄的 1.5 万澳元(约合 10 万元人民币)，着手筹办属于自己的泳衣工厂。

1994 年 1 月 4 日，是陈荣创业历程里程碑式的日子，他的泳衣厂开业了。刚开厂，规模虽然不大，几间厂房、3 个熟练工，陈荣本人经理、内务和外勤一肩挑，但他感受到了自己办企业与给别人打工完全不同的心情与滋味。他说过，一个怀有抱负并执着追求事业的年轻人，想做的事就一定要去做，并且非做好不可。陈荣从厂里一草一木、一针一线的添置起家，亲自安排、购置，从机器安装、调试机器和排除故障，从每件泳衣的制版到出样、成衣的销售，是里里外外一把手，成了实打实的样样通、样样精。

陈荣的泳衣厂很快地成长起来，规模逐步扩大，现代工艺流程与生产线相配套，企业的竞争力凸显，"技术领先+物美价廉"，它以本地特有的陈荣式办厂理念和经营秘诀赢得商家信誉和市场青睐，成为当地知名的服装企业之一。后来，在澳大利亚服装业受到国际市场冲击而日渐凋敝的考验面前，陈荣的厂子安然度过"冰河期"，仍然红红火火，傲然屹立。

两次回到故乡创业

在澳大利亚已经事业有成的陈荣总是念念不忘养育他成长的祖国与故乡。他知道改革开放近 20 年的祖国和家乡面貌日新月异，为海外赤子回归创业提供了良好的机遇。1997 年夏天，陈荣决定回国创业，但花落何方，他犹豫不决。其时，天津、无锡方面得知信息马上向他发出邀请，而家乡姜堰市政府连续两次致函联系更令他感动，一种乡土情促使他毅然回到故土创业。

1997 年、2007 年，两个冬去夏至的岁月，正是陈荣两度归国创业的起点。回首海外几年的创业之路，他常把自己描绘成澳大利亚的一只奔跑的"袋鼠"。他说："袋鼠最特别的地方就是在它前行时不是行走而是跳跃，这一点和我的人生以及我对企业之思考与行为方式非常相似。"他还说："袋

维娜时装有限公司生产车间

鼠胸怀爱心，这和一个企业家肩上的使命与责任也有几分相似。"

　　1997年夏，陈荣带着报效祖国和家乡的赤诚挚爱来到泰州姜堰，受到姜堰市政府、经委以及乡亲们的热烈欢迎。故乡顾高镇成了他投资项目首选的地方。在一个烈日炎炎，没有一丝风的夏日，他冒着酷暑马不停蹄地与有关方面洽谈、考察、论证。他发扬在异国他乡创业时的那股拼命精神，拿规划、找房子、招工人、买机器。没有电用，他自己接通；没有厂房，先租后建；没有技术员，他自己组装生产线；没有大师傅，他亲自打样、制版、裁剪，手把手地教授新吸收的8名"半把手"工人。陈荣每天坚持食宿在厂。火热的盛夏，没有空调，连台电扇也没有。他全然忘了自己已经是完全可以享受"老板"优越待遇的人。一天下来，身上的衣衫湿了又干，干了又湿。一到夜晚更是无法入睡，工地上的蚊子多得都能用手捧起来。他只好走出厂房宿舍，来到厂区一旁的小桥上透透凉气……功夫不负苦心人，终于，在那片待开垦的处女地上建起"维娜"时装第一生产车间。当第一批"维娜"产品问世时，他的企业只有8个工人和他这个董事长。

　　2007年8月，是陈荣回故土二次创业的开端，也是他推进企业走向集团化的时刻。通过初期创业的实践和运作，他对姜堰市乃至泰州地区的投资环境和市场行情已经了如指掌。计划中，他将日程和工作路数安排得紧凑而得体,同行者都觉得他思维敏捷、办事干练、讲究时效。8 月 8 日这天,热浪袭人,他和《江苏经济报》记者俞文勤同乘奔驰专车辗转于姜堰城乡之间。上午,他们来到与泰兴市接壤的顾高"维娜"一期工程基地;中午时分,又行至姜堰经济开发区他的新目标"格朗灵"空调生产厂区;下午,出席由他策划动议、市政府搭台的"澳亚集团"研讨会……陈荣正以他那"跳跃式"的思维与创业理念打造二次创业的辉煌。

从"维娜"走向"澳亚"

沧海横流,方显英雄本色。2004 年,澳籍苏商陈荣先生受到姜堰市委、市政府为他祝寿的礼遇。在他 40 岁生日那天,政界、商界的领导人和同人为他在宾馆点燃生日蜡烛,祝他生日快乐,家庭美满幸福;贺他事业大成,创业激情越烧越旺! 同年,江苏省委宣传部、团省委又联合授予他"江苏十大归国青年典型"殊荣。有媒体跟踪报道的那天,他平生第一次接受记者的现场采访。

10 年来,陈荣从服装业起步,逐步形成了以纺织、印染、服装为主体的轻工生产链,并以此为基础,涉足家电、地产、信息、酒吧等多个领域。如今,由他直接投资创办的工业和商业单位已逾 10 个,总资产超过 2 亿元。

在创业路上,陈荣不满足于已有的建树,他继续运用科学发展和"袋鼠文化"的理念策划未来。他要通过战略重组和优化产业投资结构,在他的视线里,选择具有核心竞争力的部分率先发展,坚决舍弃高投入、低产出以及亏损型的部分项目和产业,从而实现公司的可持续经营和基业长青! 他通过深入调查研究,看到几家独立的企业"规模不经济"和其他弊端,提出巩固"主业突出,多元发展"的格局和组建"澳亚集团"的新方案,通过改革创新和优胜劣汰要达到的战略目标:坚定不移以发展服装产业为核心,坚持国际品牌代工和自创品牌两条主线;构建"差异化、技术创新和品牌"的铁三角,实现从优秀企业(维娜)到卓越公司(澳亚)的新转变!

(钱宏斌)

技术经济研究领域的高产专家

——记宁波大学教授、中国社科院兼职博导俞立平

俞立平

　　俞立平，1967年4月生于现姜堰区顾高镇，我国科技评价与技术创新领域的知名专家，现为宁波大学商学院副院长、教授，中国社科院兼职博导，中国社科院与宁波市合作共建城市经济研究中心主任，宁波大学宁波发展战略研究中心执行主任，中国外国农业经济研究会常务理事，中国科学计量学与信息计量学专业委员会委员，中国电子商务协会网络营销专业委员会委员，长三角协同管理研究会理事，浙江省管理科学与工程本科教学指导委员会委员。

　　俞立平主要从事技术经济、科技评价等领域的教学科研工作。擅长跨学科研究，研究领域涉及应用经济、工商管理、管理科学与工程、图情档案、统计学等学科。俞立平目前还担任《中国软科学》《南开经济研究》《科研管

理》《情报学报》《华东经济管理》《中国科技期刊研究》《资源科学》《图书情报工作》《情报杂志》等期刊审稿人。并担任国家社科基金、中国博士后基金、教育部人文社科课题的评审专家。

学有所成

1985 年，俞立平由姜堰中学保送进入华中科技大学学习，大学毕业后被分配到扬州经济干部学校。主要从事扬州市经济委员会的干部培训工作，工作之余，他积极进行校企合作，推动学校成立扬州科星电脑公司，成为扬州第一家从事财务软件推广与管理信息系统开发的公司；主持扬州妇幼保健报告。

在宁波大学工作期间，俞立平先后担任管理科学与工程系主任、商学院副院长，在繁重的日常行政工作外，他从来也没有放松自己的学术追求，在宁波大学工作 6 年来，已经成为宁波大学人文社科领域成果最多的教授，发表 CSSCI 论文 81 篇，其中一级期刊论文 26 篇，个人论文数量占学院全体教师 CSSCI 论文数量的 30%。此外，第一作者论文数量和论文下载数量均列宁波大学历年所有教师论文之首。

由于在教学科研领域的杰出贡献，俞立平被评为浙江省优秀教师、浙江省 151 人才、江苏省"青蓝工程"高校学科带头人、江苏省高校"青蓝工程"优秀青年骨干教师、宁波市学术领军人才、扬州市有突出贡献的中青年专家。

术有专攻

俞立平在科技评价基础理论领域做出了杰出的成绩，推进了多属性评价方法的研究，目前在科技评价领域第一作者论文数量全国第二。他提出了技术创新金融理论，对科技绩效评价方法进行了深化，在协同创新，引进技术、高技术产业创新等领域取得了一系列重要成果。

1989 年，俞立平参与全国第一批财会电算化普及工作。1991 年，他开始为企事业单位开发管理信息系统软件，先后主持开发了医院管理系统、机关公房管理信息系统、企业进销存管理系统、企业办公自动化系统等数

俞立平（后排左三）与学生一起合影

百套软件。

俞立平是我国电子商务教育的奠基人之一。1998 年在江苏省创建全国第一个电子商务专业——国际贸易（电子商务），1999 年开始招生。而全国自学考试 2000 年才开设电子商务专业，全国本科院校 2001 年才开设电子商务专业。主编电子商务系列教材 10 部（其中 1 部为国家规划教材），主持《电子商务概论》省精品课程 1 门。

大数据对传统经济学思想产生了巨大的冲击，俞立平首次提出"大数据经济学"的理论，对大数据背景下的建模与系统分析方法进行变革。第一篇论文在《中国软科学》2013 年 7 期发表，目前该论文下载次数已经超过 15000 次，被引 80 次，成为《中国软科学》下载量第一论文。

他在 *Journal of Informetrics* 和《科研管理》《科学学研究》《数量经济技术经济研究》《统计研究》《情报学报》等权威期刊和核心期刊发表第一作者论文 160 多篇，其中 SSCI 一区论文 2 篇，一级期刊论文 40 篇，CSSCI 收录 120 多篇，人大复印资料转载 6 篇；出版专著 4 部；主持国家级课题 3 项，省部级课题及其他课题 30 多项。

从 2008 年 5 月开始，俞立平利用业余时间，在科学网上开通了博客"邗上居"（http://blog.sciencenet.cn/u/yuliping），讲述教学科研体会和人生感悟。由于博客内容真实,富有启迪性,2009 年获得中国科学技术协会主办的首届全国科学博客大赛最佳杰出原创空间奖第一名,有一篇博文被评为"优秀博文",2011 年,又获得中国科协博客大赛一等奖,目前访问量已经突破 200 万次。

【俞立平治学感言】

专注的理由

做学问,专注是十分重要的,我总结了几点专注的理由:

第一,做学问已经成为一种工作和生活方式,是赖以生存的基础,不专注是不可以的。

第二,只要专注地去努力做学问,总体过程快乐,结果也还不错,形成良性循环。

第三,没有行政事务缠身,自然时间相对就多了,容易专注。

第四,基本上不忙家务,也容易专注。

第五,上课总体工作量平均在每周 8 ~ 10 课时,这样科研才有时间。

第六,到了一个新城市,以前的朋友不在身边,新交的朋友相对少一些,被专注了,呵呵。

第七,基本听不懂宁波话,生活在自己的世界里,当然也容易专注。

第八,总体外部宏观环境喜忧参半,或者忧者居多,喜与己关系不大,忧也没有用,干脆放弃不烦,所以专注。

第九,凡事尽力而为,不图结果回报,容易宁静致远。

第十,不要纠结职称,对学问还算有兴趣,所以专注。

第十一,因为专注,所以效率高,因为效率高,所以更加专注。

第十二,做事做人,总体对得起自己的良心,心态平和,所谓"君子坦荡荡",不纠结,因此专注。

(俞扬岭、陈璐、陈明华)

名士乡贤

重症医学专家

——记南京市中医院重症医学科主任医师、硕士生导师许飚

许　飚

　　许飚,中共党员,外科医学博士,主任医师,硕士生导师,南京市中医院重症医学科主任、胸心血管外科副主任。

　　1971年10月,许飚出生在泰县顾高公社的一个偏远村庄。因为父亲是县化肥厂的工人,所以许飚得以进入城区学校(从东桥小学到姜堰中学)就读。因为母亲是当地卫生院的妇产科医生,所以许飚比别的孩子更加熟悉和喜爱治病救人的工作,填写高考志愿时毫不犹豫地选择了医学专业。

　　1988年9月,许飚考入南京大学医学院,并有幸搭上本硕连读的快车,后来重回南京大学攻读外科学博士学位;1995年7月,许飚取得医学硕士学位,随后应征入伍,走进南京军区南京总医院(现东部战区总医院)从事胸心外科工作;2017年7月,军队改革的大潮把许飚推上南京市中医院的发展平台。

许飚踏踏实实地传承父母朴实本分、勤勉敬业的品德,无论是在军队还是在地方,他都兢兢业业地钻研业务、救治病员,端端正正地守望杏林。只为患者期许,不为名利发飙,备受领导、同事和患者的信赖与好评。

以精湛医术赢得同事的尊重

其实,许飚是比较健谈的,只是一旦让他介绍自己在医疗技术方面的成绩,他就会立马变得木讷起来。因此,真正了解他工作业绩的人并不多。

92 岁的李奶奶患有慢阻肺合并肺心病、先天性房间隔缺损、肺动脉高压、痛风等疾病,她被救护车呼啸着送来医院时心跳只有每分钟 35 次,脉氧已经从应当大于 95% 的正常值降至 35%,呼吸几近停止。许飚立即带领抢救团队展开工作,紧急施行气管插管并通过呼吸机维持心肺功能,同时给予肠内营养支持……待老人的病情稳定了,许飚又提出便于气道管理和经口进食的气管切开治疗方案。家属当时根本想不到,这个已经被死神牵手的鲐背老人后来不光摘掉了呼吸机,而且能够自主喝水、吃饭和读报。许飚说:"像李奶奶那样得到成功救治的病例几乎每天都在上演。ICU 是生死战场,时刻考验着医护人员的能力。"

2019 年初,急诊部收治了一名高台坠落患者,这把许飚推到了患者失血性休克和其家属远在外省的双重难题面前。对此,许飚一边联系外科、麻醉科和输血科主任,一边通过电话与患者家属沟通,在最短的时间内启动手术。由于创伤过重,患者的输血量竟然高达 8000 毫升,转入重症监护科后,术后感染、多脏器功能不全又接踵而至,救治成功的概率微乎其微。于是有人劝说许飚放弃。许飚知道,放弃就意味着这个 35 岁的年轻生命就此终结。他不肯撒手,继续以呼吸机支持,还把肾脏替代治疗、温度控制治疗等设备在患者床边一字排开,要求科室医生 24 小时全天候排班监护,他本人也连续蹲守科室 72 小时。经过 10 多天的努力,患者终于转危为安,其父送来锦旗,老泪纵横地紧握许飚的手,一句话也说不出来。许飚则言辞恳切地告诉大家:"尽管不是所有的患者都能治愈,但是我们应该对每一个患者不抛弃和不放弃,为每一个患者付出百分之百的努力,这是医者应有的初心和坚守。"

名士乡贤

如果说主刀完成南京市中医院首例体外循环心脏手术、大力推广瓣膜置换及大血管介入手术是许飚的成绩纪录的话，那么，从未站到医疗官司的被告席上，因为施医而与很多患者及其家属成为朋友，就是他的社会评语。

以贴心服务赢得患者的厚爱

中华民族向来崇尚"忠厚传家"的古训，许飚从父母那里承继的正是这种最具代表性的精神财产，他忠实地为兵服务，厚道地为民服务，用真情和大爱赢得了患者及其家属的交口称赞。

医治主动脉夹层是许飚经常面临的严峻挑战，做 10 多个小时的手术屡见不鲜，手术持续到深夜或凌晨可谓家常便饭，术后多脏器功能衰竭也时有发生。对许飚来说，24 小时全心全意地围绕一个病人忙碌以及经常累得不想多说一句话，那简直就是常态。

许飚每天的工作时间几乎都在 12 小时以上，几乎每天晚上都要去病房查看术后病人，几乎每一次都要为查看病员花费两三个小时，如果是抢救危重患者，还可能整夜都待在病房。

许飚曾负责诊治的某司机的父亲是一名主动脉夹层患者，虽经多方努力，这名老人还是不治身亡。随后，该司机又把罹患主动脉夹层疾病的伯父带到许飚跟前，但是最终也没能挽留这名老人的生命。接下来，该司机竟然还把陷入主动脉夹层的魔掌的领导送进许飚主管的病房，他的眼里闪烁着信任和鼓励的光芒。不离不弃地 3 次护送遭遇同样疾患的病员上门求医，难道只是接诊数字的简单累加？不！这是对许飚的高超医术的充分肯定，这是对许飚的竭诚服务的最好褒奖，这是对许飚的大医精诚的鼎力传扬。

重症医学科接待的病员不光是病情紧急，他们在经济上往往也是力不从心。每当遇到这样经济上的捉襟见肘者，许飚都会尽量帮一把：把家里的鸡蛋拿来送给患者，解囊资助住院的环卫工人……

谈及为什么会如此真情实意地服务患者，许飚讲述了一个故事：走上工作岗位的第一年，医院收治了一名 10 岁的秀气女孩。女孩患上了"法洛

许飚进行查房教学

四联症"，这是一种极为复杂的先天性心脏病。因为病情严重，女孩生命垂危。许飚的上级跟患儿父母交代病情时几度哽咽，眼睛一直红红的。当时许飚很是不解，后来这位上级主动讲述了原因——他的孩子跟这个女孩一样大，也是 10 岁，看到面前的这个小姑娘他就像看到了自己的女儿，既难受又不舍。女孩住院期间，许飚的上级不但小心翼翼地诊治，而且把自己孩子喜爱的牛奶糖和巧克力拿给躺在病床上的女孩吃。经过艰难而悉心的治疗，女孩终于转危为安。讲完故事，许飚接着说："把病员看作至亲的人，你就会竭尽全力地提供医疗服务，就会积极为之选择最适当的治疗方案。我的老师——那位上级医生是这样告诉我的，我这些年来一直没有忘记老师的教导。"

以严谨管理赢得领导的信赖

绿色军营的从严摔打加上胸心血管外科的精细磨砺，结果会是什么呢？是管理能力的无师自通和驾轻就熟。许飚总揽重症医学科的能力就是在这两个高炉里炼成的，他的沉稳和精致不容小觑，他的才能和定力可以从南京市中医院重症医学科搬家的整个过程管窥一斑。

2018 年 12 月 29 日，南京市中医院从夫子庙整体搬往大明路。重症医学科的搬迁堪称全院的重中之重，除了全体病员的大转移，还有呼吸机、输液泵、监护仪等一大批仪器设备的迁徙,而仪器必须随同患者一道搬迁。在科室主任许飚的统一部署和指挥下,重症医学科的整个动迁过程有条不紊、一丝不乱,没有一名患者发生意外,没有一件设备运作异常,没有一辆汽车行进受阻。领导、同事、患者及其家属一致为许飚点赞,他们深知许飚为此付出的心血和汗水是难以计量的:一次次草拟方案到夜深人静的时候,一次次把搬迁流程交给大家讨论,一次次召开发送、运输和收取工作组协调会,一次次亲自摸黑驾车熟悉行走路线,一次次手掐马表卡准衔接的时点,一次次测算电梯承载的重量,一次次检查责任人握在手中的注意事项清单……许飚用万无一失的搬迁向院长室交了一份满分答卷,也用胸中有丘壑的点兵风采展示了自己的管理才干。

担纲重症医学科掌门人的许飚将主要精力放在科室建设和发展上:针对医护人员工作积极性不高的问题,他将医生轮值班制改为医疗小组负责制;针对抢救技术水平不足的问题,他亲自登台进行操作演示教学;针对长期依托别的科室开展气管切开手术的问题,他在重症医学科大兴钻研医疗技术之风。

事实表明,许飚履职南京市中医院后不久,重症医学科就展露出崭新的生机:2018 年较 2016 年收治病人的数量提高了 30%,床位使用率从原先的 71.9% 提高到 91.7%,在院病人的死亡率从 2016 年的 4.3% 下降至 2018 年的 1.3%;2017 年通过了南京市中医重点专科验收,2017 年和 2018 年在全市重症专科质控检查中得分都是名列前茅,2018 年获得本院医疗质量安全和优质护理综合优胜两个一等奖。

桃李不言,下自成蹊。从不夸夸其谈的许飚以有目共睹的管理业绩赢得了领导的信赖。据有关人士透露,南京市中医院的整个搬迁方案就是重症医学科的复制品和放大版。

从事医疗工作 24 年来,许飚不但在国内外专业期刊上陆续发表具有真知灼见的医学论文,而且以扎实的业务水平和工作能力赢得了江苏省中西医结合学会重症医学专业委员会常委、江苏省医师学会心血管外科分会委员、江苏省康复医学会重症康复专业委员会委员等一系列学术任职。

2019 年 8 月 19 日,许飚光荣地摘取了"南京市五一劳动奖章",同时获评南京市"十佳医生"和"人民满意的卫生健康工作者"。发表获奖感言的他依旧一脸谦逊："目送病人康复出院是我最开心的时候，因为医乃仁术，救死扶伤是医者的职责所在、责任所系和职业所期。医生的追求的确是高尚的，但是医生的岗位往往是平凡的，我希望自己在这个岗位能够做到平凡而不平庸，恪守责任，永葆初心！"

当年为许飚取名，也许只是某位老先生的信口一言，谁也不会料到一个"飚"字竟然会歪打正着，这个"飚"字恰如其分地概括了许飚的人格魅力和职业精神：风——风过无痕的淡泊人生；焱——旺盛如火的事业追求，温暖如火的服务真情，明亮如火的管理魅力。

（周逸平）

名士乡贤

骋一方砚田　登万重峰岭

——记国家一级美术师俞进

俞进，又名墨石，顾高镇俞庄村（现属申俞村）人。自幼酷爱绘画艺术，秉承父辈对艺术的虔诚，自小学3年级起就在父亲指导下练习毛笔字。走进基层供销社工作后，又以超乎想象的毅力不放弃对艺术的孜孜追求。

俞　进

自1980年起，俞进在基层供销社一干就是20年。白天忙于工作，夜深人静时或是节假日，业余时间全部用来练字。练字成为他的必修课，成为他的精神支柱，也成为他人生的一种享受。

为了在书画上有更高更新的追求，1982年他参加全国第一所书法艺术专业学校——无锡书法艺专的书法学习，1984年又深造于无锡书法艺术学

参加北京中国国家画院国展美术中心举办的"心纳万境"名家邀请展

院书法研究班。他在无锡学习期间，得到当代著名画家刘海粟、高石农、费新我等老一辈大家指点，领略大家手笔，捕捉最新的艺术观点和书法理论，深刻领悟到徐渭的豪放旷达、八大山人的奇倔简淡、任伯年的严谨精到、吴昌硕的浑朴超迈、齐白石的意趣天成、李苦禅的霸悍强雄。他潜心钻研历代名家作品，师古人与师造化并重，不分流派，撷取南北之长，同时积极深入生活，从生活中观察体会，汲取营养，不断充实自己的作品。

　　他的作品，不但体现了和谐自然的时代精神和新的审美追求，雅俗共赏、百姓喜欢，在专业上也得到周京新、邢少臣、徐培晨等大家一致肯定。他的山水画以巨幅大作品见功力，江苏爱尔沃特环保科技有限公司8层大楼全部收藏布置了他的作品，其中进门大厅气势雄浑的丈余巨幅山水和满纸烟云的草书作品给人以美的享受、艺术的震撼。泰州电视台、泰州建设银行总行大厅都有他的大幅佳作。这些年，他的新作获奖不断，中央和地方新闻机构也发表他的不少作品。《春江烟云》获新加坡书画大赛"醒狮奖"金奖，并授予"一级国画大师"称号；《山魂》入选文化部"国粹奖"（书法美术最高奖）；《秋山鸣泉图》获文化部"文化长征万里行"金奖；书法获"青春杯"全国特等奖、绍兴书法"兰亭奖"等。一些作品入展中央电视台"名家书画

名士乡贤

展"、中国国家画院"心纳万境"国画名家邀请展、中央纪委"特邀名家书画展"等重大展览。还有作品入编美国集邮集团出版的邮票纪念册，登上素有国家名片之称的美国邮票。中国邮政集邮纪念册也收录了他多幅作品。个人传略收入《世界华人书画名家大辞典》《中国国际书画年鉴》《世界名人录》等数十部典籍。

声誉日隆的俞进依旧低调行事，驰骋一方砚田，乐此不疲，没有收获的满足，也没有坎坷中的忧怨，他不慕虚荣，不赶时尚，一如既往地在绘画艺术的道路上奋力前行。

现在，俞进是国家一级美术师、中国书画家协会理事、上海民族画院常务副院长、南京金陵书法院副院长、三峡职业大学书法学院兼职教授、中国书法家协会注册高级教师、中国美协敦煌创作中心创作委员、中国国家美术创作研究院副院长，东坡画院、泰山书画研究院名誉院长，前不久又签约山东省最大的民营美术馆——孔子美术馆。

如今俞进更忙了，但在绘画道路上并未放慢脚步，他给自己提出了更高要求。他深知，学习中国画要达到"雅人深致"，胸中没有万卷书的内涵是不够的，没有"行到水穷处，坐看云起时"的那份从容是不行的，没有对艺术的景仰就不可能达到"天人合一"的境界。我们有理由相信俞进，凭借他的悟性、勤奋、坚毅和对艺术的执着追求，必将在当代书画史册中留下浓墨重彩的一笔。

（华昭庆、魏文彬）

"拼"出精彩人生

——记姜堰南京商会会长、南京新润食品集团董事长申新军

申新军

"拼"是认识申新军的人对他的共同印象。

从一个给卤菜店送货的"毛头小伙",漂亮转身为"鸭鸭王子";从一个创业的有志青年,青云直上为腰缠万贯的"大亨";从一个成功人士,蝶变成长为"爱心大使"。在这个农民儿子的字典里和人生征途上,我们找到了申新军的不一般的答案。

谋业 拼的是人生态度

申新军的创业故事还得从他17岁那年说起。那时,他还没有成年,不

等读完高中，就与父亲一起挑起了家庭的重担。因母亲长期患病，懂事的申新军就与父亲一起，跑姜堰、泰州等地为母亲四处求医。医生的诊断结果是间歇性精神疾病，建议去省城医院就医。没办法，父亲只能四处借钱，好不容易借到了钱，全家人一商议，让小申陪母亲去南京碰碰运气，就这样，申新军与母亲一起，踏上了去省城南京的路程。

几经周折，申新军在一家部队医院为母亲办了住院手续。那阵子，拿化验单、排队拿药、端茶送水、洗衣买饭，几乎没有空闲。为了省钱，一到晚上，他就与医院长条凳子为伍。时间一长，身上带的钱快要用完了，在这个举目无亲的大城市，唯一的办法是打工挣钱，维持母亲治疗。从此，申新军走上了找工做的漫漫征程。

这位身高在一米八以上的帅哥，转遍了南京大街小巷，终于一家鸭子店的老板向他抛出"绣球"。他成了脚蹬三轮车送鸭子的车夫，每天工作在16小时以上，收入还不到5元，虽然少点，但申新军当作事业在做。

起早贪黑送鸭子，埋头蹬车穿行在大街小巷，每到一处，身上大汗淋漓，他只能用毛巾扇一扇，降一下温。在一次途中，三轮车链条断了，他索性推车赶路，一直到深夜才回到住处，累得浑身像散了架，一躺下就像煮熟的虾子一样，呼呼大睡。日复一日，年复一年，申新军吃的苦，无法用语言来形容，他说："我有的是力气，不吃苦中苦，哪有人上人。"

渐渐地，申新军开始无偿地帮老板切鸭子、卖鸭子，从体力活到技术活，申新军没少吃苦。他的执着，他的专注，促使自己很快成了老手，下去一刀切，价格一口准。为了学到生意经，他比店里师傅起得早，做好各项准备工作，给师傅当下手，通过看、听、学，制作流程了然于胸，配方怎么弄，老卤怎么煮，放多少盐、多少酱油、多少糖、多少调料，他都记在心里。没有学不好的技术，只有学不好的人。长此以往，煮鸭子的门道和诀窍，申新军一清二楚。那一年临近春节，正是生意高峰期，师傅要回家过年，煮鸭子怎么办？店老板急得像热锅上的蚂蚁团团转，是申新军解了他的燃眉之急。

第二天早晨，店老板进门一看，惊呆了，撕下一块鸭肉仔细品尝，味道比原先的还要可口，回过神的店老板就问申新军怎么做的，这时，申新军才说出了琢磨已久的"秘籍"，这让店老板对他刮目相看，奖励了他一箱芦柑。

有钱没钱，回家过年。带着这箱水果，申新军踏上回乡的路程，患有重病的母亲此时已浑浑噩噩。申新军剥开一个芦柑,送到母亲嘴边,母亲已不能张开嘴,他扑通一声跪在母亲的床前,把芦柑的汁液挤在母亲的嘴里,哭成泪人儿。他说:"妈妈你要挺住,我会挣很多很多的钱,为你治病。"但是,母亲在大年三十,永远地闭上了双眼。

擦干眼泪,忙完母亲的后事,申新军再上省城,他要在南京开一家属于自己的鸭子专卖店。

1998年8月,申新军在南京瑞金路和常府街盘活了一个即将倒闭的门店,他拿着省吃俭用的2600元,交了一个月的房租,一切准备就绪后,第二天门店就开张。望着人生旅途中的第一锅鸭子,申新军笑得是那么开心。

这一年,他小荷露尖,20岁的他把生意当作事业做;

这一年,他经营有方,用智慧挣钱,常客、回头客蜂拥而至;

这一年,他创业初成,捞到了人生第一桶金。

创业 拼的是诚信底牌

山再高,往上攀,总能到顶;

路再远,走下去,总能到达。

"鸭鸭王子",申新军的知名度在南京可算响了,他制作的鸭子热销起来,用一年时间,打造了自己的鸭子招牌,可谓一个人一座城。

1999年8月,20岁出头的申新军,在人生大舞台上越拼越有劲,他立志要拼出个与众不同的精彩人生。他创办了南京新润卤菜食品厂,这是第一批领到南京市食品卫生许可证的企业,为事业腾飞插上了金翅膀。

在申新军的眼里,容不得一粒沙子,他说做生意做的是良心和诚信,拼的是坚守和创新。

杜绝假货是他做事业雷打不动的意志品质。在创办公司初期,申新军遇到了很多诱惑,一些不法商贩赚钱没了良心,给他送来了冻鸭死鸭,并承诺以最低价倾销。申新军严词拒绝说,食品是关乎生命的事,这个把戏不能演,不能拿自己的人格换取一时的财富,倘若这样做,自己的良心会遭到谴责,对不起广大客户,对不起子孙后代。

他是这样说的,也是这样做的。每次进货,他都严格把关,不留死角,从源头上保证食材新鲜;制作过程中,他都亲自上阵,督促工作人员不偷工减料、不使杂掺假,保证鸭子食品原汁原味。

央视《每周质量报告》栏目曾经曝光了南京的一款香肠掺杂了淀粉和质量不过关的猪肉。社会舆论顿时哗然,南京市质监部门下令严查,当时南京市某超市有 8 家供应商供应香肠,一夜间,7 个品种的香肠全部下架,只剩下新润的香肠在货架上挂牌销售。"无淀粉、无色素、无添加",新润经受住大浪冲击,申新军说:"这次风波,新润不但没有受到影响,而且生意更加炸锅,这等于是为新润做了个无价的广告。"

那年,当沃尔玛、家乐福等大型国际连锁商超陆续登陆中国市场时,申新军敏锐地抓住这一商机,来了个鲤鱼跳龙门。他要把新润鸭子推向更高的平台,很快新润鸭子就上了高端商超。这只是他跨出的第一步。"只做鸭子,产品单一,发展空间不是太大,要想事业风风火火,就要万箭齐发。"申新军的梦想更大了。

说干就干,起跑就是冲刺。申新军迈出了坚定的第二步,这一步迈出了发展新空间。他锚定全国各地的生鲜冻品、葡萄干、香菇等南北干货和休闲食品等特色农产品,"赶鸭子上架"。用一套统一的质量体系规范他们的生产制作流程,向他们灌输诚信理念,用近乎严苛的生产标准,实现利润共同增长,同频共振,互补双赢。

没有创新,企业就会停滞不前,创新的定力来自企业顶层人士的战略眼光。申新军说:"一个产品到达旺盛时期,就必须翻新,变出花样,这样市场前景才会更广阔。"

心有多大,舞台就有多大。2013 年,申新军放手一搏,推出了原生态的"稻田音乐鸭"系列产品,这套新润系列,刚一投放市场,立刻惊爆市场,业内专家、同人同行向他点赞,社会消费者向他投去敬佩的目光,"稻田音乐鸭"成了市民的抢手货,新润招牌鸭越叫越响,似如美丽动听的音乐永驻消费者的心田。

稻田音乐鸭,都是地产的草鸭和麻鸭,由农户散养在稻田湖里,结合国外养殖经验,在田间地头安装音乐播放器,让鸭子听着音乐快乐生长。这种鸭子的喂养,密度不能大,每亩养鸭在 20 只左右,喂食以螺蛳、杂鱼、绿萍、杂草为主,这种鸭子虽然生长期长,成熟后重量比一般肉鸭要轻 1 千克,但它的脂肪少，瘦肉多，吃起来香，口感好，被誉为南京盐水鸭中的佼佼者。

低温炖煮，老卤配方，加之后续道道制作工艺，确保了鸭子风味，保证了食品的绝对安全，公司也成为南京市首家获得"全国绿色食品示范企业"称号的企业。公司在南京、溧水、芜湖、扬州、泰州等地开设了多家分店，效益全线飘红！对于新润的接连成功，许多人既羡慕又存疑，秘诀在哪里？申新军片言道明：那就是用良心做食品。为确保食品生产安全，新润集团建立了盐水鸭生产全过程可追溯体系，为每只鸭子建立了档案，鸭子生长过程中吃什么饲料、打过哪些疫苗都可以追溯。在鸭子加工现场，新润也是全程监控，顾客在手机 APP 中可以看得一清二楚。现在企业产品种类发展到 450 多个。

申新军十分重视企业文化建设，以战略眼光成立南京盐水鸭非遗文化体验馆，并自告奋勇地担任首席馆长。他以鸭会友，向社会宣传和展示南京人的热情、博爱、包容、和谐的现代化大都市形象。《人民日报》报道："南京新润：扎根江宁、绿色发展"；《中国食品安全报》报道："稻田音乐鸭，吃出舌头上的健康"；《南京晨报》报道："讲诚信、有良心，成全别人就是成全自己"；《江南风杂志》报道："青年企业家申新军创业成功启示"。

一分耕耘，一分收获。南京新润集团先后获得食品卫生等级 A 级单位、江苏省著名商标、江苏省农业产业化重点龙头企业、全国绿色示范单位等荣誉。

人的力量在心上，船的力量在帆上。新润食品集团作为北京奥运会、上海世博会、南京青奥会供应商合作伙伴，与麦德龙、沃尔玛等多家世界500 强大型连锁超市、餐饮集团、星级宾馆酒店等 3800 家单位都建立了长期稳定的合作关系，并通过组建电子商务团队，顺利进驻淘宝、天猫商城，新润年销售量已超 10 亿元。

20 多年来，申新军从一个谋业打工仔成长为一名远近闻名的"鸭王"企业家，一路走来，历尽艰辛，始终不放弃，不退缩，不虚度，他用奋斗、拼搏、无悔成就了卓越事业，书写了幸福篇章。

名士乡贤

公益 拼的是奉献情结

"只要人人都献出一点爱,世界将变成美好的人间……"这首《爱的奉献》歌曲,时常在申新军耳边响起。

有舍才有得,是申新军奉献社会的人生格言,也是他的生财之道。他的精明之处就在于"舍得才能见广益,才能受大益"。正是有这样的胸怀大度,企业才有了强大的社会吸附能力。申新军说,善待别人就是善待自己,任何时候都不能忘记自己的过去,更不能抛弃时代的担当。回报社会,反哺社会,申新军从来不缺位不缺席。做公益,他一直走在大路上。

20多年前,他的家乡是黄桥老区典型的经济薄弱地区,手头上宽裕了,申新军没有忘记家乡的父老乡亲,更没有忘记自己原先也是个穷人。村里要修造水泥路,他得到消息后,主动捐赠10万元。村里哪家需要救助的,他都毫不犹豫伸出援手,因为他知道,没钱的日子那真叫个难过。母亲病逝后,他的奉献之心更加火红,他不能再让村里人因为无钱过苦日子,拖乡村振兴的后腿。

高中没毕业,申新军已经吃过没有文化的苦头,他不能让家乡的孩子因为没钱而上不起学。他要补上人生这一课。

捐资助学,他比任何人都更加主动,他召集家乡能人、成功人士组成爱心团,专门设立救助奖励金,让贫困学子不因无钱而辍学。每年都捐助20名学子,其中包括10名贫困生和10名优秀生。自从事业有成后,这一举动从没有停下脚步。

关心下一代成长,他比任何人都更加在心。他与江苏省关心下一代基金会合作,救助孤儿和困境儿童,20多年,捐出1000多万元。每逢特定时节,他都要去敬老院看望慰问孤寡老人,送去爱心大礼包。

他带领一帮爱心人士慷慨解囊,购置救护车捐赠泰州市第二人民医院。他说现在生活好了,捐助医院,是完成母亲临终前的一个心愿。"啥时候都不能忘本,将来有钱了,一定要报答和感恩"。申新军始终没有忘记母亲的遗训。

国家有难,匹夫有责。地震灾区、洪水灾区,他都自发伸出援手。2021年南京禄口机场发生新冠肺炎疫情,他当即捐物、捐款,总价值在60万元

申新军被评为"感动南京"2018年度人物

以上。他说,作为新时代青年,要不负韶华,主动担当,为党分忧,为国解难。他用实际行动叫响了"强国有我"的铿锵誓言。

在大雪封路的日子,他组织员工上街扫雪;在烈日酷暑的日子里,他带上慰问品到一线慰问高温下的劳动者。他用正能量去感动周围的人,所有这些都体现了一个当代热血青年的阳刚和率真。

危急关头,挺身而出。在一个月黑风高的晚上,申新军像往常一样下班回家。电梯驶到家门时,他发现平时亮灯的楼道一片漆黑。突然,一个黑影向他袭来,妄图抢劫他装有6万元的皮包。歹徒露出凶相,要申新军识相点,否则就让他好看。申新军急中生智,大呼"有人抢劫了"。歹徒露出狰狞嘴脸,掏出匕首,向他刺去。打斗中,申新军的手臂被捅伤,鲜血直流,但他还是死死地抓住歹徒握有匕首的手,用尽全身力气将歹徒抵压在楼道口墙角,并咬掉歹徒耳朵上的一块肉。后来居民报了警,歹徒一看情形不妙,央求申新军放他一马。申新军哪里肯依,警察赶到后,歹徒束手就擒。随后,申新军被送往江宁医院抢救。为表彰申新军与歹徒英勇搏斗的事迹,江宁区公安局授予他"见义勇为"奖。当媒体采访他时,他说:"那种情形,即便我有个三长两短,我也不会让歹徒逃之夭夭的,这也是时代赋予青年人的使命。"话虽不多，但字里行间无不透露着申新军的坚强和正义。

申新军常对员工说："你们都是我的家人，我的合伙人。有困难就说，一定帮助解决。"

他说到做到，一位员工的小孩患有心脏病，需要动手术，申新军发动公司员工捐款，并从公司专门的救助基金中拿出现金交到这位员工手中。这位员工当场热泪盈眶，拉着他的手说，一辈子也忘不了他的大恩。

2016年，申新军牵头向统战部和民政部门申请，成立了江宁区新的社会阶层人士联合会，并担任会长，他把自己已装潢好的近2000平方米的办公楼无偿地拿出来，取名为"江宁同心圆广场"，作为新的社会阶层人士交友联谊、参政议政场所。在他的带领下，江宁区新联会的工作得到省委统战部的首肯，并被中央统战部列为全国新的社会阶层人士工作示范基地。

申新军主动参政议政，作为南京市人大代表和江宁区政协委员，他经过深入调研后向政府部门提交的《建议政府加大对中小企业发展的支持，为把南京建设成为全球影响力的创新名城增添新动力》议案和提案被列为江宁区政协1号提案，得到了市区主要领导的高度关注。去年12月，泰州市姜堰南京商会成立，申新军被推选为会长，他拿出公司的用房作为商会办公场所；他走访会员，了解情况，沟通协调，形成强大合力；他奔赴姜堰克强学校，扶危济困，捐资助学；他购买礼包，登门拜访姜堰籍在宁著名人士在姜亲属；他协调各方带领姜堰籍骨干医疗人员，回乡义诊，助力百姓健康幸福。

申新军从没有忘记自己的过去，他说现在做的每件事，都是为了找回母亲临终时未尽的义务。当这么大的老板，在别人眼里，非常钦佩，如何拒绝外部世界的各种诱惑？申新军从谋业到创业，始终守住做人的底线。不该做的事，他从不沾边，灯红酒绿的场合，他从不参加。

有人曾问他的妻子："你丈夫那样优秀，他在外面你放心不？"妻子笑答："夫妻之间就应该彼此相互信任，我和他之间没有什么秘密可言。"

好样的，申新军，你用一个"拼"字拼出了个精彩人生，你的事业将更加灿烂辉煌。在新的征程上，新"鸭鸭王子"的传奇会更加绚丽多彩。

（段中富）

故园新景

河奔海聚涌春潮，凤翥龙翔映碧霄。

市镇田园新景美，登高顾远向明朝。

地方名企

江苏维娜时装有限公司

　　成立于 1997 年 10 月 30 日，是来自澳大利亚的独资企业，坐落于顾高澳洲工业园区，占地面积 8 万平方米，地理位置优越，交通便利。

　　公司拥有 600 多名熟练机缝工、整洁有序的工作环境、良好的生产设备、高素质的技术管理人才以及先进的生产工艺流程，建立了一套经营管理流程和质量控制流程，形成了以纺织、印染、服装为主体的轻工生产链。所生产的系列牛仔服装品质优良，通过了 Target、New York、BSCI、Kohl's、Walmart 等公司的认证，赢得了海内外很多客户的好评。2020 年，公司增产防护服、口罩等医疗用品，并通过了相关的检测。

　　公司承制各类高中档休闲装、时装、运动服一线品牌，每年出口量达

江苏维娜时装有限公司

1500万件，其中牛仔服每年生产近500万件，主要出口美国、加拿大、欧洲、澳大利亚等国家和地区，是众多国际知名成衣供应商的优良合作伙伴。年出口额6000多万美元，为区重点外经外贸企业、出口创汇先进单位。2021年公司开票销售额4.49亿元。

特耐王包装（江苏）有限公司

2012年2月落户顾高镇，是特耐王集团全资企业，总投资4100万美元，2013年7月正式投产运行，现由日本上市公司联合株式会社100%实际控股。公司主要生产具有自主品牌的特重型瓦楞纸板及纸箱，销售市场以工业包装为主。作为中国区生产基地的存在，承担85%以上三级公司纸板的供应。该公司已经成为母公司在华东地区最大的生产基地，有职工80余名。

公司注重提升自主创新能力，不断加大科技投入力度，实施技术改造升级。通过增资扩股，利用外资对现有瓦楞纸板生产线进行大规模的技术改造及新增环保设施。实施技术改造项目，优化公司产品结构，提升产品精确度，提高产品年产量，扩大企业规模效应，为企业带来更加持久的经济效益。

公司充分发挥自主品牌优势，秉承集团"成为客户心中不可或缺的企业，成为诚信、优质和创新的代名词"的经营理念，坚持给客户提供优质的

特耐王包装（江苏）有限公司

产品和服务。在包装行业市场竞争激烈的情况下，保持了企业销售的逐年增长，2021年全年开票销售完成2.17亿元，利税实现1103万元。

江苏天康电子合成材料有限公司

2012年3月注册登记，坐落于顾高工业集中区内，总投资2亿元。占地面积20000平方米，有员工60余名。专业生产各种电子电器绝缘灌封材料、半导体器件、集成电路、LED用键合金丝、键合银丝、键合合金丝、单晶铜丝、镀钯铜丝等产品。作为专业生产各种电子电器绝缘灌封材料厂家，一期项目已拥有生产及检测设备反应釜、拉丝机、退火炉、热分析仪、色谱仪等50余台，创成省级技术中心，年生产能力达15000吨。2021年开票销售1.32亿元。

江苏天康电子合成材料有限公司

江苏中麻色织科技有限公司

2017年创立，拥有员工100多名。专业生产纯亚麻、苎麻、天丝麻、麻棉、麻粘、麻涤牛仔布，其成品涉及素色织、印花、提花等中高档梭织时装面料。公司拥有一整套意大利进口高速剑杆织机50台，其生产的面料主要适宜于衬衫、休闲装、西装、连衣裙等高档服饰。公司力主创新，注重面料开发，高度紧抓产品质量控制，加强服务理念。产品主要销往欧洲、美国、

江苏中麻色织科技有限公司

日本、韩国和国内中高端品牌服装公司,是麻料面料市场的重要供应商。

江苏东方泵业有限公司

成立于 2001 年 10 月,专业从事手摇油泵、手压水泵、YL 系列手摇油泵、潜水排污泵、自吸水泵等泵系列产品的生产制造企业。公司拥有全套生产设施,具备完整的质量管理和检测系统,为产品高质量提供了强有力的保证,多年来赢得了广大客户的信赖和赞誉。产品(手摇油泵、手压水泵、

江苏东方泵业有限公司

YL 系列泵）远销欧美、中东、非洲、东南亚等 60 多个国家和地区。

江苏华彤新能源科技有限公司

成立于 2011 年 1 月，位于顾高镇工业集中区内，法定代表人为左成龙，注册资本 5000 万元人民币。公司主要经营太阳能光伏技术的研发、咨询、转让；C 型滑槽研发、制造、销售；220kV 以上开关柜、高低压管型母线、磁悬浮减震器、太阳能发电设备、铁路器材、通信设备、智能电气的制造、加工、销售；集装箱制造、销售、维修、租赁。

江苏华彤减震器制造有限公司

成立于 2012 年 8 月，位于顾高镇工业集中区内，法定代表人为左成龙，注册资本 1000 万元人民币。公司主要经营减震器制造、销售；自营和代理各类商品及技术的进出口业务。

江苏达尔斯汽车配件有限公司

成立于 2015 年 7 月，位于顾高镇工业集中区内，法定代表人为刘俊，注册资本 1500 万元人民币。公司主要经营汽车零配件、散热器、冷却器、模具、通用机械零部件制造、加工、销售；冲压件、钣金件加工、销售；自营和代理各类商品及技术的进出口业务。

泰州市一步茶具有限公司

成立于 2010 年 3 月，位于顾高镇工业集中区内，法定代表人为李月梅，注册资本 500 万元人民币。公司主要经营玻璃茶具、不锈钢茶具制造、销售；工艺品制造、销售；日用品百货、纺织品批发；自营和代理各类商品及技术的进出口业务。

江苏华海三联净化材料有限公司

成立于 2003 年 11 月，位于顾高镇工业集中区内，法定代表人为宋海娟，注册资本 3000 万元人民币。公司主要经营活性氧化铝系列助剂制造、自销；仪器仪表、电器机械及器材、五金、交电、纺织器材销售。

泰州市万丰塑业有限公司

成立于 2006 年 1 月，位于顾高镇工业集中区内，法定代表人为俞言权，注册资本 2000 万元人民币。公司主要经营塑料制品、通用机械零部件制造、加工、自销；城市、农村生活垃圾经营性服务；再生资源回收、加工、销售；电子元器件制造；非金属矿物制品制造；新材料技术研发；新材料技术推广服务；环境保护专用设备制造、销售。

泰州市艺博家具有限公司

成立于 2019 年 9 月，位于顾高镇工业集中区内，法定代表人为陈旭，注册资本 3000 万元人民币。公司主要经营家具制造、销售；木制品、竹制品加工、销售；机械设备、电子产品、化妆品、工艺品销售；智能家庭消费设备制造、销售；第一类医疗器械生产、销售；工艺美术品及礼仪用品制造、销售；技术进出口；进出口代理；货物进出口。

泰州庆坤新材料科技有限公司

成立于 2003 年 11 月，位于顾高镇工业集中区内，法定代表人为杨大智，注册资本 2000 万元人民币。公司主要生产塑料薄膜等。

江苏正达纺织有限公司

成立于 2006 年 3 月，位于顾高镇工业集中区，法定代表人为蒋仁，注册资本为 2000 万元人民币。公司所属行业为纺织业，经营范围包含：棉纱纺织加工、自销；纺织原料、纺织品销售；自营和代理各类商品及技术的进出口业务。

江苏侨云电子有限公司

成立于 2011 年，由港澳投资者黄献川投资创办。公司主要生产电子器件、电源线、线束、特种电线电缆、五金机电、PVC 材料。主营业务为电源电子线束生产制造，其上游产业链大多是西门子、AO 斯密斯、阿里斯顿等品牌的电源线供应商。企业以智能技术和互联网+为发展手段，以专业化、精细化、特色化、创新能力突出为发展方向。

泰州双胜包装有限公司

成立于 2017 年，位于顾高镇工业园区，法定代表人为储茂友，注册资本为 2600 万元。公司所属行业为造纸和纸制品业，经营范围包含：瓦楞纸板、纸箱、纸管及其他纸制品制造、销售、货物进出口。

泰州维德印花有限公司

成立于 2001 年，位于顾高镇澳亚工业园区，法定代表人为许兴军，注册资本为 662 万元。公司主要为江苏维娜时装有限公司生产配套印花产品。

泰州吉丰传动科技有限公司

成立于 2021 年，位于顾高镇工业园区，新改扩建标准化厂房、办公用房及附属用房万平方米，法定代表人为王国中，注册资本为 2000 万元。公司主要产品为金属铸件，产品销往上海和昆山等地，年产能 8000 吨。

泰州森大包装制品有限公司

成立于 2015 年，位于顾高镇顾高村，法定代表人为申凤平，注册资本为 100 万元人民币。公司所属行业为橡胶和塑料制品业，主营业务为塑料编织袋缝制、销售。

特色产业

足球加工产业

　　顾高足球生产始于 1987 年,初为零散加工,2006 年俞扬许成立泰州威尔逊体育用品有限公司,由一家外商投资,专业生产球类产品。

泰州威尔逊体育用品有限公司

　　公司拥有一流的检测设备和庞大的加工生产队伍,集研发、生产、销售及技术服务于一身,具有近 20 年生产和管理经验。公司的球类生产严格按照 ISO9000 质量体系标准进行,采用高级合成 PVC、PU 和 TPU 材料,手感好、柔软、耐磨、抗冲击力;采用高含量橡胶和丁基内胆,气密性好,保证杰出的弹跳力;采用高品质油墨,具有很好的光亮度和耐磨性。生产工艺类别有手缝、机缝、贴皮等,产品类别有足球、篮球、排球、橄榄球、迷你球等,

足球产品陈列（局部）

规格多样，适合各阶层人士使用。

公司拥有自主品牌威尔逊（WILXUN），在行业领域里已有一定的知名度。也承接一些贴牌产品的生产，常与红双喜、巴塞罗那足球俱乐部（FCB）、尤文图斯、皇马等知名品牌合作生产，走高档产品发展路线。产品以外销为主，参加每一届广交会和体博会，在阿里巴巴和made in china网站均有注册，以此积累客户群，年产销量250多万只，产品90%以上出口到世界30多个国家和地区。以质量和诚信享誉国际商界，得到广泛的认可。

公司的手缝球产品操作简单易学，可扩散到各家庭手工制作，不受时间和空间的限制，投资成本几乎为零。公司现有熟练技术工人500多人，除6名男职工外，其余都是女职工，带动了本地60%以上的留守妇女以及家庭困难妇女居家就业，人均年增收1.2万元。公司发展中一直支持公益事业，长江水改造出资1万元，多次向克强学校赠送体育器材，向敬老院老人送去慰问金，等等。

公司已获得中国体育用品业联合会颁发的会员证书以及泰州市工商行政管理局颁发的泰州市知名商标证书。

猪头营销产业

顾高是生猪饲养大镇，旧时，每个生产队都有生猪饲养场，少则几十头，多则上百头，老百姓也是家家养猪，少则一两头，多则十几数十头。在国家计划经济向市场经济转型的进程中，顾高镇镇南村（现属顾高村）十几户颇有商业头脑的村民悄悄兴起了一种特殊的行业——猪头营销。

猪头营销，是一项专门从事猪头收购、加工制作、贩运销售的产业。经营者从屠宰户手中收购猪头集中运回，在家庭作坊中进行加工。先是冲洗，去除表面的污渍，接下来是烫毛，把洗好的猪头放入大缸内，用开水滚烫、搅拌、去毛，然后捞出来冷却，再放入烧融的松香水中翻滚粘烫，彻底去除残存的细毛、睫毛及皱纹内的毛，使之白净光滑，再按成品、半成品的制作分类。制作成品的将猪头劈成两半，放入大锅中煨煮，待六成熟的时候捞出剔骨，分割舌、耳，再入锅煨，加作料、糖色，熟后就成为可直接食用的美味佳肴。制作半成品的就是待煨成六成熟时，剔骨后取耳、舌，添加作料、色剂后稍煨，约八成熟起锅，冷却后打包发运，由购买者回去自行加工制作。

每个猪头营销户都有几到十几人的加工制作专业队伍，每日村中人来人往，车辆穿梭，猪头肉香味充盈镇街上空，一派产业兴旺的景象。以张伯龙、顾金余、顾金发为代表的营销大户，每次购进销出的猪头数以吨计，加工的人员按制作程序分工，动作娴熟，忙而不乱。制作好的成品、半成品按销售的途径分装打包，用板车、三卡运送到车站，装载于长途客车的顶部，用网绳捆绑牢固，捎运至目的地，由购买方接站运回。在徐州、连云港、淮安等城市的许多大型菜市场都挂有"正宗顾高猪头肉批发零售"的招牌。在苏南常州有顾银朋猪头肉营业部，苏北连云港有蔡守本猪头肉营销部，可见销售的范围之广，影响之深远。几十年，这项产业使许多经营户成了"大老板"，让工人们一个个发了家、致了富，在顾高镇产业发展史上写就了一段传奇。

故园新景

羊肉产业

顾高镇羊肉产业大部分集中在夏庄村。自 20 世纪 70 年代开始,夏庄村就有村民从事羊油、羊肉加工经营,几十年来,该村一直是牛羊加工产业化的大村。据不完全统计,全村从事养羊、屠宰加工、经营羊肉馆的有 43 户,每年产值超过亿元。李其兵、李文林是村里羊产业经营大户。李其兵 20 世纪 80 年代高中毕业后即开始经营羊油、羊肉加工经营,收购货源遍及本村本镇与周边乡镇以及泰兴、海安乃至扬中,有时甚至抵达内蒙古;李文林与其父也很早就从事养羊和屠宰,将生鲜羊肉或熟羊肉送市场售卖,目前每年饲养、销售量达两三千头。村里屠宰大户钱宏洋、校德银、吴洪林每年屠宰量均在万头以上,像吴洪林仅付给屠宰工的保底薪资就达 30 多万元。他们与大坨、王石、姜堰乃至泰州、高港等地都建立了相对长期固定的供应链。在本村、顾高、王石、姜堰开羊肉馆的有 7 家,经营各有特色。

经市场调查发现,姜堰区的羊肉屠宰行业全部集中在城区以南,夏庄村坐落于顾高镇北首,南距顾高、蒋垛,东距大坨,西距梁徐,北距姜堰均在 7 千米之内,处于中心地段,有广阔的市场前景。为进一步落实乡村振兴战

李文林肉羊养殖场

略要求，以发展集体经济、成立项目为主，该村积极准备建立牛羊屠宰场，进一步打造羊肉品牌，做大产业，形成规模后，每年产值可达 3 亿元左右。

故园新景

生态种植

蔬　菜

2006 年,野庄村建成蔬菜大棚 100 多亩,开始了初具规模的商品蔬菜种植,主要种植豇豆、茄子、大椒,主销城市菜场,至 2021 年,该村的蔬菜大棚已扩至近 400 亩。

2017 年,东台商人崔玉平在申洋村(现属申俞村)投资 3000 多万元,流转土地 1000 多亩,建起蔬菜大棚,主要种植甘蓝、花菜、西瓜等。2018 年 8月,成立泰州市三荣蔬菜种植专业合作社,专业种植反季节蔬菜,采取了"村、社、户"联动机制,使农户、合作社、村集体都有明显的收益。2019 年,孟金龙从山东来到姜堰区顾高镇投资成立泰州市博凯农业发展有限公司,在顾高村、芦庄村、野庄村、塘桥村、张庄村建成 2000 多亩种植大棚,主要

大棚蔬菜

千佛村韭菜

种植反季节的西蓝花、甘蓝、丝瓜、西瓜、白萝卜等,年利润达1400万元。孟金龙在这几年创业过程中,先后获得"姜堰区青年创业之星""姜堰区青年创业示范基地""最美姜堰人——青年人物篇"先进典型,成为当地青年创业的典型代表人物。在孟金龙的示范带动下,不少农户也自建蔬菜大棚,学习种植技术。每年吸纳当地就业人口近200人,人均年收入3万元以上。近年来大面积韭菜种植也在镇内推广开来,其中申俞村250亩、芦庄村150亩、千佛村80亩。

莲 藕

莲藕是水生植物,多生长于水乡地区,在上河高沙土地区甚为鲜见,偶尔在偏僻的沟塘里见到几株,特别是荷花开放时,都引人驻足观赏。近年来,一些有经济头脑的种植者为改变传统的稻麦种植模式,增加经济收益,在高沙土地区用水田引进莲藕种植。

2014年,顾高镇的夏庄村、张庄村率先以合作社的形式推出了水田种植莲藕,选择地势较低,易积水,以往以种水稻为主的地块,种下藕种,学习、摸索莲藕生长的过程,在下肥、病虫防治等方面用新技术加强管理,提高莲藕的品质。这个种植有两项收益:一是中秋过后至9月中旬,可收获莲荷,产出莲籽,是上乘的营养品;二是10月过后,大批的藕采挖出来,上市销售,可食用,亦可

夏庄村千亩藕田

用藕制作佳肴,如糖水藕片、藕饼等,还可经深加工制成藕粉、罐头等产品。

据统计,夏庄村、张庄村莲藕种植面积分别达 700 亩、200 亩,亩产莲藕 1750 千克,亩均产值 1.4 万元,销于门市和各大菜市场,经济效益比稻麦种植翻了几番。这在高沙土地区改变种植模式,创新增效上走出了一条新路子。

莲藕丰收

芡　实

芡实,一种药、食两用的水生植物,别名鸡头米、鸡头莲、刺莲藕,为睡莲科植物,喜生于湖泊池沼中,在高沙土地区极为少见,其种植性质跟莲藕相差无几。

芡实水田

2018 年,俞庄村(现属申俞村)退休干部俞建林大胆尝试,流转了 110 亩土地,建成专用水田,聘请了专业技术人员,种植芡实。生长中的芡实形似莲藕,但根部不结藕,主产是长出水面的似莲荷状的、内部多籽的果实,经人工采摘后,还要经机械脱粒,晒干销售。产品主销苏州、淮安等地,亩产值达 8000 元,比粮食种植产值翻了两番,而且芡实种植对当地的生态环境也起到很好的改善作用。

2021 年,其种植面积已扩至 150 亩。据生产工人介绍,该产品销售势头良好,有较好的发展前景。

采摘芡实

西瓜、甜瓜

江苏"好西(甜)瓜"品鉴好基地

　　从 2011 年开始,申俞村、顾高村、野庄村、芦庄村等村充分利用本地高沙土地的自然条件和资源特点,大力发展西瓜、甜瓜种植,产业规模和经济效益逐年提升。每年种植面积达 3000 亩,亩均效益 8000 元。这里产出的西瓜、甜瓜不仅品质好、口感佳、水分足、甜度高,还有个头大的优势,如西瓜每个都重达二三十斤。每逢瓜季,这里都呈现产销两旺景象。2020 年,顾高镇西(甜)瓜生产基地获评"江苏'好西(甜)瓜'品鉴好基地"。芦庄村在 2021 年"泰州市优质西(甜)瓜交流会"上获评甜瓜金奖,在 2023 年"泰州市西(甜)瓜产品品鉴交流会"上获评甜瓜金奖、西瓜特等奖。

"泰州西(甜)瓜产品品鉴交流会"金奖、特等奖

百香果

　　百香果是一种热带水果，富含多种对人体有益的营养素和生物活性物质，具有促进消化、改善睡眠、调节血糖的功效，也具有抗菌消炎、预防贫血、增强免疫力的作用。适宜生长温度为 20～30 摄氏度，主要分布在我国南部的广东、海南、福建、云南、台湾等省。生长期需要勤浇水，定期施薄肥，保持土壤中有充足的水分和养分。

　　2020 年 3 月，芦庄村党支部书记万兴友自己拿出 3 亩地，搭建大棚，请来福建专家李建辉，试种百香果。从翻地、打垄、施肥、涵养土地，到栽苗、定植、浇水、剪枝、授粉、除草、搭架，一着不让，不放过每个环节，终于摸索出"种植学问"，历经了两次冬季冻害的百香果逐渐适应了顾高的水土，在大棚内呈现旺盛长势。这一项目开创了苏中地区"南果北种"的先河。该品种每年 3 月栽植，7～10 月陆续采摘。

　　2023 年 1 月份，村两委成员流转 50 亩低产田种植百香果，村股份经济合作社持股 50%，村 9 名分会成员入股 30%，村民劳力和专家技术各入股 10%，开始全面推广种植百香果，所种植的 3 万株"爱马仕"钦蜜九号黄金百

果园入口

百香果

香果,品种优良,甜度高、维生素 C 含量高,深受市场青睐。已成熟上市的果子,亩产达 1000 千克,每亩纯收入达万元左右。同时,在百香果大棚里套种大豆、蜜薯、玉米,让种植基地四季均有收获,预计一年能为村集体增收 20 多万元,带动了 20 多户低收入农户进棚务工,昔日的"低产地"华丽转身为"致富田"。

花　卉

2021 年,泰州杰杰高花卉公司入驻顾高镇申俞村农业园区。这是一家

蝴蝶兰

连栋大棚

以"花"产业为核心,融品种选育、种苗繁育、花卉种植、加工出口、农旅观光为一体的农业公司,是全区首家花卉培育基地。该公司投资 200 万元建成 12 亩连栋大棚,再投资 300 万元建立立体化可移动苗床 6000 平方米,配套控温控湿设备,安装了智能化可视交换控制系统,建起综合环境监控云平台,建成数字化智能温室,实现远程实时监控,能及时调节大棚内的环境指数。公司注册了"杰杰高"知名商标,年产蝴蝶兰、绣球等种苗 40 万株,成品蝴蝶兰 20 万株,亩产值达 20 万元,年增加村集体保底分红 10 万元,带动周边 54 人就业,每人每年增加收入 1.8 万元,辐射本村 12 户农户开展蔬菜、花卉轮植新技术,提高亩均效益,每亩增加收入 0.7 万元。公司成立顾高镇电商运营团队,配备男女主播各 1 名,公司已入驻淘宝、抖音平台,由村帮助组织、销售花卉,公司通过电商销售的每盆花卉提取 0.2 元作为顾高镇"圆梦助学"善行捐资。

故园新景

绿美乡村

西芦村"河心五岛"

　　西芦村位于顾高镇北部，全村 2000 余人，大部分姓凌。凌氏原为苏州望族，明朝初年，因避"靖难之变"，渡江北上，迁徙至此居住。

　　西芦村水系发达，东、南、西、北均有河流环绕，在村庄东南角，有一片水域开阔的池泊，池中有 1 个独立的大垛和 4 个小垛，称为"河心五岛"，距今已有 600 多年的历史。1946 年，国民党军队和地方反动武装于此构建据点，在 5 个垛上筑起碉堡，内外以吊桥相连，形成易守难攻之势，伺机出动袭击共产党地方武装，捕捉、杀害共产党人，无恶不作。1947 年 12 月，苏中军分区一团由北向南挺进，势如破竹。12 月 18 日，芦庄据点之敌陷入孤立

"河心五岛"一角

"河心五岛"鸟瞰

无援境地，丢弃碉堡溃败而逃，同年围子碉堡被拆除。

乡村振兴战略实施以来，西芦村树立农文旅结合理念，大力开发村庄旅游观光业，围绕西芦"围子"的故事，打造"河心五岛"生态景观，建立起廉政文化墙，构建起法治文化游园和水美乡村河长制公园。曾经的伤心之地，变成如今的幸福家园。醒目的标牌引领着游人的脚步，厚重的牌坊铭刻着历史的回瞻，环园的健身步道首尾相连，游人小坐的石桌石椅接连排开。园内植被丰厚，景观绿化高低层次有别，布局点缀有致，林木苍翠，蒲苇葱茏，繁花点点，清波涟涟，水云之间，辉映着一幅色彩斑斓、气韵生动的美丽画幅。

翟庄村微型湿地

翟庄村位于顾高镇西北方向，地跨中干河两侧，人口近 3000 人。2005年该村发现了一口宋代水井，井砖和井底陶瓷残片犹存，这就见证着在宋代以前就有先民在此聚居。翟庄庄名源于清乾隆年间，当时庄上有翟家巷、缪家巷、许家巷、银家巷、薛家巷等 9 条巷道，各姓氏族人之间相处融洽，素有"翟家庄，九条巷，大事小事共商量"之说。

该村地势平坦，水土丰美，阡陌规整，经多年经营，形成田连片、渠相通、

微型湿地

路成网的景象。放眼望去一片绿野，大部分为稻麦两熟的高产良田，另有130亩为苗木园圃，种类繁多，树木成行，自成风景线。自党中央提出乡村振兴战略以来，翟庄人提高站位，拓宽视野，在充分论证协商的基础上，在现有条件下努力开发生态环境资源，对村中一片鱼塘水域及周边荒滩散垛进行了重新规划打造，形成了别有风姿神韵的"翟庄微型湿地"。

　　区域内水系多为鱼塘水面，水质及景观生态较好，但在过去由于疏于管理，内部垛岛各为主体，部分水面存在垃圾杂物及漂浮物，且岸边杂草丛生，影响了水体的清洁与美观。经改造，打通了东侧道路两边的鱼塘，沟通

驳岸水景

了水系，清理了鱼塘底部淤泥，铲除了周边的杂草、杂物，丰富了鱼塘边水生植物的种类，对生态驳岸进行路、石化打造，提高了外围车行道的观赏视线；对各绿岛进行了沟通，设立了木栈桥和景观步道进行连接，形成了秀美的景观游览环线；环线中心打造了景观亭，游人可休憩游玩；各节点增设了垂钓台和汀步小道，大大提高了湿地的观赏性和趣味性。

微型湿地的成功构建，实现了生态环境整治和人文景观打造的双重效益，为翟庄村的乡村旅游发展绘上了浓墨重彩的一笔。

塘桥村观光果园

在 229 省道顾高镇塘桥段的丰产路北侧，有一块 100 亩地块，紧靠省道边有几间房子，门顶上方的"天地农业生态园"招牌异常醒目，园内设有生活用房、办公室、接待室，宽阔的硬质路面通向园地深处，且搭有凉棚，悬挂了不少宣传品，通道的南北侧，长势旺盛的猕猴桃果木排列成行，高矮一致，且都有滴灌。园内种植的猕猴桃品种各异，有徐香、翠香、红心、金果等，还有葡萄、黄桃为辅品。

天地农业生态园始创于 2010 年，由创业青年凌冬梅牵头，成立了种植合作社。他们与省农科院园艺所进行技术合作，嫁接猕猴桃种苗，将技术在本地大力推广，辐射带动周边更多农户创业致富。

生态园入口

采摘猕猴桃

2019年，该园打造了融亲子乐园、自采区和农产品展示区为一体的旅游观光园，一产、三产融合发展。产品主要通过批发、零售、自采、淘宝、微网等渠道进行销售。金秋之季，园内游人如织，孩子们欢声笑语，追跑跳跃，采摘品尝，满园洋溢着温馨和谐的气氛。

该园2016年获泰州市诚信企业、青年创业示范基地；2017年获江苏省农委颁发的产品与包装创意优秀奖；2018年、2020年获江苏省巾帼示范电商服务站；2019年获姜堰区三扶两创"创业之星"称号；2021年被姜堰区关心下一代工作委员会命名为青少年校外教育实践基地。

业主凌冬梅的心愿：要打造一个沉浸式体验式农场，寻找与自然万物的连接方式，以启迪心智，获取大自然生生不息的力量。

芦庄村特色田园乡村

芦庄村位于顾高镇东北片，229省道穿村而过，距离顾高集镇约4千米，距姜堰城区约10千米，由原来东芦、复兴、苗圃、桥北4个自然村合并而成。村域面积约6.8平方千米，其中耕地面积3783亩，水域及其他用地面积1600亩。

依托高沙土地的资源优势，由村党总支牵头，采取"村集体+合作社+基地+农户"的模式，规模化发展西瓜、甜瓜、百香果等为主导的"甜蜜"产业。结合竹篾工坊、古银杏树特色景点，开辟以"采摘劳作—农业研学—集市展销—文化记忆"为亮点的观光路线。2022年，集体经济纯收入83.5万元，农民人均收入2.1万元。

芦庄大码头

　　在保留原复兴村村庄原貌肌理的基础上，通过修建芦庄大码头、兴建村史馆、延续红色水岸、打造健身小游园、营建美丽庭院、认领"一米菜园"等举措，共同绘就"水清、岸绿、景美"的乡村新图景，实现"田成方、树成行、路相连、渠相通"的美丽田园风光。

　　把特色田园乡村的创建与村落传统文化的承继有机结合，深入挖掘本地历史信息、民俗风情、人文趣事，提升文化内涵。凝聚群众智慧，提炼完善《新村规民约》，评选文明家庭、最美芦庄人，涵养崇德向善新风尚。创新基层治理"积分兑换制"，以文明乡风"软实力"，构筑乡村振兴"硬支撑"。

西瓜丰收

诗韵文情

乡愁里忆韵悠悠，画境诗情笔意稠。

饱蘸源源桑梓水，襟怀壮阔写春秋。

诗 词

黄炎培哀顾君义两首

1936 年

（一）

不堪三峡倦游身，
天夺维扬一俊人。
到死犹闻语清澈，
平生留得瞻轮困。
亦从柱简搜残蠹，
未许池莲染点尘。
交到深时无几日，
每怀此意极酸辛。

（二）

一夕谈心各悔迟，
津桥逆旅订新知。
君平世未相忘日，
太白人皆欲杀时。
独扫阴霾开直道，
更从乡国证交期。
尘尘十五年来事，
零落江云酒一厄。

黄炎培，1878—1965，江苏省川沙县（现上海市川沙区）人，著名教育家、社会活动家，1905年参加同盟会。中华人民共和国成立后，先后任政务院副总理兼轻工业部部长、全国人大常委会副委员长、全国政协副主席等职。

徐观伯《战地行吟》诗选

权当开学课一堂

1942年农历正月十六日

我校创立开学第一天，蒋垛伪军下乡扫荡，随即配合军民打退敌人，是为开学第一课。

哪里送来鞭炮响，二黄扫荡申俞乡。
军民奋勇齐心上，权当开学课一堂。

游击教学歌

1942年

腰插榴弹手书包，师生游击办学校。
上学不忘打仗事，抗日读书齐做到。
学生来自工农兵，本是劳动胎里生。
学习生产相结合，文章能写田能耕。

农村即景

1942年于泰县顾高桥梓头

农村日处久，景物也相宜。
鸡叫蛋拿后，猪争料喂时。
犬勤人入睡，鸟宿日斜西。
野旷天地阔，晴雨能先知。

悼念泰县县委书记徐克强

1942 年秋在泰县遭受敌人袭击,县团政委徐克强壮烈牺牲。

挥退紧跟从,奋力缪野东。

机要火化烬,一己何轻重。

引敌四围上,我军好外冲。

自刎长虹贯,倭寇嚎为风。

临危无所惧,为党始有终。

丽之星日月,镇地泰衡嵩。

精神永不死,前仆后继踪。

老二团移驻申家洋

1944 年

纵横不过数十里,入死出生五六年。

狂吠倭奴锋暂避,佯攻困守打增援。

德苏胜败人关注,消息姜黄时挂牵。

今夜安心高枕卧,二团移驻申洋前。

注:老二团是能征惯战队伍,一到哪里人民就心安神定。

老解放区重游

1975 年于泰县顾高镇

故乡一别三十春,旧友相逢情意深。

话到当年交战处,儿童聚听当新闻。

动腿就跑闭眼走,如今处处问人行。

拓宽小道汽车响,小沟成河走大轮。

答乡人

1978 年

乡人拟在原二中校址开办中学,问学校名,短歌以答之。

春风桃李喜飘香,二中旧址办学堂。

莫忘流血有今日,应取校名叫克强。

歌颂俞坚烈士

1983 年 5 月 29 日于南京白下

撩袍擒野鬼,关门缴人枪。

芦荡英风凛,闻名三烈乡。

路过泰县顾高镇南桥有感

当年避难过此,同行者有顾振亚同志。

四面犬吠叫,走为上着好。

包围终跳出,此处是通道。

徐观伯,1912—2005,泰州市人,1941—1947 年任育英中学、泰县二中校长。中华人民共和国成立后,先后任泰州市教育局局长、南京博物院副院长、江苏戏曲学院副院长等职。2000 年出版诗集《战地行吟》。

李维诗词选

以诗为《战地行吟》跋

出众才华怀念中,写来往事墨磨浓。

"帚星"曲奏人仇恨,青解团歌音亮宏。

坚持南线著成论,传诵江东声望隆。

《战地行吟》爱不释，都缘甘苦曾相同。

兰陵王

1991 年 5 月 13 日于泰县顾高克强中学

公孙直，枝叶蓬蓬巨笠。平原上，三麦漾波，绿映学堂送春色。依稀望老宅，熟识。年高八秩，徐观老乘兴来迎，五十周年育英立。

喜寻旧踪迹。忆抗日烽火，学子游击。不打鬼子除学籍。此徐老言定，铿锵掷地，英才千百竞报国。遍东南西北。

扬笛，共协律。演四代话剧，教育实急。校长表态竭全力。引徐老微笑，焦思尽释。长怀神伙，摄个影，载史册。

注：神伙，即徐老所谓老伙伴，校园内高大的白果树，又名公孙树、银杏树。徐老对它有同伙之情。当时徐老立于树下，留影。

李维，曾任中共泰县县委书记，后任中共江苏省委宣传部副部长。

顾经海诗词选

十六字令四首

入党 45 周年感怀
灯，
闪闪发光照夜更。
同宣誓，入党献终身。

灯，
航海凭之北斗星。
求真理，志愿做尖兵。

灯,
驱散阴霾变天清。
齐协力,革命必成功。

灯,
"讲话"传来耳目聪。
更观念,华夏正升腾。

长相思二首

纪念毛主席诞辰百年

(一)

长相思,久相思,辟地开天创伟绩。人民忆领袖。
忆领袖,想领袖,反霸防修举大旗。安邦理万机。

(二)

湘水流,涟水流,流到汪洋通五洲。湘潭是水头。
思悠悠,情悠悠,情到斯时并未休。人民亿万秋。

忆江南四首

沂蒙行(1947年2月)
星辰布,起早整床铺。
挑水清屋谢户主,
军民情谊古今殊。
一夜劳苦除。

急上路,活动暖肌肤。
山怪石奇峰回转,

行程卅里少平途。
迈步感轻舒。

提前走，庄小树稀疏。
小憩村旁吃红薯，
攀登高处望齐都。
中饭有积储。

观齐鲁，饱受战争荼。
自古兵家争夺处，
山川田地忌荒芜。
蒋贼罪当诛。

忆江南三首

两渡黄河（1948 年春）
行军近，黄水若蛟龙。
奉命南征急上路，
梁山抢渡很从容。
何惧水情凶。

敌军动，追堵白搭工。
虎视眈眈张血口，
我逾黄水乘长风。
诡计总成空。

华南纵，护送动兵戎。
南渡北回都趁势，
两广子弟建奇功。
美誉遍华中。

浪淘沙

过界首沙河（1948年夏）

军队到中洲，河水急流，扁舟几叶漫浮游。顺水下流达界首，天地悠悠。

繁闹水街头，皖北名流，岸边市井客商稠。远近风光殊艳丽，春色清幽。

注：界首当时是中共豫皖苏分局所在地。

七　律

夏日公园晨曲

晨曦老少趁凉来，进退身姿步半开。

对对忘年欢乐跳，双双莫逆舞徘徊。

气功种种出新套，武术门门显异才。

勿道赋闲空失落，花甲过后巧安排。

七　绝

鸡公山

（一）

豫鄂边界景色奇，鸡公山上涌清溪。

山间瀑布甘泉淌，云海烟波与眼齐。

（二）

身在苍天雾里行，脚登云朵入屏营。

松涛滚滚清凉境，人世天堂久慕名。

顾经海, 1926—2011, 顾高镇顾高村人, 解放战争期间参加华东野军, 被授予二等功 1 次, 三等功 1 次。曾任河南教育学院党委书记, 正厅级。创作发表诗词、散曲 200 余首。

钱清《寒梅集》诗选

赠贾凤

1940 年初冬, 新四军某团部女同志贾凤驻我家, 贾乃丹阳人, 性豪爽, 若男子, 余作诗赠之。

> 一凤飞来苏北地, 能文亦武英雄俦。
> 随军抗日今红玉, 巾帼勋名史册留。

苏州购药归感

1945 年 10 月, 余病仍未瘥, 药难, 乃乘同村人之猪船往苏州购药。沿途一片为日寇蹂躏之疮痍未能及时整治, 而国统区微觉有欲内战之阴霾。归家后感而咏之。

> 医难求药姑苏去, 霜夜无眠挤小舟。
> 路险澄南遇水盗, 田荒锡北草连丘。
> 烧余村舍嗟残破, 初复阊门痛创留。
> 收拾山河未亟整, 不期寻衅仍渝州。

注: 遇水盗, 乃是猪船过白塘湖, 为土匪劫持, 抢去财物, 隔岸国民党驻军见而不救, 当时我恨国统区兵匪相联。

奋战吟

1949 年冬, 余任叶甸区文教助理, 为夺得办冬学扫盲红旗, 在大小河流冰封、舟楫不通的情况下, 冒险从必经的大河上踏冰而过, 将冬学课本一天内送达各村。至陶野乡野俞垛小学最后一站，渡冰时天已夜，在学校灯下欣然占五绝一首。

离城下叶甸，水国抽长剑。
腊月我无寒，缘冰勇激战。

颂麻墩俱乐部晚会

1955 年 7 月 21 日参加麻墩高级社文娱晚会，即兴赋一绝。
击鼓传花夏夜景，农村俱乐夸麻墩。
管弦丝竹山歌助，胜似高山流水声。

赴省文化厅开会途中即兴

1956 年秋，余作为江苏省文化厅特邀农村区文化站长代表，参加省农村文化工作交流大会，于赴宁途中即兴一律。
深秋奉命赴金陵，足患未痊蹀躞行。
车过邗城未歇马，舟飞扬子有龙吟。
紫金预料舒眉绿，玄武书传入眼青。
可爱神州今一统，江山如锦慰人心。

农村五月即景四首

1964 年 5 月，余麦假中在家，应顾高公社陈汝山书记之约，夏收前后拾零数绝以奉。

一、丰年望

麦穗微黄识岁丰，家乡五月画图中。
接天云锦农民织，预祝今年队队红。

二、打谷场夜景

打谷场头列重兵，东西南北尽营营。
山歌声里惊雷势，夜半车床响到明。

三、夏种夜耕

小满才过人不眠，农民兄弟竞争先。
铁犁哪管阴晴夜，耕到嫦娥让半边。

四、夏种插秧

奔流电灌似飞泉，眨眼旱田变水田。
一片笑声明镜里，新秧插罢夕阳天。

早 春

1978年、1979年二年余在芦庄中学教文史。当时非难知识界的现象少了，心颇平坦，见于吟哦。

啼鸟催寒去，春光露眼帘。
嫩芽绽老树，细草透篱边。
麦浪瞻初起，园桃醒半眠。
寻芳须早日，莫悔落花前。

乐观吟

1997年5月22日，至市人民医院配治支扩微血管咯血药，医云此无妨，自我保健要增强。自顾行年七十有七，齿尽发霜，去留何计。乃为《乐观吟》。

年逾古稀非为小，红尘何事不可了。
儿孙敦厚家风继，菽水相安算尽孝。
牛衣岁月告已矣！贫贱夫妻白头老。
残年幸度少惊忧，饥无寒无得温饱。

不舍昼夜东逝水，乾坤长此人易憔。
路入黄泉岂可避，圣贤豪杰只一朝。
回首同乡同年辈，十故八九若烟消。
是生是死何所计，为人为鬼要逍遥。
阎王就怕乐观派，悟空齐天难注销。

故乡生活萦梦中

1999 年 8 月 29 日于姜堰家中
久居在罗塘，情系我故乡。
八十年代景，留梦非黄粱。
门前银杏树，屋后有槐桑。
绿竹环幽境，围渠水泱泱。
蔬菜园圃种，杂品豆瓜良。
拂晓闻鸡叫，披衣急起床。
来回大路走，锻炼草沟旁。
日出炊烟直，自作饭菜香。
有时轻劳动，翻土汗湿裳；
挥锄去莨莠，自觉筋骨强。
名著求饱眼，诗文爱宋唐。
我惭鱼鲁混，举笔感惑惶；
自涂自欣赏，寓性巴人行。
人生本暂短，杯酒对孤窗；
兴来自由曲，行乐又何妨。
莫悲身世短，达观自无恙；
贤圣同归土，老死属正常。
莫羞囊中涩，我今笑阮郎；
邓通钱最广，饿死命无偿。
淡泊以明志，何须食膏粱；
果真三餐饱，毕竟寿而康。

乡情似水情，水长情更长。
邻居质地朴，白天下地忙，
晚来有空隙，围灯笑语狂。
兴尽星斗转，迟眠怕着凉，
枕上回味乐，酣然入睡乡。
此情兮此景，此生不能忘。
我盼常作梦，夜夜在故乡。

钱清，1921—2008，顾高镇塘桥村人，曾任泰县叶甸区文教助理、文化站站长，蒋垛中学教师，芦庄中学教师，有诗作200余首。

诗韵文情

散　文

故　里

　　我出生在姜（堰）八（圩）线上顾高镇的俞家庄，距姜堰、黄桥两地均三十华里左右，原系泰州县，今改姜堰市。俞家庄是个大庄子，从东南边到西边，长约五华里路。村民基本上都是俞姓，其他姓氏较少。俞氏在这个地区，算是个大家族。过去俞家庄划分为 3 个大队，今改成 3 个行政村，还有部分俞姓村民的生产队，划归其他两个村管辖。过去的俞家庄不富裕，"土改"中各村划分阶级成分时，只有两三户破产地主，他们占地只有几十亩，富农也不多，中农占多数，贫农很少。俞氏经济虽然不富裕，但对教育比较重视，俞家庄曾有两所小学，一所在东庄俞氏宗祠内，校长叫俞少伯，教师顾墨斋等；一所分校在西庄童梓庙内，校长是俞如鹞。后来，两所学校合并。俞氏子弟读到中学的人数不少，抗日战争前有俞冠群、俞清、俞铨、俞明、俞湘、俞谦、俞亮、俞金福、俞玉本、俞言道等 10 多人，他们于抗日前基本上都是从事教育工作。其中只有俞铨执教后，考入黄埔军校，当上国民党军官。俞湘是位优才生，从扬州中学毕业后不久，便考入中央银行。抗日初期有俞元凯、俞如日、俞如清、俞如启、俞如长、俞金湖、俞如镜、俞金德、俞秀、俞镒钧、俞玉朗、俞玉强、俞言照、俞言谨、俞扬显、俞吝等 10 多人。抗日战争中后期，我党在俞家庄附近创办泰县二中。从此，读中学的人更多了，特别我村（池南村）中学生和当教师的特别多，有"文化村"之赞称。俞家庄由于受过中等教育的人较多，容易接受新事物。因此，在抗日战争中，参加革命工作的人较多，对革命做出了一定贡献。顾高镇有烈士 215 名，其中俞家庄烈士就有 30 多名。如老同学俞如清（俞坚），在抗日战争中牺牲，胞弟俞玉猛，在解放战争中为国捐躯。

家父俞金印有弟兄 4 人,他排行老二,虽识字不太多,但勤俭持家。父母生我们弟兄六人。为了我们的穿衣吃饭,为了培育我们,他们青壮时代就像做长工一样辛苦地生活,种了一辈子田,艰苦一生。我家先后迁居 4 次。第一次迁居,是在我六虚岁时,祖父母将我父母分出去,给了 5 亩地,除了自己房间的东西可以带走,其他一点不给。这时,我们已有弟兄 3 人,全家已有五口人,租借邻居俞清家两间简易小草房,全是土墙。此房原是存放插秧农具的用房。搬到新居后,因房子太矮小,大人进大门时要低下头,上床睡觉时要爬进去,不能抬头上铺。在我的印象中,冬季搬进后,到开年夏季的一天,下了一夜暴雨,前后土墙全部倒塌,后墙压在床上,将床都压坏了,幸好未伤人。在这种情形下,母亲见到东隔壁邻居凯奶奶就流泪,凯奶奶劝我娘说:"不要急,回去要求鹄二爹(祖父),借老家糟坊间暂住一下,然后再想办法。"她又说:"3 个伢儿 6 只手,要吃哪里有,种 5 亩地穿吃不够。你俩农活样样会做,力气又大,又肯吃苦,再租几亩田种种。"总之,凯奶奶全家对我家很关心,父母在精神上得到她全家的安慰。第二次迁居,是因父母向祖父要求暂住糟坊间未成,马上就搬到西隔壁第五家空关的两间七架梁草房里。此房怎么会空关在那里呢?因原房主吊死在这里,邻居说这房子里经常闹鬼怪,晚间有些人不敢走近那条巷口。父母在没有办法的情况下,毅然地搬进去了。住到这里以后,父母拼命劳动,家里还开了一个早晚营业的小烟酒店,还和镇上一户人家合开了一只肉店。后来,四弟俞玉勇出生了。此时,我家已有 6 口人,虽然吃闲饭的人多,但经济状况尚可,每年都有一定结余。几年中,还购进几亩土地。第三次迁居,祖父死时,请了公亲族长,为父亲老弟兄 4 人正式分家。经过公议决定,因我家里人口多,就将 9 间老祖房(6 间瓦房、3 间草房)一分为二,我家和四叔俞金钺各半,因四叔刚结婚,祖母跟他生活,三叔俞金锡从老祖房内迁出,补贴经费,自造新房。在这样的情况下,迁回了故居。住了很短时间,大伯俞金玺想住老祖房,和我父亲协商,用数亩地换我家的一份房地。父母考虑到儿子多,住在庄上种田不方便,住宅又没有发展余地,同意大伯调换的意见。

第四次迁居,父母和大伯办好调换手续后,便在现今池南村的港南,新建了四间七架梁砖草结构的房屋。这块建房地皮,原是几十年前,祖父在这里居住过，开过糟坊养过蚕的地方。刚搬来时，祖父种的几十棵高粗乔木桑，还矗立在沟边田头，我曾爬上树，采摘桑枣吃过。采桑枣时，看到过大蛇在树丫上乘凉，也许是在捕捉食物，吓了我一跳。于是我马上就离开了。这几十棵桑树是老弟兄4人的公产，由我家负责管理，待卖去后，其钱供祖母作衣棺之用。数年后即卖给里下河地区人，制作车水农具。当时，卖了几十块银圆，给祖母做了一只大杉木棺材。这口棺材之大，当时在庄上少有的。搬到这里后，父母又生了两个弟弟，我们兄弟四人增加到弟兄六人。大哥叫俞玉刚，初小毕业后在家种田，三弟俞玉猛和四弟俞玉勇，在小学读书，五弟俞冠和六弟俞桂尚小，均未入学。父母为我们弟兄将来生计犯愁，他们劳动强度比以前更高。为了培育我和三弟读中学，设法增加一点收入，后来父母既种田又开了豆腐店。旧话说：世上三种人最苦，行船打铁磨豆腐。搬到这里后，风调雨顺年间，肚子能吃饱，若遇到歉收年，口粮不够吃。记得有一年农历六月，由于过去祖父欠下来的债务，大地主顾君立派人来我家逼讨利息，家里实在拿不出，请来人回去央求顾君立，待冬天交息。来人回去后来说："老板不答应，要派差人（警察）前来封田，不准你家下种。"在这样的情况下，父母商量后，将他们结婚时的一些较好衣服和自织的麻布等，背到黄桥当铺典押。典好后，父亲舍不得用钱买饭吃，只花了两个铜钱（二分），买了一只香瓜当中饭。他吃了一只香瓜后，在40摄氏度高温的烈日下走了三十里路。他因又累又饿，又出汗过多，到家后人就发瘫了。稍息后，父亲连喝数大碗冷麦粉粥，身体才好转，母亲见此状伤心得流了泪。后来，父母七拼八凑，交清地主的利息才放下心。庄上知情的老年人都讲，我父母的一生，从大家庭到小家庭，像长工一样，辛苦了一世。父亲因积劳成疾，身上患有多种疾病，他于1960年冬，因胃大出血而逝世，享年62岁，我家搬至池南村后不久，我考进江苏省霍家庄中学，当读到古代不少爱国主义民族英雄的诗句时，心中甚为感动。如南宋文天祥的两句诗："人生自古谁无死，留取丹心照汗青。"再加上看到旧社会人欺人、人压迫人的不公平现象，内心十分不满。当新四军东进不久，在进步师生的影响下，我就参加革命工作，并加入了中国共产党。现今池南村老宅，由两个弟弟居住，一个是四弟俞玉勇，本镇的退休工人；一个是六弟俞桂，在本镇任小学教师。他们已将老房子翻建和扩大，比我过去在家居住时，条件好得多了。

祖父俞如鹄，弟兄两人，他是老二，大祖父叫俞如凤。他家的子孙很多，大多数人的名字，我弄不清了。我对祖父的具体情况了解不多，幼年时曾听祖母及邻居老年人说过，祖父有相当的文化水平，懂得阴阳风水，但不是迷信职业者，在旧社会未干过任何差事。青壮年时期，祖父既种田又兼营糟坊（煮酒）和养蚕，后期种田兼养鱼。家中兴旺发达时期有 50 多亩地，晚期因病染上鸦片烟瘾，使家境逐渐败落，到他去世时，只剩下 40 多亩地，还欠了很多债务，要 4 个儿子偿还。另外，他有表演曲艺的特长，京胡拉得好，琵琶也弹得好，外地京戏班子到本庄做戏，要请他去拉京胡捧场。我父亲弟兄四人，由于受到祖父拉京胡的影响，个个会拉胡琴，特别是三叔和四叔，拉胡琴在本地小有名声。祖父还欢喜种花。在我的记忆中，在老住宅的两个天井里及屋后，有玳玳花、茉莉花、广玉兰和金橘等，屋后有一片密密的竹林，长得很茂盛，大的竹子有小碗口粗。童年时我曾同邻居小朋友俞玉章等，经常爬上竹子上去掏鸟窠，拾到鸟蛋回家叫母亲煮给我吃。有一次，在竹园里枯竹叶中发现一堆小白蛋，敲开一粒一看，里面是条小蛇，我被吓了一下就逃走了。现在想起那段儿时顽皮的情景真有意思。我还听说，祖父在苏州、泰州等地有不少本家朋友，差不多年年都去一趟。他为养蚕栽种的湖桑，庭园里种的一些花苗，都是从苏州引进的。

俞玉强，1925 年 2 月生于顾高镇俞庄村（现属申俞村），1943 年加入中国共产党，参加革命工作，1949 年 4 月随大军南下，中华人民共和国成立后曾任无锡县委整党办主任、县委工业部部长、宣传部部长、统战部部长等职，1987 年离休。著有《六十年碎片》，本文节选自该著）。

千佛传奇

顾高有座千佛寺，千佛寺里有棵古银杏，古银杏树下曾办有一座学校，20 世纪 70 年代又建起一座烈士纪念碑。寺，树，校，碑，成为顾高说不尽的话题，也成为姜堰不可多得的重要人文资源。

先来说"寺"。

千佛寺缘何得名？这有两种说法：一说是因寺庙内有大小佛像千座而得名。据说，千佛寺天界、地界、冥界三界神灵佛像齐全，或为浮雕，或为立体雕塑，均是木雕裹金而成，其背后还有一小方洞，里面浇铸"金心银胆"，这样菩萨就更有灵气。由于千佛寺佛有千尊，又极有灵气，在江北一带绝无仅有，故而声名大振，终年香火不断，被称为"江北第一寺"。

二说是因"佛子"银杏而被隋炀帝赐名。民间传说，当年隋炀帝开凿京杭大运河，到扬州看琼花，看过琼花之后，又在当地官员的陪同下四处游玩。一日游至海陵东南地界，发现此处生长着一株极为神奇的树，枝繁叶茂，果实丰盈，就问随行人员此为何树。随行人员答曰：此树名为银杏，又名白果树，其所结果实，三面有棱，形如龙眼，人称"佛子"。隋炀帝是个信佛之人，一听说此树所结果实名叫"佛子"，又见此处云蒸霞蔚、佛光辉映，遂敕令在此建庙一座，并御赐寺名"千佛寺"。

关于千佛寺，民间还有许多传说，其中"花菩萨"的故事最为有趣。这"花菩萨"就是张王菩萨，他是千佛寺的主祀佛。在他的下面，设有机关，只要你踏进大殿，便会向你俯身点头。张王菩萨何许人也？一说是汉代谋臣张良，一说是元末明初的张士诚将军。无论是张良，还是张士诚，都是铮铮铁骨的汉子。可不知何故，老百姓却为他们编造了一段风流韵事，说这位张王菩萨灵性极强，是个浪漫情种。古时人家迎娶新娘，要到庙上拜祭神灵，祈求早生贵子。张王菩萨在前殿，凡花轿经过，便会刮起一阵旋风，坐在轿内的新娘像被人抱起似的会不由自主站起来。又说庙内有个小沙弥，早晨打扫佛堂，发现张王菩萨衣衫潮湿，脚上还沾着烂泥，觉得奇怪，便告知方丈。方丈叫小沙弥找来一个特大的纱锭子，将纱头扣在菩萨的后背，下半夜起来查看，见纱已抽尽，便"缘纱求佛"，一直寻到数里外另一座庙宇的观音大士座前。原来张王菩萨正和观音大士"谈情说爱"呢。第二天，方丈找来耙钉，将张王菩萨的双脚钉在法座上，从此再也出不得庙门。

这当然是对神灵幽了一默，但却并无不敬。人有万象百态，"千佛"哪会"一面"呢？只是方丈却是多事，充当了一个不为人喜欢的"法海"。

再来说"树"。

姜堰境内，树龄在数百年乃至千年以上的古银杏不下二三十棵，其中

徐克强烈士纪念碑

比较有名的是大坯土山的雌雄银杏树，城区南大街的南观银杏树，以及顾高千佛寺的千佛银杏树。每棵银杏树都有它不同的身世，都有一段故事。千佛寺内那棵古银杏，除了据说植于汉代和受到过隋炀帝的"恩宠"外，其他还有没有什么传说呢？

有，而且很神。千佛寺所坐落的地形，十分奇特，像一只雄性凤凰，头向东南，尾朝西北，两翼齐全，一翅侧卧，一翅舒展，人称凤凰地。古时的某年某日，一位得道高僧游历到此。这位高僧曾立下宏愿，他要寻到九十九处凤凰地，栽下九十九棵银杏树，当他发现这里又是一处凤凰地时，欣喜万分，立即从自己的袈裟内拿出仅剩的一棵银杏苗，栽下他最后一棵关门神树。只因栽在凤凰腹部，所以长得最高最大，成为银杏之王。以至隋炀帝也为之惊奇而敕建寺庙。此树历千年沧桑，仍生机勃勃，枝叶苍翠。其主干粗达丈余，高逾十丈，冠盖如云，由于年代久远，又数次遭遇雷击，树身上有几个深洞，直通地下，幽不可测。民间传闻，千佛寺里有一条又长又大的巨蟒，就住在树洞中。但谁也没有看见，也没有人敢到洞口探视。就是经常上树掏鸟蛋的调皮孩子也不敢靠近半步。寺庙附近有一位老者，有一天半夜起来解手，忽听呼呼风声骤起，循声望去，见一长虫，头似巨石，目光如电，角像树权，冠若赤旗，通身金亮，正从银杏树上探身而出，将头伸入庙前的水池里喝水，其尾绕树三匝。老者惊愕不已，想起传说中的神物，未敢如

诗韵文情

厕,急忙回屋敬香祷告去了。这事一传十,十传百,人们更把古银杏视作神树,不仅进庙拜佛,而且在树下设起祭台,顶礼膜拜。

时至今日,每逢初一、月半,方圆数十里的群众仍然要到千佛银杏树下烧香拜佛。哪家娶新娘、生小孩,也都要到此祷告一番,敬上几炷香,撒下一些香火钱,或在树枝上系上红布条,写上祝福,许个心愿。在人们心中,树已不再是树,变成神佛了。

再来说"校"。

1941年到1947年,抗日民主政府曾在千佛寺创办"育英中学",不久改为"泰县二中"("姜堰二中"前身,泰县,今泰州市姜堰区),为党和人民培养了大批的革命干部。由于这一学校的创办,千佛寺这一佛教圣地蒙上了一层革命的色彩。

学校建立之初就有党的组织和学生会,1943年还成立了青年解放团二中分团,他们在党的领导下,不仅刻苦读书学习,还多次参加反清乡、反扫荡的游击斗争,并配合地方的土改、参军等运动,积极开展抗日文艺宣传活动,向青年学生灌输革命理论,启发和提高他们抗日救国的革命觉悟。"青解团"还有一首团歌,大家个个会唱,内容大意是:

> 我们年青,我们勇敢,
> 像火红的钢铁一般热情坚强。
> 学习战斗,战斗学习,
> 为革命而死,为真理而生。
> 拿起钢枪,走上战场消灭法西斯魔王!

1945年8月,日寇宣布无条件投降,整个学校师生的情绪都很高昂,有部分学生为了充实各级革命力量,提前毕业分配了,有的调到部队,有的分配到地方。1946年夏天,国民党反动派向解放区发动疯狂进攻,斗争形势越来越紧张,上级决定二中的教职员工实行转移,到1947年,学校的教学活动完全停止。

二中的这一段建校史,这一段火热的斗争生活,虽然短暂,但却为泰县在抗日战争时期的教育史谱写了光辉的一页。它为党为人民培养了若干有用的人才,也使得许多人与千佛寺、与那棵古银杏结下不解之缘。担任泰县参议长、二中首任校长的徐观伯先生,新中国成立后曾任南京博物院副院长,1983 年离休。1978 年,徐观伯先生路过顾高千佛寺二中所在地,作诗一首《题银杏大树》:

> 威风凛凛今犹在,鏖战当年瞭望台。
>
> 树下师生时聚散,行天赤日胜张开。

1979 年,徐观伯先生又旧地重游,于千佛寺旧址再次看望古老白果树,又作诗一首:

> 远望云腾近伞撑,当年设帐课门生。
>
> 乡人话旧言难尽,瑟瑟风枝笑语迎。

最后说"碑"。

或许是千佛寺所坐落之地确实是一块凤凰宝地,或许是千佛寺注定与"红色"有缘,注定被后人景仰,千年古银杏下,耸立着一座烈士纪念碑,长眠着一位烈士的忠魂。

这位烈士,就是泰县第一任县委书记徐克强。

徐克强,上海宝山人,1908 年出生于一个农民家庭,原名世祥,7 岁入小学读书,15 岁时即与宝山师范的进步学生一起参加反军阀活动。1927 年春,加入共青团。次年 2 月任共青团吴淞区委委员,从事工人运动,负责组织联络工作。

1933 年 5 月,因团区委遭敌破坏而被国民党逮捕入狱,直至抗日战争爆发才得以获释。4 年的铁窗生活使他患上了严重的肺结核病。出狱不久,加入中国共产党。1937 年 9 月,受组织委派,他来到第一国际难民收容所开展抗日救亡工作,次年 6 月,担任收容所党支部书记。1939 年 10 月,他奉命赴苏(州)常(熟)太(仓)地区工作,改名徐克强。1940 年 9 月,任中共苏州县委书记。1941 年底,调任中共泰县县委副书记兼组织部部长。1942年 5 月,任中共泰县县委书记兼县独立团政委。

在艰苦的岁月里,徐克强抱着病体,没日没夜地工作,带领群众开展减租减息斗争,阻击敌人的疯狂"扫荡",与泰县人民同生死、共呼吸。1942 年 6 月 30 日,为打开边区抗日游击局面,他带领县委、县政府和独立团全体同志由县中心区向姜黄河西挺进。7月1日晚，队伍在蒋垛区缪家野宿营。第二天早晨，千余名下乡"扫荡"的日伪军从此路过，哨兵不明敌情，鸣枪报警，被日伪军发现，驻地很快被敌人包围。面对突如其来的危急形势，徐克强沉着部署，他要县长带领机关大部分同志撤退，自己率领县团几十人留下阻击。身为县委书记兼独立团政委，他完全可以安排别的同志负责阻击，他也完全知道留下来阻击将会是什么后果，但在这生与死的关头，他把生的希望让给了同志。此时，敌人从三面如狼似虎扑来，战士们临危不惧，奋勇抵抗，但终因寡不敌众，阻击部队大部分阵亡，活着的也被打散，相互间失去联系。徐克强带着通讯员沿着一条小沟边打边撤。因为身患重病，他脸色煞白，气喘吁吁，大口大口吐血，两条腿几乎迈不动步子。眼见敌人一步步逼近，想到身上还带着一包重要文件未作处理，他果断地将公文包塞到通讯员手中，命令他冲出去，不能让文件落入敌手。通讯员哭着不肯离开，要背他一起突围。徐克强看着年仅16岁、个子矮小的通讯员，毅然举起手枪，对准自己的右颊，扣动了扳机。县委、县政府的大部分同志都突围出去了，通讯员也冲出包围、脱离危险，而年仅34岁的徐克强却把自己最后一滴血洒在了苏中抗日的热土上。

徐克强牺牲后，他的忠骨被安葬在顾高千佛寺，这里是他在姜堰(泰县)短暂革命生涯中经常生活和战斗的地方。古银杏树下，建起一座墓园，竖立起一座丰碑，上面镌刻着由著名书法家启功先生亲笔题写的"千古流芳"四个红色大字。墓园所在地千佛大队改名为"克强大队"，当地一所学校被命名为"克强中学"。长眠于斯，有千年银杏相伴，有千佛为之祈福，有后辈学子的琅琅书声，英烈当含笑九泉。

行文至此，笔者赋诗一首作结。诗曰：

江北第一寺，
千古流芳地。
嘉木参天荣，
烽火书声起。
佛子灵气聚，
英烈忠魂栖。

伟哉雄碑立，

代代说传奇。

曹学林，中国作协会员、泰州市民协主席、姜堰区作协主席，曾任姜堰区文广新局局长。

花生丰收

土地改革时，祖上租种地主家的那几亩地，顺理成章地分给了我家。跟三叔分家时，各执一半，每人约 2 亩地，这块地在倪家庄前面，离我家有三四里路。大家庭时，人口众多，做活能够集中突击，倒也没有觉得有什么困难。分家后，各家劳动力少了，那么远的地非得请人帮忙不可。那时的种田基本上还是"望天收"，产量低而不稳，一年二熟，人工饭食下来也就没什么油头了。

母亲有心计，她觉得，"瘦田丑妻家中宝，有田不种找饭讨""吃不穷，穿不穷，不打算盘一世穷""田是死的，人是活的"。田离家远，管理成本高，何不如种省工节本的花生？这个好主意得到全家人的认同。

改种花生虽好，但是，这三春头上，急水扳舵，要凑齐这一亩多田的花生种，确是个不小的难题。那辰光，穷人除了借高利贷，其他别无借物、筹资的路子可走。情急之下，想到庄南头舍上黄玉监二爹，他是我家老东家的亲家。二奶奶又是我本家的姑娘，算是沾亲带故。因此，父亲登门找姑爹姑奶奶求救，恳请借几十斤花生做种，待秋后新花生登场加倍奉还。监二爹眯着一双细眼，满脸堆笑随口应道："自家亲戚，不必客气，有事好商量。"说罢径自走进房间。二姑奶奶顺手搬了张凳子让父亲坐下，一本正经地说："伙家，人熟理不熟，借花生种可以商量，但借种粮的规矩可是无例不兴、有例不废啊。"父亲忙说："姑爹姑奶奶肯救济我，这是天大的脸面，秋收后，一定按'借一还二'的惯例准时奉还。"这时，监二爹笑嘻嘻地从房中走了出来，拍着父亲的肩膀连连道："好说，好说。现在就将花生称给你们拿回去，省得跑来跑去的浪费工夫。"父亲"磕头带拜垫——求之不得"，羞涩地取出藏在裤腰带里的布袋子,装进借的花生种,欢天喜地回到家中。

第二天,母亲趁天气晴朗,将花生种倒入竹匾内,放在太阳下暴晒。然后,再用手工剥去花生外壳,据说这样种子下地"出场"(发芽率高)会更好。剥花生种时,母亲双手拉着我和刚刚学步的宜珍妹妹说:"好孩子,'吃种粮,烂肚肠',这花生种你们可不能随便吃,等下午我剥好了,将不能发芽的花生米儿拣出来,炒熟了给你们吃个够。"

下午,我同妹妹就围着父母,抓着拣出不用的花生米,吃个不停。晚上闻着炒熟的花生米的香味,连晚饭也懒得吃,只顾边吃边将还有点烫的花生米直往衣服上小口袋内装,快活得像过大年似的。谁知道乐极生悲,晚上感到口渴,就用水瓢儿舀汤罐水喝,生水喝多了,夜里兄妹俩先后腹胀肚子痛,把父母吵得大半夜没睡成觉。下半夜,父母刚刚入睡,我和妹妹懵懵懂懂,先后将稀大便拉了一床。母亲清理好床铺上的污物,东方已经泛白,就起身煮早饭。我和妹妹肚内一阵轻松,呼呼大睡,直到喊起来吃早饭。

这年天公作美,雨水调适,花生出苗整齐。母亲连续两次松土锄草,落花下爪儿之前,又浇一遍薄水粪,所以花生长势特别好。秋天,眼看一年的劳动成果就要到手,父母就怀着忐忑不安的心情,到地里挖出几棵花生一看,不由喜出望外。由于这块地从来也没有种过花生,是十足的"馋田",拔起来一看,不但棵棵白花花,密密实实结满花生,而且粒粒饱满、角角如样,父母心中真比喝了蜂蜜还甜。

由于田地离家太远,而且面积较大,收花生是费力的事。那时农村大忙,一般用以工换工的办法,即你们几家先来人帮我做,然后,我再分别给你还工。找人用锹儿手工挖,因面积大路程远,用工就多,众人的人工来不及还。权衡再三,最终选择当时最先进的收获方式——用花生筛子来完成。

筛花生需要的人多,父亲、二叔、三叔、爷爷以及唐家营二姑夫,家兵家将全部上阵,外面又特地请了两个经验丰富的大劳力,这样"两副班子"就搭起来了。记得那天天麻麻亮,四个大劳动力,两人一组,一前一后,抬着花生筛子向目的地进发。

花生筛子,用二寸厚尺把宽的杨木板子扣制成约 1 米左右的方木框,然后再用 8 号钢丝穿底,钢丝之间的距离约有小指头宽,确保做到筛动时泥土散下,花生掉不下来。筛子木框底部中间,用铁索子等距离悬挂一根杂木甩棒。施工时，先将两根长条木扎成人字形竖起，然后用一根长竹篙一撑，成了一个三脚架，再用两根特制的粗绳将花生筛子吊在下面。

筛花生时，先用铁制的花生抓子将花生藤一棵一棵地抓起来，堆成一垛垛小堆子，随后将其集中一处堆放。负责筛花生的两人中，一个人用特制的铁锹，将拔去花生藤地里长有花生的泥土，铲起来抛到筛子里。筛的人使劲拉动筛子，左右摆动，筛内的泥土夹杂花生来回有规律有节奏地掀动。颠散的泥土和杂物自然落到筛下，花生角则留在筛内。筛下挂着的甩棒，随着筛子来回掀动、轮番击打筛底，发出有节奏的"啪、啪"声，将粘在筛子上的细土敲落下来。随着时间推移，筛子下的泥墩子不断加高，妨碍到"甩棒"的来回摆动，必须搬移木架，将筛子向前移动几步，以便继续运作。

筛花生是一首歌。铲土喂筛的、拉筛捞花生的，二人相互配合，得心应手，每一个动作都十分到位，脚步和手臂的架势显示力量的美感。在这美妙的旋律里，筛花生的号子信口由腔地哼唱。号子声昂扬雄浑，庄稼汉的喜悦在筛子里迸激，在铁锹上闪光。

筛花生是一幅画。淡墨山水，巨笔写意。江淮平原的一隅，花生地里的人物，背景深秋晴空彩云。可不是嘛，栩栩如生的天作地合；拉花生藤的女人们，弯腰舞臂，片刻不停，花生藤堆子在田埂边耸起，聚集冬春生活的绵长热情。筛花生的汉子，闻吸泥土里溢出的香气，浑身有使不完的劲头。铁锹在筛子前尽情飞舞，筛子里的花生涌起希望的浪潮，筛子在阳光下有节奏地晃动，筛下的泥土堆成座座土墩子。太阳不知疲倦地移行，花生墩子很有秩序地排队列阵。呵，远远望去，花生筛架子是山，花生藤堆子是丘，一行行的花生墩儿是起伏流淌的水。这流淌的水腾热气冒青烟，好似刚揭盖的蒸笼，蒸蒸日上。

筛花生是十足气力加技术的巧活。筛花生用的大铁锹，用木制的头子上包上一层薄薄的钢铁皮制成，再配上一米六七的桑木柄，少说也有十来斤重，再加铲上一锹的花生土，总计有二三十斤重。这么重的分量，要一刻不停地端起来，并准确地抛进一米多高、一两米远、来回掀动的筛子里，这确实不是一般人能胜任的。拉筛的人要靠手臂，将几十直至上百斤的筛子，拉个不停地来回摆动，还要不失时机，毫不停顿，巧妙使用铁笊篱将筛子里"泥嘟嘟"的花生，连同砂礓、砖瓦碎片杂物等绰出，其体能的消耗和技术的熟练也非常拿人。这抓拉花生藤的、筛花生的、运花生的流水作业，一直忙了整整两天，终于将花生筛结束了。一家人皆大欢喜。

晚上回家的时候，我偷偷地往花生筛子里一坐，死活也不下来。爷爷没办法，找了一把干草放到筛子里，又在上面垫了衣服，抱我坐到里面。二叔他们抬起筛子，上下晃动，筛子底下的"甩棒"有节奏地发出"啪嘟，啪嘟"的声响，煞是好玩。

夜里，父母就在花生堆子周围，用花生藤当墙，用麦草编成的雨具蓬头做顶，就算是对劳动成果的遮掩。花生堆旁的地上铺点干草作床，父母用来守夜。这样，在地里连续忙乎了两三天，然后，欢天喜地将初步除去了杂物的潮花生，用小车子运回家中，晒干扬净以后，用芦苇折子堆了一个圆圆的花生堆，一直堵到草屋的二梁。

几天后，父亲将母亲动手一一拣成角角如样、双倍斤重的一大袋花生，千恩万谢地送还到黄玉监二爹家中。

我没有筛过花生，究竟需要多少气力，才能绘成筛花生的乡间图画，这一劳动者的课题，始终刻写在我的心田。

20世纪80年代初，我在通南传统花生产区的顾高镇工作期间，深秋花生收获之季，我走遍全社几乎所有大队，寻觅儿时筛花生的壮观场景，竟一无所获。西野村老支书夏子林、野庄村支书李荣杯、钱野村支书周广厚、苗圃村支书许如林异口同声地向我诉说："旱改水后，随着低产旱谷作物面积的调减，花生种植面积不断缩减，加之早熟高产的大小'油果'和'花二八'等优良品种的引进，赖田的'鸦虎嘴''和尚头'等晚熟低产品种逐渐被淘汰，为之服务的筛花生行当失去用武之地，走上自然消失之路。"2004年退休后，我与一帮好友组成"寻觅即将消失的农耕遗存"兴趣小组，收集那些风光一时的农用器具，小有收获。唯独未能再睹花生筛子和筛花生用铁锹的尊容，实为遗憾。

戴永久，曾任顾高镇党委书记、西藏自治区加查县加查区委书记、姜堰市供销合作总社主任、泰州市人大农村工作委员会副主任等职。著有《西藏情怀》《我的百岁父亲》等。

乡情悠悠

晓雾方散，旭日初升，我迎着朝霞漫步于城郊花卉果林园区大道上。金风拂面，心宁神爽，繁花似锦，奇香袭人。这辰光，忽闻远处传来一阵亲切而熟悉的乡音。啊，是谁在纵情歌唱？那轻柔婉转富有苏中乡韵的旋律，恰似一汪清凉的泉水，流向彩云飞舞的蓝天，流向人声鼎沸的闹市，也流向我起伏激荡的心田……一种实实在在、真真切切的幸福感，勾起我对哺育成长的顾高大地的深情眷念和美好回忆。

孩提时代，每逢盛夏季节，我们这群打着赤膊光着屁股的小伙伴，便连蹦带跳地飞向村口小河边，打水仗，扎猛子，钓鲫鱼，捉螃蟹……笑声震天动地，连野鸭也扑翅欢呼加油……河水不深，清晰可见底，鱼儿在水中悠然自得地畅游，有些调皮的竟窜入我的脚底，冷不丁地在腿上猛啄一口，挠得我心头怪痒痒的。

红日高照，我们将装好鱼饵的钓钩往鱼儿聚集的深水潭一抛，然后手提钓竿，目不转睛地注视着浮子的动静。不到一个小时，我们准会神气活现地高举鱼竿，提着满满一网兜鱼，撒开脚丫奔回家报喜。那纯洁天真的童趣，犹如悬崖峡谷中潺潺流淌的清泉，至今仍甜甜地滋润着我的心田；那生命的欢乐萌发的浓浓乡情，融入我的血液，流遍我的周身。

2005 年金秋，因年老体衰难以独立生活，小儿子将我和老伴接到常州安度晚年。斗转星移似飞箭，8 年弹指一挥间。春节前夕，我从江苏卫视上获悉，在创建全面小康的漫漫征途上，姜堰市工业现代化、城乡一体化、农业高效化取得了令人震惊的业绩，三水大地发生了翻天覆地的巨变。一幅幅栩栩如生的镜头，牢牢地吸引我的眼球，我恨不能立刻展翅飞到久违的家乡。

因为有事，5 月的一天，我终于有机会回老家看看了。走进姜堰，啊，满眼绿树枝繁叶茂，遍地红花争奇斗艳。绕过高耸入云的电视塔，便走进融观光、休闲、娱乐为一体的万达广场，那儿有健身房、溜冰场、曲江桥、喷水池……那流泉似的琴声，悠扬悦耳，扣人心弦，久久在我心头回荡……

回到顾高，我不由惊诧万分，简直难以相信。这还是我当年在此生活工作的老家吗？你看，一幢幢鳞次栉比的公寓，掩映在层层翠绿之中，犹如一块块晶莹闪光的宝石，镶嵌在工艺精美的锦缎上；一条条宽敞亮丽的镇村大道，将工业园、农科园、生态园和居民区划分为四大板块。满载金色梦的环镇公交车穿行于一幅幅水墨画之中。夜晚，一盏盏流光溢彩的景观灯，把锦绣家园装扮得绚丽多姿，打造了一道"火树银花不夜天"的奇特风景线……

昔日，村西有一片几百亩抛荒田，坑坑洼洼，沟渠纵横，荆棘丛生，它是野兔、山鸡、毒蛇、狐狸们安家落户的自由乐土，也为我们挖野菜、扯树叶、捕野兔提供了取之不尽的丰富资源。

如今，几个有胆有识、有勇有谋的企业家，用科学发展观的金钥匙，打开了沉睡多年的宝库门，不仅开发了葡萄园、花卉园、药材园，还创办了养殖场、奶牛场、乳品厂……你看，一座座银光闪耀的钢架大棚熠熠生辉，一排排造型别致的厂房雄伟壮观，一辆辆多装快跑的货车穿梭于花红柳绿之中，一阵阵令人心醉神迷的芳香牢牢地拽住我们的心……

60年漫长而又短暂，家乡经历了沧海桑田的变迁。那些已经过去的，正在经历的，或是将要来临的，无一不是家乡生命长河中流淌的涓涓清泉，无一不是家乡勤劳勇敢的人民弘扬拼搏精神的智慧结晶……

啊，我仿佛一下子扑进母亲的怀抱，一阵阵欢声笑语频频在耳畔回响，一股股温馨的暖流悠悠流向我的心房……可爱的家乡呀，您已步入洒满灿烂阳光和追求心中梦想的最佳季节……

（缪政）

聋爹爹的电话

翻拣旧稿，找到一篇写于20世纪90年代的散文，虽时过境迁，但读来还觉有点意趣，故拿出来重新发表，就作为旧话闲聊吧。

那天我正睡着午觉，一阵急促的电话铃声闯进了甜美的梦境，欲想置之不理，可铃声不依不饶地响着。这是谁呀？好不晓事！稍有点生活常识的人都该懂得：没有特殊情况不应在午后给人打电话，绝大多数人都有午休的习惯，特别我们这些"夜摸子"更是视午休为生命线中不可缺少的一环，扰人午睡，过莫大焉！带着满肚子的不快，我拿起话筒，里面立即传来炸炸的话音："你哪个啊！"我火了，你电话打到我家里，还问我哪个，岂有此理！但我还是忍着气问："请问你是哪一位？"谁知那头根本不理这个茬，还是炸炸地问："你哪个啊？"我实在忍不住了，大声吼道："你到底是哪个？你到底要找哪个？"那头似乎才回过神来："我找伲华生，你可是伲华生？"听到这话，我一下子明白了：对方是聋爹爹！只有他才用这个土味十足而又充满亲情的"伲"字来称呼我。

聋爹爹是我的堂叔，今年80岁了。1965年我插队回乡时，无处安身，曾一度寄居他家，他以一个本家长辈的责任感和一个小小生产队长的权限，尽力庇佑了我这个茕茕孑立的门房侄儿，帮助我度过了艰难岁月。我进城工作后，他的家又成了我偶尔回乡时的主要落脚点。随着时光的推移，他人渐渐老了，而精神却依然旺健，只是两只耳朵越来越聋，以至一庄到头都以"聋爹爹"称呼他。然而聋子偏偏嗓门大，聋子偏偏爱多话，发牢骚发议论渐至成了他生活中不可或缺的重要活动，其针对的目标几乎全是改变了生活方式的晚辈们和接踵而来的新事物。譬如说吧：吃饭时桌上多了两样菜，他便会唠叨一通："现在的人啊，恨不得要把嘴巴割开来吃呢，没时没节的就这么瞎吃，过去地主家也没这么阔气，但看把家吃穷了还吃什呢！"孙子、孙女们买双皮鞋、耐克鞋什么的，他问过价钱，当时不吱声，过后逢人便说："现在的人不得了啊！像伲孙子他俫能舍得呢，花上百的钱买双鞋子，我不曾见识过！我俫那时节终日赤脚，走一趟亲戚，夹双布鞋子胳肢窝里头，一直跑到亲戚家庄头上才穿上脚呢！"家里添置件把家电用品，他更少不了批评一番："几千块钱呢！买这么点东西，有什呢用场啊！"如此这般，家里人、村里人听惯了，也没有谁跟他辩论——反正你辩论他也听不见，往往就这么点点头、一笑了之，他于是说得更起劲。

不过说归说，他的大嗓门并没有挡住生活的变化，倒是自己被潜移默化了：原先别在腰间的旱烟袋早换成了揣在口袋里的过滤嘴香烟；孙子、孙女们回家时给捎上一件羽绒衫或一双保暖鞋，他嚷嚷一阵后也就舒舒坦坦地受用了；闲来没事，他也爱在电视机前坐上几个小时，什么频道、什么节目并不挑剔，"有人在里面动"就行……

我每次回去自然不可避免地要做一回聋爹爹宣泄的对象，碰到这种情况，我便照例一支接一支地递上香烟打上火，长时间地耐心地倾听着他的唠叨。我认为晚辈对长辈的敬重莫过于此了，何况他的唠叨每有新意，并不令人生厌。

现在好了，他居然用上了电话，用现代化手段和我进行交流了。我立刻想到他家在装电话时，他肯定是投了反对票的，而且马上就要说到……果然，当确定了我就是"伍华生"后，他丝毫没有理会我的问候之辞，只管自顾自地倾泻着滔滔的怨言："伙家，装电话咪，装这个倒头东西有什呢用？一千几百块哪！我叫不要装不要装，他俫非要装不可。哼！有了几个钱在口袋里作拱呢，不晓得要怎样糟蹋才好……"我不由得笑了——有什呢用？您不正用着吗？别看您说得火冒冒的，其实是"佯怒"，心里头乐着呢！您老在变着法儿跟我"摆胜"呢！

前不久，我回乡去看望聋爹爹一家，适逢聋爹爹出去了，我便和老婶、堂兄堂嫂们谈起电话的事，老婶又好气又好笑地告诉我："格老鬼，装的时候不准装，用起来他是头一个，有事没事，高兴起来就打，又听不见人家说话，只顾自家说得热闹——有个月份电话费交掉一百多块呢！"堂嫂接着说："别看他年纪大耳朵聋，可不知怎么的，你俫这些人的电话号码他都记得一清二楚，从没错过，你说怪不怪？"

正说着，聋爹爹回来了，一见到我，他满脸漾开了笑纹："伙家，今天认得家啦？这些日辰也不来，我正想打电话叫你回来呢！"

又是电话！顿时响起了满堂笑声。

（俞华生）

春联的记忆

我们生长在一个轰轰烈烈的特殊年代，人们虽时常食不果腹饥肠辘辘，但依旧激情豪迈干劲冲天。对于孩子来说，春节是个奢望，也是一个巴望。春节可以有馒头有米饭有鱼有肉吃，还可以不用在大人的督促下去拾草挑猪草，自由自在地玩几天。

我比大多数孩子多了一个春节的乐趣，那就是细细欣赏许多人家门上的春联。就是时隔几十年后的今天，我依然对儿时所见的一些春联记忆犹新。

贴春联

　　我们几个生产队居于庄中,有别于庄东头庄西头庄北野,通常也被称为庄上。印象中庄上会写能写且愿意自备笔墨,帮人家写春联的也就三四个文化人。

　　其中一位血脉里流淌的都是满满的文化味,他的父亲是民国时期的政府吏员,母亲出自泰州城里一个大户人家,也是我们俞庄小学的第一任校长。他为人谦和,写的春联字体随意流畅,让人看了舒心。

　　另一位是 20 世纪 60 年代张甸中学毕业的高中生,祖上也算是有知识的人家。得祖父"二先生"和做教师的父亲的传承,他写的春联字体较硬,没有前面这位写的对联和畅随意。

　　另有一位小学老师写的春联以隶书为主,比较"板抑",缺乏过年的那种欢庆喜乐的味道,庄上人不太习惯。还有一位高中语文教师也偶尔帮人家写写对联,他的字体没有个性,总体偏软。

　　那个年头人家房子少且小,一般都是一堂两房或一堂一房。一般人家都是买一两张 7 分钱一张或 1 角钱一张的红纸,裁成大门中、大门边、大门额和房门中、房门边以及菩萨位、灶台、猪圈位用的对联纸,再多一点红纸就裁成大小不等的方块,用于写些福字。然后,在裁好的红纸背面标注上对联的位置和户名，一家一户地总扎好，送到写对联的人家中，待写好墨干后再取回。

春联的内容，当是我儿时对春联记忆的重点。那是一个极端革命化、政治化、口号化的时期，春联的内容要跟时代合拍，否则稍有不慎，会因对联的事"戴帽子""挨棍子"惹麻烦。写春联的人会事先准备一些内容，如果哪一户稍有一点文化，略懂一点对联，也会提出一些自己想写的内容，让写春联的人写出个性化的春联。

春联的内容首选老人家的语录和诗词，如："春风杨柳万千条，六亿神州尽舜尧""四海翻腾云水怒，五洲震荡风雷激""红雨随心翻作浪，青山着意化为桥""绿水青山枉自多，华佗无奈小虫何""坐地日行八万里，巡天遥看一千河""天连五岭银锄落，地动山河铁臂摇""风雨送春归，飞雪迎春到""军民团结如一人，试看天下谁能敌""发扬革命传统，争取更大光荣""世上无难事，只要肯登攀""可上九天揽月，可下五洋捉鳖"。另外还有："翻身不忘共产党，幸福全靠毛主席""吃水不忘挖井人，时刻想念毛主席""农业学大寨，工业学大庆"。再如："新年纳余庆，佳节号长春""向阳门第春常在，革命人家庆有余。"等等。

我的大奶奶是烈属，她住的那房子大门上的春联，几乎每年都是"听毛主席话，跟共产党走"。或者"共产党万岁，毛主席万岁"。我舅舅家的房子是前后两进，他家前后大门的对联内容基本都是"一元复始，万象更新"和"自力更生，艰苦奋斗"，只是偶尔前后大门上的两副春联互换一下内容。

有一年正月初一早上，我去隔壁生产队会计家拜年，看到他家前门的对联是"千村薛荔人遗矢，万户萧疏鬼唱歌"，就觉得这副春联太阴灰了，与过年的气氛太不协调了，我想大概是因为他是生产队会计，可能是要以此表现自己的革命化。

我的三舅爷申国培，是个"老江湖"，上过私塾，在旧时算是有文化的人。他曾帮一个 50 年代因小错从省委组织部打道回乡的高姓朋友写信上访，使其得以享受一定的待遇。三舅爷独居两间简易四架梁草房，每年门上的春联，上联是"国"字开头，下联是"培"字开头，其中"培"字这一联多是"培养某某精神"，既把他的名字"国培"两个字用上了，又充分反映了他一生一世的爱国情怀。

我的外公曾是抗日战争时期的区财粮员,有一定的"文化底子"。外公有一年春节前来我家,给我家写了一副"爆竹一声除旧岁,桃符万户更新年"的春联,尽管这副春联写得很漂亮,但由于是旧联,我大哥不敢将它贴在大门中或大门边,只得将它贴在饭桌上面的墙上。

说到春联,还有不少笑话。庄上有一个不识字的单身汉,每年的春联基本上都是一墙之隔的侄女婿所写。有一年他那做高中语文老师的侄女婿,给他写了一副房门对联是"单身单汉多家人,无儿无女多妻子",过年这一天惹得上门恭喜他的人哈哈大笑。得知对联内容后,这个单身汉也笑着说,还真写得不错。

现在几乎没有多少人写春联了,许多人家都是为了应付门面,象征性地买些印刷品春联,随意贴贴而已。更为简单的是在门楼或大门上贴个福字了事,有些城里人干脆不贴了。春联已失去了千百年来民俗文化的本味,不得不说这是一大遗憾!

（俞扬岭）

曲 艺

女声表演唱

野菜谣

悠扬的歌唱声飘荡着苏中民歌的韵律。

画外音:(领)挑野菜喽!(合)挑野菜喽!

欢快的音乐起。12名女演员手提竹篮、小锹载歌载舞而上。

(唱)二月里来好风光,

　　　草儿青青花儿香,

　　　春雨悄悄来报信,

　　　满地野菜引人忙。

(板)青竹篮,拎手上,

　　　小铁锹,闪银光,

　　　姐妹结伴下田去,

　　　一路踏青出村庄。

　　　大道边,田埂上,

　　　杨柳沟岸芦苇塘,

　　　边挑野菜边赏景,

　　　胜似旅游去观光。

　　　马兰头,青旺旺,

　　　一丛一丛挤路旁。

　　　枸杞头,绿油油,

　　　一蓬一蓬嫩芽长。

　　　更有荠菜随处见,

野菜之中它称王。
挑到篮里都是菜，
捧上餐桌都是香。
（唱）挑到篮里都是菜，
捧上餐桌都是香。

音乐过门。

（唱）年年都来挑野菜，
岁岁都把野菜尝，
同是野菜不同味，
根根叶叶话家常。
（板）话家常，谈以往，
笑眼顿时泪汪汪，
泪汪汪，心感伤，
野菜曾伴苦时光。
三月里，断了炊，
野菜帮咱度春荒，
四月里，麦未黄，
野菜成了救命粮。
带花掐，连根采，
和着野草就着糠，
没油盐，清水煮，
粗粗吞咽充饥肠，
只盼日头快快转，
挨到五月打麦场。
（唱）只盼日头快快转，
挨到五月打麦场。

音乐过门。

（唱）风雨过后好艳阳，
田野无处不春光，
巧手挑来满篮菜，

姐妹洗手下厨房。
（板）择干净，洗清爽，
新鲜卫生保健康，
锅碗瓢盆刀勺铲，
油盐酱醋味精糖。
马兰头，枸杞头，
凉拌热炒都清香，
黄花秧，烧河蚌，
麻油荠菜豆腐汤，
野菜圆子玉包翠，
野菜春卷金黄黄，
十样野菜百样吃，
五味调和百味香。
香飘千家与万户，
香飘酒楼与饭庄，
香飘农村与城市，
香飘中国到外邦。
家乡的水土宝中宝，
家乡的野菜美名扬，
家乡的生活步步高，
家乡的味道悠悠长。
（板）家乡的生活步步高，
家乡的味道悠悠长。

（俞华生）

表演唱

好梦成真在家乡

欢快的音乐节奏中,8 ～ 12 名群众演员(简称"群")手舞绿色、黄色彩丝上场。

群　　(板)如今的人都爱唱,

　　　　　看到新事就开腔。

　　　　　今天镇上开大会,

　　　　　三农工作再加强。

　　　　　鼓励兴办家庭农场,

　　　　　交流经验加表彰。

　　　　　我们大家鼓鼓掌,

　　　　　发言代表请上场!

在《希望的田野上》前奏音乐声中,4 名演员男甲、女甲、男乙、女乙各举"同富家庭农场""慧兰家庭农场""勇强家庭农场""新苗家庭农场"牌子上。

合　　(唱)雨后春笋遍地长,

　　　　　家庭农场多兴旺。

　　　　　希望就在田野上,

　　　　　梦想成真在家乡。

群众演员在每句唱词后重一句板。

音乐节奏过渡。

男甲　　(板)我名叫作张同富,

　　　　　长期担任村干部。

　　　　　近年青壮外出多,

　　　　　种田剩下老妇孺。

　　　　　耕作粗放产出低,

　　　　　还有不少抛荒土。

　　　　　我看在眼里急在心,

　　　　　办起农场拓新路。

流转土地五百亩，
转地村民帮劳务。
建成稻麦丰产方，
规模种植展宏图。
市里授牌给嘉奖，
全市售粮称大户！

（翻转牌子现出"全市售粮大户"字样）

群　　（板）村干部，当上农场主，
　　　　　带领群众同致富。
　　　　　流转补偿加劳务，
　　　　　每年收入不在少数。
　　　　　耕作实现机械化，
　　　　　田间劳动不再苦。
　　　　　规模经营效益好，
　　　　　优惠政策给帮扶。
　　　　　人有好梦会成真，
　　　　　风雨彩虹伴征途！

音乐节奏过渡。

女　　（板）我名叫作王慧兰，
　　　　　本在城里开饭店。
　　　　　饭店太多客源少，
　　　　　生意清淡经营难。
　　　　　急流勇退快转弯，
　　　　　返乡承包来种田。
　　　　　放下身段多拜师，
　　　　　参加几期培训班。
　　　　　种养结合搞试验，
　　　　　心血汗水洒田间。
　　　　　秋来稻谷大丰产，
　　　　　虾兵蟹将爬满田。

群　　　　虾兵蟹将？

女甲　（板）传统种养要改变，

　　　　　高效农业要发展。

　　　　　稻田套养虾和蟹，

　　　　　一份田地双份钱！

（翻转牌子现出"种养结合示范"字样）

群　　　　噢，原来如此啊！

　　　（板）店老板，变身田老板，

　　　　　开着汽车来种田。

　　　　　头脑精明办法多，

　　　　　种田也打巧算盘。

　　　　　他种田，我们给田，

　　　　　农业工人也舒坦。

　　　　　不离土，不离乡，

　　　　　流转田，还种田，

　　　　　上班就在家门口，

　　　　　每月按时拿工钱，

　　　　　她吃下了"养心丹"，

　　　　　我们吃下了"定心丸"！

合　　　（唱）天变地变人也变，

　　　　　农田变作金银田。

　　　　　双手绘出五彩梦，

　　　　　汗水浇开百花园。

音乐节奏过渡。

男乙　（板）我名叫作李勇强，

　　　　　退伍归来办农场。

　　　　　流转土地三百亩，

　　　　　外带一片废沟塘。

　　　　　请来专家作指导，

　　　　　因地制宜设良方，

诗韵文情

　　　　　　　　种粮种菜种药材，

　　　　　　　　战地黄花分外香。

　　群　　　　战地黄花分外香？什么战地黄花？

　　男乙　　　就是中药材黄蜀葵嘛!

　　　　　（板）药材基地来兴建，

　　　　　　　　医药公司有订单，

　　　　　　　　百亩黄葵开黄花，

　　　　　　　　每亩增收上千元!

（翻转牌子现出"药材种植基地"字样）

　　群　　　　嗨!真没想到哎!

　　　　　（板）退伍兵，生力军，

　　　　　　　　新时代的新农民。

　　　　　　　　刚刚脱下绿军装，

　　　　　　　　绿色田野当军营。

　　　　　　　　"立体作战""多兵种"，

　　　　　　　　出奇制胜决策明。

　　　　　　　　双手竖起大拇指，

　　　　　　　　齐夸一声"你真行"!

音乐节奏过渡。

　　群　　　（转对女乙）哎——

　　　　　（板）这位姑娘正年少，

　　　　　　　　举止文静容颜娇，

　　　　　　　　有胆有识办农场，

　　　　　　　　请你快快作介绍。

　　女乙　（板）父老乡亲莫见笑，

　　　　　　　　还请你们多指教。

　　　　　　　　大学毕业当村官，

　　　　　　　　我名叫作赵新苗，

　　　　　　　　怀揣美好创业梦，

　　　　　　　　且把田园作画描，

心中有梦靠实干，
付出方能有回报，
注册登记办农场，
大棚种植勤操劳，
钻研学习多动脑，
科学栽培效益高，
瓜菜繁茂品质好，
桃李芬芳果香飘。

群　　　什么？还有桃李芬芳？

女乙　　对。

　　　　（板）拓宽视野眼界高，
　　　　多方借鉴学新招。
　　　　高档水果进大棚，
　　　　甜李樱桃水蜜桃。

（翻转牌子现出"连片果蔬大棚"字样）

群　　　哇，名不虚传耶！

　　　　（板）大学生就是会思考，
　　　　大学生就是水平高。
　　　　一样的土地百样种，
　　　　奇迹靠人来创造。
　　　　文化知识宝中宝，
　　　　科技创新金光道。
　　　　农民迈向知识化，
　　　　农村前景更美好！

合　　　（唱）雨后春笋遍地长，
　　　　家庭农场多兴旺。
　　　　希望就在田野上，
　　　　梦想成真在家乡。

男甲　　（板）信心满满办农场，
　　　　农场就是我的粮仓，

女甲　（板）利好多多办农场，
　　　　　　农场就是我的银行，
男乙　（板）雄心勃勃办农场，
　　　　　　农场载着我的希望，
女乙　（板）愿景美美办农场，
　　　　　　农场放飞我的梦想！
群　　（板）又有补贴又有奖，
　　　　　　保险贷款服务强，
　　　　　　政策给咱插上翅膀，
　　　　　　农场越办越兴旺！
合　　（唱）万顷田野迎朝阳，
　　　　　　万家楼台披霞光，
　　　　　　共筑美丽乡村梦，
　　　　　　农家生活幸福长！

（俞卫军）

书　画

俞进书画

李世平绘画

镇 歌

顾高之歌

1=C 4/4 2/4 （四声部混声合唱）　　　　　俞华生 词　黄振才 曲

$\widehat{(\dot{3}.}$ $\dot{3}$ $\dot{3}\dot{3}\dot{2}\dot{1}$ | $\dot{2}.$ $\dot{2}$ $\dot{2}\dot{2}\dot{1}6$ | $5.5\dot{6}\dot{1}$ 6 65 32 | 5 — — $\widehat{56\dot{1}\dot{2}}$ |

$\dot{3}.$ $\dot{3}$ $\dot{3}\dot{3}\dot{2}\dot{1}$ | $\dot{2}.$ $\dot{2}$ $\dot{2}\dot{2}\dot{1}6$ | 5 $\dot{6}\dot{1}$ 65 32 | 1 — 23 $56)$ |

混声

$\dot{3}$ — $\dot{2}$ $\dot{3}\dot{2}$ | $\dot{1}6\dot{1}$ — $6\dot{1}$ | $\dot{2}.$ $\dot{3}\dot{1}\dot{2}6$ | 5 — — — |
啊　　　　　　　　　　啊

$\dot{1}.$ $\dot{2}6\dot{1}5$ | 3 — — 6 | $5.$ $6\dot{1}\dot{2}32$ | 2 — — — |
啊　　　　　　　　　　啊

$\dot{3}$ — $\dot{2}$ $\dot{3}\dot{2}$ | $\dot{1}6\dot{1}$ — $6\dot{1}$ | $\dot{2}.$ $\dot{3}56\dot{7}\dot{2}$ | 656 — |
啊　　　　　　　　　　啊

$\dot{1}.$ $\dot{2}6\dot{1}5$ | $6.$ $\dot{1}563$ | 56 $3\dot{2}\dot{1}\dot{1}6$ | $\dot{1}$ — — — |
啊　　　　　　　　　　啊

5 $\widehat{53}2$ $\widehat{35}$ | 5 $\dot{3}231$ — | $\dot{1}6$ $\dot{3}\widehat{23}\dot{1}6$ | 5 35 — — |
（女领）悠 悠 姜 黄 河，　　一 路 到 长 江，
同 心 创 大 业，　　沙 窝 飞 凤 凰，

$\dot{1}6$ $\dot{3}\widehat{23}1$ | $\dot{1}.\dot{2}653$ — | 55 $6\dot{1}\dot{2}32$ | 2 — — — |
巍 巍 古 银 杏，　千 载 看 沧 桑。
众 手 绘 宏 图，　古 镇 换 新 装。

$\widehat{5\ 35}\ \underline{3\ 2}\ |\ 3\ -\ |\ 5\ |\ \overset{\frown}{\dot{6}\ \dot{1}}\ \underline{6\ 5}\ \overset{5}{\underline{\ }}\ \dot{6}.\ |\ \dot{6}\ |\ \dot{2}\ \dot{2}\ |\ 3\ \underline{5\ 6}\ \dot{7}\ \dot{2}\ |$

风　　沙　　　草　屋　　是　尘　封　的　以

工　　业　　　园　区　　是　缤　纷　的　窗

$\overset{\frown}{6\ \underline{5\ 6}}\ -\ -\ |\ \overset{\frown}{\dot{1}\ \dot{6}}\ \overset{\frown}{\dot{3}\ \dot{2}}\ \overset{\frown}{\dot{2}\ \dot{7}}\ |\ 6\ \underline{7\ 6}\ 5\ 3\ |\ \overset{\frown}{5\ 6}\ \overset{\frown}{\dot{3}}\ \overset{\frown}{\dot{2}\ \dot{3}\ \dot{2}\ \dot{1}\ 6}\ |$

往，　　锦　绣　田　园　是　今　日　的　风　光，　今　日　的　风

口，　　乡　村　大　道　是　多　彩　的　长　廊，　多　彩　的　长

$\dot{1}\ -\ -\ 6\ |\ 5\ \overset{\frown}{5\ \dot{1}}\ \overset{\frown}{\dot{1}\ 6}\ 5\ 3\ 2\ |\ \overset{\frown}{2\ 3}\ 1\ -\ 23\ |\ \overset{\frown}{5\ 3}\ 5\ -\ 35\ |\ \overset{\frown}{6\ 5\ 6}\ -\ -\ |$

光　　啊　今　日　的　风　　光　　啊　　　　啊

廊　　啊　多　彩　的　长　　廊　　啊　　　　啊

$\overset{\frown}{5\ 6}\ \overset{\frown}{\dot{3}\ \dot{2}\ \dot{1}}\ \overset{\frown}{\dot{1}\ 6}\ |\ \dot{1}\ -\ -\ -\ |\ (\underline{\dot{3}.\ \dot{3}\ \dot{3}\ \dot{3}}\ |\ \underline{\dot{3}\ \dot{3}}\ \underline{\dot{2}\ \dot{1}}\ |\ \underline{\dot{2}.\ \dot{2}\ \dot{2}\ \dot{2}}\ |\ \underline{\dot{2}\ \dot{2}}\ \underline{\dot{1}\ 6}\ |$

今　日　的　风　　光。

多　彩　的　长　　廊。

$\overset{\frown}{5\ 5}\ \overset{\frown}{6\ \dot{1}}\ |\ \underline{\dot{3}\ 0}\ \underline{\dot{2}\ 0}\ |\ \underline{\dot{1}\ 0}\ \overset{3}{\overline{\underline{5\ 6\ 7}}}\ |\ \dot{1}\ 0\ )\ |\ \overset{\triangledown}{3}\ \overset{\triangledown}{3}\ 3\ |$

（男合）走　过　沟

　　　　挥　洒　豪

$\overset{\triangledown}{3}\ 0\ |\ \overset{\triangledown}{5}\ \overset{\triangledown}{5}\ 6\ |\ \overset{\triangledown}{3}\ 0\ |\ \overline{6}\ \overline{6}\ |\ \overline{5}\ \overline{6}\ |\ \overset{\triangledown}{5}.\ \overset{\triangledown}{3}\ \overset{\triangledown\frown}{2\ 1}\ |$

坎，　　走　过　风　雨，　　告　别　贫　穷，　告　别　荒

情，　　挥　洒　汗　水，　　凝　聚　智　慧，　凝　聚　力

$\overset{\triangledown}{2}\ 0\ |\ \underline{3\ 3}\ 6\ |\ 6\ 0\ |\ \overset{>}{\overline{\dot{1}.}}\ \overline{\overset{\frown}{7\ 6\ 5}}\ |\ 6\ 0\ |\ \overset{>}{2}.\ \ \ 3\ |$

凉，　　播　下　春　光，　　播　下　希　望，　（混合）收　　获

量，　　走　向　文　明，　　走　向　富　裕，　　　创　　造

$\overset{\triangledown}{5}\ \overset{\triangledown}{6}\ |\ \overset{\triangledown}{7\ 7}\ \overset{\triangledown\frown}{6\ 7}\ |\ \overline{5}\ 0\ |\ \overset{\triangledown}{3}\ \overset{\triangledown}{3}\ 3\ |\ 3\ 0\ |\ \overset{\triangledown}{5\ 5}\ \overset{\triangledown}{2}\ |$

金　秋，　收　获　理　想，　咳！（女合）走　过　沟　坎，　　走　过　风

历　史，　创　造　辉　煌，　咳！　　　挥　洒　豪　情，　　挥　洒　汗

$\overline{3}\ 0\ |\ \overline{2}\ \overline{2}\ |\ \overline{5}\ \overline{5}\ |\ \overset{>}{3}.\ \underline{2}\ \overset{\frown}{1\ 3}\ |\ \overline{2}\ 0\ |\ \underline{3\ 3}\ 6\ |$

雨，　　告　别　贫　穷，　告　别　荒　凉，　量，　　播　下　春

水，　　凝　聚　智　慧，　凝　聚　力　量，　　　走　向　文

6 0 | 1̇·7̄6̄5 | 6̄ 0 | 2̇· 3̇ 5̇ 6̇ | 7̇· 7̇

光， 播下希望， （混合）收 获金秋， 收 获

明， 走向富裕， 创 造历史， 创 造

6 5 | 1̇ - 1̇ | 1̇2̇ ‖: 3̇3̇ 3̇ 3̇ 2̇3̇2̇ | 1̇ 6̇ 1̇ - 6̇1̇ | 2̇ 2̇ 3̇ 1̇2̇6̇

理 想。 啊（男领）顾高啊顾 高， 啊 美丽的家

辉 煌。 啊 顾高啊顾 高， 啊 美丽的家

5 - - - | 1̇ 1̇ 2̇ 6̇1̇ 6̇5̇ | 3̇ - - - | 5̇ 5̇ 6̇ 1̇2̇3̇2̇ | 2̇ - - -

园， （女领）顾高啊顾 高， 可爱的家 乡，

园， 顾高啊顾 高， 可爱的家 乡，

3̇· 2̇ 3̇ 5̇ | 6̇1̇ 5̇3̇ 6̇ 6̇ | 2̇ 2̇ 3̇ 5̇6̇7̇2̇ | 6̇ 5̇6̇ - -

播下春光， 播下希望， 播下啊希 望，

走向文明， 走向富裕， 走向啊富 裕，

3̇· 3̇2̇ 1̇ | 7̇· 2̇6̇ 5 | 5̇6̇ 3̇2̇1̇6̇1̇ | 5̇ - - :‖

5̇6̇ 3̇2̇1̇6̇ | 1̇ - - :‖

收 获金秋， 收 获理想， 收获理 想。

创 造历史， 创 造辉煌， 创造辉 煌，

D.C.

结束句

2̇ - | 5̇ - ∨ | 1̇ - 1̇ - | 1̇ - 1̇ - | 1̇ - 1̇ 0 ‖

辉 煌！

后 记

　　顾高是一座千年古镇,有着积淀深厚的人文历史和特色浓郁的风俗民情,但由于地处偏僻,它的千载沧桑过去只存在于一些口口相传的旧话逸闻之中,一直缺少确切的文字记载,更无一本像样的可以传之于世的乡邦文献。为弥补缺憾,更为新时代乡村振兴战略助力赋能,当届顾高镇党委、政府以时不我待的历史使命感主导策划编写了这本《顾高古镇风情录》,做了一件可以告慰前人、可以惠益今人、可以泽及后人的善事。可以这样说,对于每一位顾高人而言,这都是一份属于自己的文化珍藏。

　　我们生而逢时,有幸承担了这本书的编写工作,有幸见证了这一有着历史意义的文化盛事。其中自然少不了艰辛的付出,但同样也少不了悦心的收获,在这里就无须做什么吐诉和标榜了。但必须提及的是,在编写的过程中,我们得到了当地干部群众和社会各界人士的大力支持和热情帮助。顾高镇各村支部书记、相关工作人员及许多村民,特别是俞扬岭、宋子章、顾炳余、顾慰中、项贞坚、顾卫青等退休老同志,都提供了多方面有价值的资料,为本书的编成打下了厚重的基础;钱启龠、梅存锁、许大才、薛春凤、王根林、陆圣荣、汤德宏以及"老干部拍客团"的诸位老师(恕不一一提及各人退休前职务,一律尊称老师),拍摄了大量顾高内容的图照以供选用,为本书增色不少。在此向他们一并致以谢忱!

　　因年湮代远,许多资料无法搜集,更因编者经验、水平有限,本书难免存在舛误、不足之处,敬请读者诸君及相关专家学者不吝指谬正误,以期后来完善。

编 者

2024 年 1 月

后

记

图书在版编目（CIP）数据

顾高古镇风情录 / 俞华生主编 . -- 北京：中国友
谊出版公司 , 2024.8. -- ISBN 978-7-5057-5932-9

Ⅰ . K925.35

中国国家版本馆 CIP 数据核字第 2024QN6999 号

书名	**顾高古镇风情录**
作者	俞华生　主编
出版	中国友谊出版公司
发行	中国友谊出版公司
经销	新华书店
印刷	句容市排印厂
规格	710 毫米 ×1000 毫米　　16 开
	20.75 印张　　280 千字
版次	2024 年 8 月第 1 版
印次	2024 年 8 月第 1 次印刷
书号	ISBN 978-7-5057-5932-9
定价	68.00 元
地址	北京市朝阳区西坝河南里 17 号楼
邮编	100028
电话	（010）64678009